창세기에서 만나는 그리스도 2

4장—22장

창세기에서 만나는
그리스도 2

4장 — 22장

Christ in Genesis Vol. 2

김동주 지음

"성경의 저자는 그리스도시요
성경의 내용도 주제도 주인공도 다 그리스도이십니다."

초기 기독교의 관점, 생명이신 그리스도의 관점에서 보는 성서 묵상 글

좋은땅

머리말

본서는 생명의 그리스도로 전체 성경과 창세기의 모든 것을 읽고자 한다. 성경은 그리스도의 책이며 한 분 그리스도 예수를 증거하고 만나게 하는 책이다. 성경은 성령의 흐름 자체이며 생명의 물이고, 소멸하는 불이고, 새로운 피이며, 광명한 빛이고 생명이 충만한 그릇이다. 한 자 한 자를 생명으로 취하고 모든 것을 하나님이 주신 선물과 은혜 아래 영접하자.

오늘날 우리의 신앙이 힘이 없는 것은 그리스도를 성경에서 발견하지 않기 때문이다. "도적질 하지 말라는 계명의 가장 심각한 위반은 그리스도에게 속한 책을 그리스도와 관계 없이 읽는 것이다. 성경은 하나님께서 그리스도를 말씀하시고자 인류에게 주신 책이다. 그릇된 관념을 중지하고 그리스도를 아는 지식을 가장 고상한 것으로 여기고 그리스도를 얻고 발견하기 위하여 성경을 읽도록 하라. 살아계신 구주 예수께서 당신에게 새로운 생명을 주시며 신앙과 생활을 활력 있게 하시리라. 우리가 성경을 읽으나 진실로 일어나는 사건은 성경이 당신을 읽는 것이다. 마찬가지로 이 책이 당신과 나를 읽을 것이다. 우리 근심을 읽고 절망을 읽고 불신을 읽고 모든 것을 읽고 그리스도를 통해 우리 자신을 종결하며 그 위에 그리스도를 새기며 우리 안에 신성한 생명을 넣을 것이다.

본서는 『창세기에서 만나는 그리스도』 시리즈의 제2권이다. 앞서 출간된 제1권에서 창1-3장을 다루었고 제2권에서는 창4-22장까지 다룬다. 창21장은 탄생이요 창22장은 십자가와 부활로서 이 책을 통해 그리스도의 비밀을 풍성히 누릴 수 있으리라 소망한다. 창세기 각 장은 그리스도의 체험이다. 우리는 아벨의 그리스도를 만나며 보혈을 알고, 에녹의 그리스도를 만나 부활을 알며, 노아의 그리스도를 만나 교회를 안다. 믿음의 조상 아브라함 이야기를 통해 축복의 후손을 소망하고 또한 새 믿음의 조상으로 오신 그리스도를 발견한다.

우리가 아브라함 이야기를 읽는 순간 우리는 영원하신 말씀이 우리를 아브라함으로 삼으신다. 그리고 우리를 그리스도 예수께 인도한다. 아브라함은 내적으로 하나님을 그리스도 안에서 깊이 체험하고 하나님의 친구가 되었다. 믿는 아브라함이 출현하듯이 이제 믿음을 가진 우리도 그리스도 안에서 아브라함으로 새 출발한다. 이전에 우리는 그리스도 바깥에서 저주의 아담이었으나 그리스도 안에서는 축복의 새 사람이 되었다. 그리스도 예수에 대한 우리의 믿음을 통해 하나님께서 우리와 후손들을 생명과 믿음의 백성들이 되게 하시고 축복의 실제가 되게 하실 것을 확신한다.

창세기 전체를 통해 인간과 세상이 그리스도 안에서 새로 창조되는 이야기를 읽는다. 이것은 그냥 우리가 스스로 노력과 타고난 본성을 통해 새로워지는 것이 아니라 그리스도를 만나 신성한 생명과 은혜를 통해 새 창조 자체가 되는 것이다. 여기서 '생명'(Zoe: 조에)은 인간 생명(Psyche: 수케)이 아닌 하늘의 생명을 가리키다. 우리가 그리스도를 영접할 때 주어진 것이 새로운 생명이며 이것은 당신과 내가 태어나면서부터 가졌던 타고난 생명(Psyche)과는 전혀 다른 생명인 것이다. 인간은 얼마나 놀라운 존재인가! 구약은 인간이 하나님의 형상(Icon)을 따라 만들어졌다고 말씀한다. 그렇다. 타고난 우리는 하나님의 형상을 따라 창조되었다. 비록 타락으로 그 형상이 파괴되었지만, 남은 파편만으로도 인류는 큰 문명을 세워왔다. 그러나 한시적 시간과 제한적 공간과 소멸적 존재로 태어난 인간은 아무리 놀라운 일을 이루었어도 그저 마르는 풀이고 시드는 꽃이고 잠깐 있다 사라지는 안개일 뿐이다.

그러나 그런 인간에게 여기 복음이 있다. 우리 주 예수 그리스도께서 영원한 생명을 우리에게 주러 오셨고 우리는 이제 그리스도 예수를 믿어 신성한 생명을 얻었고 하나님의 자녀가 되었다. 영원을 소유하고 있고 불멸의 씨가 우리 안에 심겨졌다. 이제 우리는 하나님의 형상 정도만이 아니라 형상의 본질을 소유하도록 새롭게 창조되었다. 이 본질은 바로 하나님의 생명이신 그리스도이다. 신약은 하나님의 생명을 따라 창조된 것을 선포하면서 구약을 마침내 완성한다. 이제 당신과 나는 그리스도 안에서 하나님의 '형상'(Icon)만이 아니라 하나님의 실제(Reality)를 소유하고 있다. 고로 우리가 예수를 믿는 것이 얼마나 놀라운가! 우리와 자녀들의 인생 전부를 책임지시고 축복하실 뿐만 아니라 우리 안에 하나님의 생명이 주어졌다. 하늘에 속하고 영원에 속하는 존재가 되었다.

창세기에서 우리는 그리스도의 이야기를 믿음 안에서 취하는 가운데 아담으로 창조되었고, 믿음의 사람 아브라함으로 창조되며, 소망의 사람 이삭으로 창조되며, 사랑의 사람 야곱으로 창조되며, 섬김의 사람 요셉으로 창조된다. 이기적인 인간 야곱이 하나님의 선택과 섭리에 의해 애굽의 바로 왕까지 축복하는 사랑의 사람으로 변화되는 새로운 창조를 목격한다. 아브라함과 이삭과 야곱의 모든 것을 합한 결과는 요셉이다. 요셉처럼 만인에게 생명의 양식을 주는 것은 창세기의 결말이다. 즉 우리는 아브라함으로 시작하여 요셉처럼 만인에게 그리스도를 양식으로 주는 자가 되기를 원하시는 하나님의 뜻을 발견한다. 만민을 먹이는 생명의 생활을 살다가 부활 소망을 가지고 죽음의 작은 관에 들어가는 것이다. 우리 최종이다. 그 작은 관은 바로 새 예루살렘의 시작이며 그리스도의 품 안이다.

본서의 많은 부분은 그리스도의 생명을 전한 스승들로부터 배웠고 우리 안의 그리스도로부터 나왔다. 초대 교부들은 그리스도로 성서 전체를 보았고 모든 것에서 그리스도를 찾았다. 종교개혁자들은 종교로 전락한 기독교를 그리스도의 믿음으로 개혁한 자들이다. 초대교회의 이레니우스(Irenaeus), 오리게네스(Origenes), 아우구스티누스(Augustinus) 등의 초대 교부들과 루터(M. Luther)와 칼빈(J. Calvin), 츠빙글리(U. Zwingli)의 종교개혁자들, 근대의 웨슬리(J. Wesley), 오웬(J. Owen), 스펄전(C. Spurgeon), 무디(D. Moody), 머레이(A. Murray), 심슨(A. B.

Simpson) 등이 진리의 스승들이다. 이제 본서 안의 그리스도 생명이 만인에게 흘러가기를 소망한다.

성경 전체를 해석하는 키가 되는 구절은 바로 갈라디아서 3:16이다: "이 약속들은 아브라함과 그 자손에게 말씀하신 것인데 여럿을 가리켜 그 자손들이라 하지 아니하시고 오직 한 사람을 가리켜 네 자손이라 하셨으니 곧 그리스도라!" 그렇다. 하나님은 아브라함에게 별처럼 많은 자손들을 약속하신 것이 아니고 단 한 자손을 낳도록 약속하셨다. 하나님은 아브라함 안에서 곧바로 많은 별들인 자손들이 나오게 하신 것이 아니고 한 자손이신 그리스도를 보내신다고 약속하셨다. 그리고 '한 자손'이신 그리스도를 통하여 많은 별들이 태어나는 것이다. 고로 하나님의 약속은 그리스도를 보내시는 것이고 이 그리스도를 통하여 많은 별들이 나오게 하신다.

당신이 별처럼 빛나는 삶을 살고 싶은가? 그렇다면 당신은 스스로 별이 결코 될 수 없다. 하나님은 당신이 직접 별이 되는 것을 약속하신 것이 아니고 당신에게 한 별을 보내시겠다고 약속하셨고 그 별이 당신을 별로 만드는 것이다. 그 별을 우리는 만나야 하며 그 별이 우리 안에서 태어나고 비추시는 생명의 빛을 통하여 우리는 별들로 태어나게 된다.

당신은 참 행복을 누리고 싶은가? 당신 스스로 행복을 이룰 수도 찾을 수도 없다. 당신과 나는 먼저 한 씨를 만나야 하며 이 씨가 우리에게 행복을 주는 것이다. 우리는 아브라함처럼 그리스도를 낳아야 한다. 더 정확히 말하면 그리스도가 우리 안에 태어나셔야 한다. 이 그리스도를 통해 우리는 별이 되며 이로써 많은 별이 나오는 것이다. 하나님께서 아브라함에게 "자손들"을 약속하신 것이 아니라 한 자손을 약속하신 것처럼 우리에게 한 자손이신 그리스도를 약속하셨다. 이 그리스도 예수가 우리에게 오셨기에 우리가 그를 만나서 믿고 의지하고 있다.

그러므로 많은 복을 개별적으로 모두 구하려 말고 그 많은 복 전체를 가지고 우리 안에 오시는 오직 한 복을 구하도록 하자. 그 복은 그리스도이시다. 그리스도를 알아가고 그가 우리 안에서 커지는 것이 참 행복이다. 성경의 모든 부분이 그리스도를 말하고 있고 그리스도를 가리키고 있다. 성경은 우리 안에 한 씨를 낳게 하기 위한 것이며 이 생명의 씨이신 그리스도는 우리 안에서 자라나며 그분 자신에게 있는 모든 것을 우리에게 거저 주신다.

주 예수를 믿는 수만 가지 방법이 있지만 우리는 생명으로 믿기를 택한다. 생명의 그리스도가 우리 방법이다. 우리는 결국 모두 방법주의자(Methodist)이지만 우리의 방법은 생명인 것이다. 고로 모두가 생명주의자(Life-Christian)가 되기를 소망한다. 생명의 방법으로 인생의 모든 문제에서 우리는 승리를 누릴 것이다. 우리 안에 그리스도를 생명으로 얻으며 그 생명이 나를 점유하시고 그 생명이 역사하고 일하는 것을 체험하고 그 생명 안에 있는 그리스도의 선물들을 누리는 것이다. 이것을 생명의 신앙이라고 한다. 고로 성경을 읽을 때 생명을 모든 단어에서 공급받도록 하자. 성경 속의 생명이 우리 안에 들어올 때 답답한 우리로 숨 쉬게 하며 하나님을 의지하게 한다. 당신이 성경을 그냥 읽어도 유익하겠지만 하늘 생명을 얻기 위한 가장 좋은 방법은 성경을 그리스도로 읽는 것이다. 그리스도를 찾으며 살아계신 그리스도가 직접 모든 구절을 통해 우리에게 생명을 주시는 것으로 믿는 것이 바로 생명으로 읽어가는 것이다. 그러므로 모든 인물과 사건에서 그리스도를 찾고 읽어야 우리는 생명을 얻을 수 있다. 이 생명은 그리스도의 십자가를 거친 십자가 생명이고 부활에 참여한 부활 생명이며 하늘을 살게 하는 승천 생명이고 새 창조를 살게 하는 새 생명이다.

성경은 위대한 러브스토리이다. 하나님께서 우리를 사랑하시고 우리를 그리스도의 신부로 만드시는 이야기이다. 우리는 단지 하나님의 자녀에서 그치는 것이 아니다. 유대교 신앙은 당신이 하나님의 백성이 되는 것이지만 기독교 신앙은 당신이 그리스도의 신부가 되는 것이다. 이 책 안의 모든 내용은 당신과 내가 그리스도 예수의 신부가 되게 하는 것에 초점이 있다.

하나님의 경륜이란 하나님이 만사를 통해 우리를 그리스도의 신부로 만드시기 위해 그리스도 안에 담긴 모든 하나님의 속성과 본질을 우리에게 충만히 채우시는 것을 말한다. 즉 우리가 그리스도로 가득해지는 것이 하나님의 경륜의 목적이며 하나님이 하시는 모든 일을 통해 그리스도 전부를 주시는 것이 하나님의 경륜이다.

우리는 아브라함만도 아닌 아브라함과 이삭과 야곱의 하나님을 믿는다. 모든 족장의 하나님까지 체험할 때 우리는 비로소 우주적 장자이신 그리스도의 장자권을 온전히 상속받고 함께 누리게 된다. 이 땅에서의 아버지도 우리를 좋게 만들려고 자녀를 견책하신다. 하나님께서는 우리를 그리스도의 신부로 조성하시기 위해 우리를 인생 여러 사건을 통해 다루신다. 징계가 쓰게 느껴져도 우리에게 하나님의 성품이 조성되게 하기 위함이니 결국 유익이다. 하나님은 모든 사람과 사건, 사물들을 동원하시고 움직이셔서 나 한 사람이 그리스도로 채워지고 점유되게 하시고 그리스도의 처녀 되게 하신다. 이 땅에서 주와 정혼하여 살다가 마지막에 그분이 영원한 혼인 안으로 우리를 데리러 오신다. 우리 인생에 일어나는 모든 일은 이 목적을 위한 것이다.

인간은 옛사람 아담이 채워지지 않아서 불행한 것이 아니고 옛사람이 충만하기 때문에 불행한 것이다. 모든 환경의 다루심을 통해 하나님은 그리스도를 내게 충만히 채우셔서 세상이 알 수도 볼 수도 없는 참 행복 속에 살게 하신다. 우리에게 세상이 부족해서 불행한 것이 아니고 세상이 충만하므로 불행한 것이고 그리스도가 부족해서 불행한 것이다. 그리스도 충만이 참 행복인 것이다.

우리는 복음에 구분된 자며 복음을 위해 예정되었다. 복음을 알도록, 복음을 만나도록, 복음을 살도록, 복음을 주도록 택정 되었다. 복음은 그리스도이며 그리스도는 하나님의 전부이시기에 하나님의 능력, 하나님의 의, 하나님의 믿음, 하나님의 사랑, 하나님의 생명, 하나님의 생활이 그리스도 안에 있다. 우리는 이 그리스도를 전하는 자로 부르심 받았다. 주 예수를 위해 쓰임 받는다니 얼마나 감사한가!

우리는 함께 그리스도께 부르심을 받았고, 그분의 몸 안으로 부르심을 받았고, 그리스도를 아는 지식 안으로 부르심을 받았으며, 생명의 사역으로 도 부르심을 받았다. 우리는 기본적으로 다중의 부르심을 받은 것이다. 성경이나 신학을 공부하는 것도 사명이고 소명이다. 하나님이 우리에게 주신 최고의 선물이다. 문자로만 취하면 사망이지만 믿음으로 받으면 생명이 되며 감사함이 넘친다. 이 책의 내용을 풍성히 누리시는 분들이 하나님의 사역에 부르심의 비전을 갖고 각자 가정과 일터와 교회에서 모두 생명의 새 사역자가 되면 더할 나위 없겠다.

* 각주 인용 교부들 문헌은 이 시리즈에 있다. *Ancient Christian Commentary on Scripture Series.* Old Testament & New Testament, Edited by Thomas Oden & Others (InterVarsity Press: Downers Grove, Ill.) [이하 ACCS.]

창세기 4장의 그리스도

"생명의 의인"

창4:1-2 "아담이 그 아내 하와와 동침하매 하와가 잉태하여 가인을 낳고 이르되 내가 여호와로 말미암아 득남하였다 하니라. 그가 또 가인의 아우 아벨을 낳았는데 아벨은 양 치는 자이었고 가인은 농사하는 자이었더라."

에덴동산에서 추방된 아담과 하와는 절망 가운데서도 하나님의 은혜와 약속을 붙들며 새로운 인생을 시작했다. 하나님은 타락한 인간을 즉시 멸하지 않으시고, 가죽옷을 지어 입히심으로 사랑과 긍휼의 손을 내미셨다. 가죽옷은 단지 육체를 가리는 옷이 아니라, 희생을 통해 죄가 덮이고 하나님 앞에 설 수 있는 은혜의 상징이었다. 그 옷을 입고 에덴을 나서는 아담과 하와는 심판 뒤에 주어진 회복의 언약을 붙들고, 다시 살아갈 용기를 얻었을 것이다. 아담과 하와는 땅이 가시와 엉겅퀴를 내도 은혜 아래 열매를 거둘 것이라는 소망의 말씀을 가졌다. 두 사람 사이에서 자녀가 태어난다. 이들의 세 아들, 즉 가인과 아벨과 셋은 인류에게 필수적인 세 측면이다. 하나는 죄인이며, 하나는 의인이며, 하나는 새 사람이다.

하와는 '생명'이라는 이름을 받았고, 하나님의 은혜 가운데 새로운 생명을 낳았다. "내가 여호와로 말미암아 득남하였다"는 하와의 고백은 단순한 출산의 기쁨을 넘어, 구원의 약속에 대한 기대가 담긴 고백이었다. 하와는 아마도 가인이 바로 하나님께서 약속하신 "여자의 후손"일 것이라 믿었을 것이다. 가인은 '얻다'는 뜻이며, 아벨은 '비었다'는 뜻이다. 아벨의 이름은 전도서 1장 2절의 "헛되다"(히브리어 헤벨)와 같은 어원을 가지며, '연기처럼 덧없음'을 의미한다. 가인이 약속된 여인의 씨일 것이라는 기대는 그의 살인으로 무너졌고, 오히려 이름부터 비어 보였던 아벨이 하나님께 열납되는 의인이 되었다. 인간의 기대와 하나님의 선택이 다름을 보여 준다. 아벨과 가인의 이름은 인류의 두 얼굴을 상징한다. 겉으로는 얻은 것 같으나 죄인이며, 텅 빈 자 같으나 오히려 의인이다.

그러나 이 헛된 세상 속에 참된 생명으로 오신 분이 계시니, 바로 그리스도 예수시다. 세상은 그림자요, 그리스도만이 실제이다. 돈도, 음식도, 빛도 그분의 실체에는 미치지 못한다. 우리는 그리스도를 담기 위한 그릇으로 창조되었으며, 오직 그리스도로 채워질 때에만 참된 존재가 된다. 아벨처럼 우리도 참 양이신 그리스도를 '기르는 자', 곧 그분과 교제하며 그분으로 채워지는 삶을 살아야 한다. 그 후손이 뱀의 머리를 밟고 죄와 사망을 이기는 자가 될 것을 믿으며, 하나님께서 친히 주신 약속이 눈앞에서 성취되기를 바랐던 것이다.

여기서 성경은 구속의 중대한 원칙을 우리에게 보여 준다. 결코 첫 사람은 구원자가 될 수 없다는 것이다. 첫 사람은 항상 타락하고, 심판받고, 거절당하는 존재다. 그래서 하나님은 둘째 사람을 택하신다. 가인 대신 셋, 이스마엘 대신 이삭, 에서 대신 야곱, 르우벤 대신 유다, 유다의 장자 엘 대신 베레스를 통해 결국 그리스도께서 오신다. 이 원리는 아담과 그리스도의 대조로 완성된다. "첫 사람 아담은 산 영이 되었고, 마지막 아담은 살리는 영이 되었나니"(고전 15:45). 우리 자신은 첫 사람처럼 연약하고 타락할 수밖에 없는 존재지만, 우리 안에 계신 둘째 사람 그리스도께서 소망이 되신다.

이후 이어지는 사건은 제사와 예배에 관한 깊은 교훈을 담고 있다. 가인과 아벨은 각각 하나님께 제사를 드렸다. 가인은 땅의 소산을, 아벨은 양의 첫 새

끼와 그 기름을 드렸다. 그러나 하나님은 아벨의 제사는 받으시고, 가인의 제사는 받지 않으셨다. 이는 단순히 제물의 종류 때문이 아니라, 하나님 앞에 드려지는 제사에는 반드시 피 흘림이 있어야 한다는 영원한 원칙 때문이다. 히브리서 9장 22절은 명확히 말한다. "피 흘림이 없은즉 사함이 없느니라."

가인의 제사는 피 없는 제사였고, 죄 사함 없이 드리는 자기 의의 제사였다. 반면 아벨은 자신의 죄를 알고, 피의 제사로 나아갔다. 하나님은 사람이 죄인인 것을 아시기에, 그 죄를 덮기 위한 피의 제사, 곧 희생제사를 먼저 요구하신다. 인간이 무엇을 성취했느냐보다 먼저, 죄의 문제를 다루기를 원하신다. 가인은 농사의 소산을 드렸지만, 죄 사함을 위한 희생 없이 드렸기에 하나님께 거절당했다. 그는 아벨에게 곡식을 주고 양을 받아서, 대속의 제사로 먼저 나아갔어야 했다.

이 원리는 오늘날에도 동일하게 적용된다. 사람은 아무리 좋은 것을 가지고 하나님께 드려도, 그것이 그리스도의 피를 통하지 않으면 하나님께서 받지 않으신다. 온 세상에서 하나님이 받으시는 유일한 제물은 그리스도, 생명의 의인이신 예수 그리스도뿐이다. 그분의 피만이 영원한 속죄를 이루며, 그 피를 통해 우리의 예배와 헌신이 하나님께 열납된다. 예수님은 단 한 번의 제사로 영원한 속죄를 이루셨고, 그 피를 통해 우리를 정결케 하시며 하나님께 나아가게 하셨다. 우리의 재능, 시간, 물질, 예배는 그리스도의 피로 덮일 때에만 하나님께 열납된다. 그리스도 없이 드리는 제사는 가인의 제사와 같다. 그러나 예수 그리스도의 피를 의지하여 드리는 제사는 아벨의 제사처럼 받아들여진다.

가인의 제사는 거절당했지만, 새 언약 안에서는 예수님의 보혈이 가인 같은 우리도 정결케 하여 하나님께 받아들여지는 은혜를 베풀어 주신다. 즉, 아벨의 제사보다 더 온전한 참 제물 되신 그리스도의 피가 우리 제사를 덮을 때, 가인의 손에 들린 곡식조차 하나님께 받으시는 향기로운 제물이 될 수 있는 것이다. 우리는 날마다 그리스도의 피를 의지해야 하며, 그 피를 통해 하나님께 예배드릴 때 진정한 생명의 제사가 이루어진다. 예수 그리스도는 우리를 위한 제물이요, 우리의 구원이요, 우리의 생명이시다. 그분 안에서만 의인이 될 수 있으며, 그분을 의지할 때 우리의 삶이 하나님께 드려지는 온전한 제사가 된다. 할렐루야!

오 주 예수님 나의 하나님 우리를 위한 당신의 제사를 감사합니다 나 자체의 어떤 제사도 그리스도 없이는 무용한 것을 알게 하시고 매일 주 예수의 제사에 연합하여 바쳐지게 하소서 오 주 예수여 오 주 예수여 주 예수여

"생명의 아벨"

창4:4-5 "아벨은 자기도 양의 첫 새끼와 그 기름으로 드렸더니 여호와께서 아벨과 그 제물은 열납하셨으나 가인과 그 제물은 열납하지 아니하신지라 가인이 심히 분하여 안색이 변하니"

가인은 땅을 일구는 자로서 자신의 수고로 제사를 드렸지만, 아벨은 양을 기르는 자로서 '양의 첫 새끼와 그 기름'으로 제사를 드렸다. 가인의 땅의 소산은 자기 의와 종교적 노력의 상징이며, 아벨의 양은 죄 사함을 위한 희생, 곧 그리스도를 상징한다. 히브리서 9장 22절은 "피 흘림이 없으면 사함이 없다"고 말하며, 하나님이 받으시는 제사는 반드시 피의 희생을 포함해야 한다. 아벨은 믿음으로 의로운 제사를 드렸고, 하나님께서는 그의 제사와 그를 열납하셨다. 아벨이 드린 양의 첫 새끼는 그리스도를 예표한다. 그리스도는 온 우주의 머리요, 첫 제물이시다. 아벨이 드린 '기름'은 가장 부드럽고 귀한 부분이며, 그리스도의 온전한 순종의 삶 전체를 상징한다. 그분의 삶과 죽음은 모두 하나님께 드려진 제사였다. 예수님은 아담이 실패한 순종을 대신해 영광의 삶을 사셨고, 죄와 저주까지 친히 담당하셨다. 그분의 삶과 죽음은 모두 우리를 위한 구속이며, 지금도 우리에게 생명으로 전해진다.

구속의 첫째 의미는 "갚음"이다. 예수님은 아담이 실패한 삶을 대신해 의로운 삶을 사셨고, 자신의 생애 전체를 아버지께 선물로 드리셨다. 십자가에서 자신을 제물로 드리시고, 우리를 덮어 저주와 심판을 감당하셨다. 그분의 삶과 죽음, 부활과 승천은 믿는 자에게 생명과 의의 선물이 되었다. 주님의 피뿐 아니라 주님의 공의와 순종도 우리에게 전가되었다.

구속의 둘째 의미는 "대치"이다. 하나님은 인간을 종결하고 그리스도로 대치하신다. 바울은 갈라디아서 2:20에서 "내가 사는 것이 아니요 내 안에 그리스도께서 사신다"고 선언한다. 우리는 그리스도와 함께 죽었고, 이제 그리스도가 우리 안에 사신다.

아벨은 목자였다. 그리스도도 선한 목자로 오셨고, 동시에 희생 제물이 되셨다. 아벨의 피는 일시적이었지만, 그 피의 실제가 되는 그리스도의 피는 영원하다. 가인이 아벨을 죽였을 때 하나님의 표가 그를 덮은 것처럼, 우리의 죄도 그리스도의 피로 덮여 살아난다.[1] 아벨은 그리스도를 예표하는 의인이며, 우리도 그리스도의 피로 의롭게 되어 하나님 앞에 서게 된다. 아벨의 운명은 그리스도와 그리스도인의 운명이다. 핍박을 당하며 견뎌야 하며 하나님의 도성인 새 예루살렘을 짓는 운명이다.[2] 그대 그리스도인이여, 생활과 사역에서 많은 고난이 있더라도 우리는 아벨의 길을 걷는 자이니 고난 가운데서도 또 환란 가운데서도 주 예수님의 우리 자신을 드리는 예배의 길을 늘 걷도록 하자.

가인은 하나님이 그의 제사를 받지 않으셨을 때 분노했고, 얼굴빛이 변하였다(창4:5). 하나님은 그런 가인에게 "네가 분하여 함은 어찜이며, 안색이 변함은 어찜이뇨?"(4:6)라며 질문하셨다. 이는 단순한 질책이 아니라, 회개할 기회를 주시는 하나님의 긍휼이었다. 하나님은 가인에게 아벨과 같은 종류의 예배를 드리라고 말씀하셨다. 즉 죄는 불신이니 믿음의 예배를 드려야 한다. 가인은 자신의 알곡을 아벨에게 주어 양을 사서 하나님께 드릴 수도 있었다. 그러나 가인은 하나님의 지적 앞에 돌이키지 않고 오히려 분노하고 시기하며, 결국 동생 아벨을 죽이는 죄에 이른다. 이것은 종교인의 본성을 보여 준다. 하나님이 예배를 받지 않으시고 죄를 지적하실 때, 생명의 신앙인은 회개하지만 종교인은 분노한다. 종교는 자신이 원하는 결과를 얻기 위한 수단이 되고, 그 목적이 좌절되면 하나님조차 공격 대상으로 삼는다. 참된 예배자는 자아가 그리스

1) Bede, *Homilies on the Gospels I.14.*

2) Augustine, *City of God* 15.15.

도로 대치되는 것을 기뻐하며, 그분의 생명이 우리 안에서 역사하시기를 간구한다.

그리스도의 피가 증거되지 않는 예배, 도덕적 설교나 성공학 중심의 메시지는 혼을 만족시킬지 몰라도 영을 메마르게 한다. "당신이 최선을 다하라"는 율법적 권면은 예수께서 주신 복음이 아니다. 그분은 우리가 최선을 다할 수 없는 존재임을 보여 주기 위해 오셨고, 대신 그분의 생명을 우리에게 주셨다. 우리는 그분 안에서 다시 태어나야 비로소 하나님을 기쁘시게 할 수 있다. 우리는 스스로 선을 이룰 수 없고, 의롭지 않다. 그러나 하나님은 아벨의 제물과 같은 참된 의인의 제사를 준비하셨다. 곧 그리스도 예수께서 우리의 아벨이 되시고, 제물이 되시고, 기름진 부분이 되시며, 생명이 되셨다.

창4:7 "선을 행하면 어찌 낯을 들지 못하겠느냐?"

이 구절은 단순히 도덕적 선행을 의미하지 않는다. 아벨이 제물을 열납받은 이유는 인간적 착함이 아니라, 믿음으로 드린 피의 제사였기 때문이다. 참된 '선'은 하나님이 정하신 우주적 기준이며, 그 기준은 인간이 스스로 이룰 수 없다. 오직 한 분, 예수 그리스도만이 참된 '선'이시다. 그는 인간에게서 나올 수 없는 의와 선을 이루셨고, 그분 자신이 우리에게 의와 생명으로 선물되셨다.

가인이 진정 하나님을 믿었다면, 그의 제사가 거절된 후 회개하며 하나님께 엎드렸을 것이다. 그러나 그는 오히려 하나님을 대적하고, 동생을 미워하며, "내가 내 아우를 지키는 자니이까"(4:9)라며 반문한다. 그렇다. 우리의 가인 같은 속성은 그리스도를 지킬 수 없다. 오히려 죽이려 드는 모습만 나타낸다. 교회에 오래 다녀도 가인이 발전되어 있으면 그리스도를 죽이는 것과 같다.

가인은 피로 용납되었다. 그리스도의 피는 이미 가인 같은 우리에게 주어졌고, 우리는 그 피를 믿음으로 적용하며 주 예수를 주님으로 시인할 수 있다(롬 10:9). 우리가 입술로 예수의 이름을 부르며, 그분의 말씀을 누리고 찬송할 때,

성령께서 우리 안에 역사하셔서 불신과 악심을 이기게 하신다. 이처럼 하나님께서 원하시는 참된 '선'은 도덕적 행위가 아니라, 그리스도를 우리 안에 모시고 사는 삶이다.

가인에게 하나님은 "죄가 문에 엎드려 있으나 너는 죄를 다스릴지니라"고 말씀하신다. 죄는 언제나 우리의 마음 앞에 웅크리고 있다. 그러나 우리가 그리스도 안에 있고, 그분의 생명이 우리 안에 살아 역사하실 때, 죄의 권세는 무너진다. 혹시 믿음이 연약하여 낙심되더라도 기억하라. 하나님은 우리의 믿음만 보시는 것이 아니라, 우리 안에 뿌려진 어린 양의 피를 보신다. 그리스도는 우리를 위한 제물이 되셨고, 그의 피는 오늘도 우리 안에서 살아 역사한다. 우리는 그분과 연합된 존재로서, 그리스도의 의가 우리 안에 선물로 주어졌고, 그분의 존재 자체가 우리의 존재가 되었다. 그러므로 주님을 나의 구주, 나의 하나님으로 고백하며, 하나님의 기쁨이 되도록 살아가자.

오 주 예수님, 우리의 누더기 같은 자기 의를 의지하지 않게 하시고 자기 죄도 심히 완악함을 알게 하셔서 그리스도만 의지하게 하소서 아들을 우리에게 주신 하나님을 찬송합니다 주 예수여

"생명의 동쪽"

창4:8 "가인이 그 아우 아벨에게 고하니라. 그 후 그들이 들에 있을 때 가인이 그 아우 아벨을 쳐 죽이니라."

가인은 아벨을 들로 유인해 죽였다. 기타 역본에는 "우리가 함께 들로 나가자"라는 구절이 있다.[3] 이는 그가 계획적으로 살인을 저질렀음을 드러낸다. 이는 아벨이 동족에게 배신당하고 들에서 죽임당한 것처럼, 예수님도 유대 동족에게 끌려 나가 영문 밖에서 죽으셨다. 그러나 더욱 놀라운 진리는 그리스도의 죽음 속에 우리도 함께 끌려가 십자가에 못 박혔다는 것이다. 나의 가인 같은 본성과 자아도 함께 죽었고, 불에 태워졌다.

가인은 나의 옛사람을 상징하고, 아벨은 나를 위해 죽으신 그리스도이시다. 우리는 그리스도를 믿는다 해도, 여전히 옛사람의 흔적으로 살아가면 참 아벨이신 그리스도를 인식하지 못하고 무시하게 된다. 가인처럼 스스로 죄를 고백할 수 없고, 진정으로 회개할 수도 없다. 그러나 하나님은 성령의 은혜로 우리 마음을 두드리시고, 죄인임을 깨닫게 하시며 회개로 이끄신다. 우리가 회개한 것은 우리가 잘 깨달아서가 아니라, 주님의 은혜 때문이다. 회개는 성령의 역사이며, 믿음조차도 하나님의 선물이다.

"네 아우 아벨이 어디 있느냐"

이 질문은 아벨이 단순히 지금 어디에 있느냐를 확인하는 위치의 질문이 아니라, 아벨이라는 의인이 어디에 거하겠느냐는 본질적 거처를 묻는 것이다. 죄인은 결코 의인의 영원한 처소를 알 수도 소유할 수도 없다. 그러나 우리는 안다. 아벨은 하나님께 열납되었고, 그의 영혼은 하나님의 품에 있다. 나의 아벨

---

3) 사마리아 오경, 70인역, 라틴 불가타, NIV 등.

이신 예수 그리스도께서는 죽으시고 부활하시며, 이제 우리 안에 생명으로 거하신다(골1:27). 하나님은 우리에게 물으신다. 네 형제 아벨이 어디 있느냐? 우리는 이제 대답할 수 있다. 옛 아벨은 그리스도 안에 있었고 참 아벨 주님은 이제 우리 안에 거하신다.

창4:10 "네 아우의 핏소리가 땅에서부터 내게 호소하느니라."

아벨의 피는 복수를 외친 것이 아니라, 용서를 호소했다. 히브리어 "차아크"(Tsaaq)는 '호소하다', '펼치다'는 의미로, 이는 가인의 죄를 덮고 구속이 펼쳐지기를 바라는 외침이다. 스데반처럼, 아벨도 "저들의 죄를 저들에게 돌리지 마옵소서"라고 기도했을 것이다. 아벨의 피는 가인에게 의로운 값을 대신 치르기를 원했고, 예수님의 피는 그보다 더 나은 피로, 모든 믿는 자를 변호하고 구속하셨다(히12:24).

창4:12 "네가 밭을 갈아도 땅이 그 효력을 주지 아니할 것이요, 너는 땅에서 피하며 유리하는 자가 되리라."

하나님은 가인에게 저주를 선언하신다. 이 저주는 단순한 노동의 저주가 아니다. 땅의 본질을 얻지 못하고 방황하게 되는, 방향 상실의 저주다. 불신자는 인생과 세상 속에서 진정한 의미를 발견하지 못하고, 공허와 원통 속에 떠도는 인생을 살 수밖에 없다. 그러나 우리는 그리스도 안에서 땅의 본질을 발견한다. 그리스도는 우리의 기업이시며, 우리가 일하는 직장과 삶의 자리에서도 그분과 연합할 때 진정한 보람과 기쁨이 주어진다.

창4:15 "여호와께서 가인에게 표를 주사 누구든지 그를 죽이지 못하게 하시니라."

놀랍게도 하나님은 가인을 완전히 버리지 않으시고, 표를 주셔서 죽임을 면하게 하셨다. 이는 아벨의 피의 중보적 외침에 대한 하나님의 긍휼의 응답이었다. 가인의 표는 예수 그리스도의 피를 예표하며 우리의 심령에 뿌려진 살아 있는 표다. 이 표는 우리의 죄를 씻고, 저주를 제거하며, 생명을 공급하고, 우리 존재를 하나님께 드려진 제사로 바꾼다.

히브리서 13:20-21은 말한다.

"양의 큰 목자이신 우리 주 예수를 영원한 언약의 피로 죽은 자 가운데서 이끌어 내신 평강의 하나님이… 예수 그리스도로 말미암아 우리 속에 이루시기를 원하노라." 그분의 피가 계속 나를 위해 말씀하고 계신다. 할렐루야!

창4:14 "주께서 오늘 이 지면에서 나를 쫓아내시온즉 내가 주의 낯을 뵈옵지 못하리니, 내가 땅에서 피하며 유리하는 자가 될지라."

가인은 살인을 저지른 뒤 하나님의 심판 앞에서 비통한 절망을 토로했다. 그는 주의 '낯'(Panim)을 보지 못하게 되었다고 말한다. 성경에서 하나님의 얼굴은 하나님의 본질과 임재를 뜻한다. 하나님의 얼굴이 비춰진다는 것은 곧 은혜와 생명, 영광과 사랑이 임한다는 뜻이고, 그 얼굴을 피한다는 것은 본질적으로 생명에서 끊어짐, 곧 죽음의 상태를 의미한다.

죄인은 하나님의 얼굴을 피할 수밖에 없다. 구약의 모든 제사와 성막, 성전 제도는 하나님의 얼굴을 다시 뵐 수 있도록 회복의 길을 열기 위한 하나님의 자비였다. 그리스도 안에서 우리는 하나님의 얼굴을 다시 대면하게 된다. 죄인은 땅의 저주 아래 피하며 유리하지만, 하나님의 구속계획은 항상 "에덴으로 돌아가는 길"을 준비하신다.

가인이 간 땅은 놋(Nod), 곧 '유리함'이라는 뜻을 가진 지역이다(창4:16). 원문에는 가인이 여호와의 '앞'을 떠났다고 기록되어 있는데, 이는 여호와의 '얼굴'에서 떠났다는 의미다. 가인은 하나님의 생명과 은혜의 본질에서 완전히 끊어졌으며, 그의 존재 자체가 '유리'가 되고, 그가 사는 땅도 '유리'가 되었으며, 그는 방황하는 존재가 되었다.

놀랍게도, 훗날 이스라엘이 성막과 성전을 지을 때 하나님은 문을 동쪽에 두게 하셨다. 에덴에서 동쪽으로 쫓겨난 인류에게, 하나님은 다시 동문을 열어 서쪽 지성소로 들어오게 하셨다. 다시 말해, 하나님은 동편 문을 통해 생명의 회복, 에덴의 회복을 이루시는 회귀의 길을 성전 구조 안에 상징으로 담아 놓으신 것이다.

지성소에는 언약궤가 있고, 그 위에는 그룹들의 날개가 있다. 이는 생명나무를 지키던 천사들의 상징이며, 하나님께서 성막과 성전을 통해 생명나무에 이르게 하신다는 복음적 상징이다. 예수 그리스도는 성전의 실체요, 생명나무의 본체이시며, 이제 그리스도를 믿는 자는 그분 안에서 다시 에덴으로 돌아가는 여정을 시작한 것이다.

창4:17 "가인이 아내와 동침하니 그가 에녹을 낳았고, 성을 쌓고 그 아들의 이름으로 성을 이름하여 에녹이라 하였더라."

가인은 스스로 무엇을 이룬 듯 보이지만, 그의 시작은 인간 중심의 시작이다. 에녹('헌신, 시작')을 낳고, 땅의 성을 쌓고, 아들의 이름으로 성을 명명했다. 그는 자기가 이룬 세계에 자기 이름과 유산을 남기려 했다. 이는 십자가 없는 시작이며, 인간적 성공의 자랑이다. 그의 아들 이랏은 '자랑'이란 뜻이고, 그 다음 므후야엘은 '하나님을 거절한 자', 므두사엘은 '지옥의 자식', 라멕은 '자기 힘을 자랑하는 자'라는 뜻을 지닌다. 가인의 후손들은 점점 더 하나님을 거부하고, 자기 강함과 세상적 성공을 추구하며, 결국 지옥적 본성으로 치닫는다.

라멕은 두 아내를 취했고, 이는 인간 문명에서 성의 타락이 본격화되었음을 나타낸다. 아다('치장')와 씰라('그늘')는 외형적 아름다움과 쾌락을 상징한다. 그들의 삶은 가인의 피로 잉태된 자기 자랑과 자기 성취로 가득한 인생이었다. 그러나 놀랍게도, 이 계보에는 연수가 언급되지 않는다. 이는 하나님의 시선과 기록에서 벗어난 삶이라는 뜻이다. 하나님은 그리스도 없는 삶, 믿음 없는 계보, 자기 영광을 위한 문명에는 연수를 주지 않으신다. 단지 흘러가는 존재로만 두신다. 반면 창5장의 셋의 계보는 낳고 살고 죽는 연수를 정확히 기록하며, 믿음의 삶이 어떻게 하나님 앞에 기억되는지를 보여 준다.

창4:15 "여호와께서 가인에게 표를 주사, 누구든지 그를 죽이지 못하게 하시니라."

하나님은 가인에게도 긍휼을 베푸셨다. 가인은 죄인이었지만, 아벨의 피의 외침을 들으신 하나님은 그에게 표를 주셨다. 이 표는 단순히 살인의 보호장치가 아니라, 하나님의 자비가 아직도 죄인을 향해 열려 있다는 상징이다. 오늘날 이 표는 그리스도의 피로 우리 마음에 뿌려진 구원의 표다.

가인이 받은 표는 외적인 표였지만, 우리는 내면에 새겨진 구원의 피를 지닌 자들이다. 이 피는 우리의 죄를 씻을 뿐 아니라, 우리의 불행, 저주, 고통을 쫓아내고, 영원한 생명을 공급한다. 그리스도 안에 있는 이 표는 절대 지워지지 않는다. 그 피는 지금도 우리 안에서 말씀하고, 우리를 향한 하나님의 사랑과 의를 증거한다.

오 주 예수님, 나의 참 아벨이시며 생명나무 하나님 에덴에서 쫓겨난 나를 위해 십자가에 달리셨고, 내 죄와 방황을 대신 지셨나이다 내가 쌓으려 했던 모든 성은 헛되었고, 오직 주님의 장막만이 나의 영원한 거처입니다 당신의 피가 나의 표가 되었고, 내 이름은 이제 '주 예수'라 불립니다 세상의 자랑과 가인의 성을 버리고, 당신이 주신 생명의 길을 따라 동쪽 문을 지나 다시 에덴으로 들어가게 하소서 주 예수여 아멘

“생명의 칠 배”

창4:15 “여호와께서 이르시되 가인을 죽이는 자는 벌을 칠 배나 받으리라 하시고, 가인에게 표를 주사 그를 만나는 모든 사람에게서 죽임을 면하게 하시니라”

창4:23-24 “라멕이 아내들에게 이르되… 내가 사람을 죽였고, 청년을 죽였도다… 가인을 위하여는 벌이 칠 배일진대, 라멕을 위하여는 벌이 칠십칠 배이리로다 하였더라”

가인의 7대손인 라멕은 더욱 악한 자로 등장한다. 그는 장년과 청년 두 사람을 죽였다고 고백한다. 그는 자신이 받은 상처 때문에 분노를 품었고, 결국 죽음에까지 이르게 했다. 전승에 따르면, 라멕이 죽인 장년은 조상 가인이었을 것이고, 청년은 믿음을 증거한 에녹 같은 의인이었을 것이라고 추정된다.[4] 유독 에녹은 900세 이상을 살았던 당대에 비하면 그 수명이 매우 감소한 365년만 살았기 때문이다. 라멕은 상처에 대한 변명 속에서 자신에게 가인의 칠 배가 아닌 칠십칠 배의 보호가 필요하다고 말한다.

여기서 우리는 라멕이 단순히 자기 죄를 숨기려는 교만의 상징이 아닌, 더 큰 긍휼의 필요를 고백하는 인간의 진실한 초상을 보게 된다. 그는 자기를 향한 칠십칠 배의 보호를 구하며, 결국 더 큰 징벌보다 더 큰 자비가 필요하다는 사실을 보여 준다.

우리 모두는 그리스도를 십자가에 못 박은 죄인이요, 영적 가인이다. 그렇다면 우리에게도 그 표가 절실히 필요하다. 주님께서 가인을 보호하신 그 은혜의 원리는 라멕에게서도 나타난다. 결국 신약을 통해 우리 모두에게 주어진 예

4) Ephrem the Syrian, *Commentary on Genesis* 4.2.2-3.

수 그리스도의 보혈로 더욱 온전하게 완성되었다. 예수님은 신약에서 베드로에게 "일곱 번뿐 아니라 일흔 번씩 일곱 번이라도 용서하라"고 하셨다(마18:22). 이 말씀은 바로 라멕의 선언을 반전시키는 구속의 선언이다. 구약에서는 칠십의 칠 배가 죄에 대한 징벌로 언급되었으나, 신약에서는 그리스도를 통해 그 수치만큼 완전한 용서가 선포된다.

칠십의 칠 배는 단지 횟수를 말하는 것이 아니다. 히브리적 사고에서 '7'은 완전함을, '70'은 온전함을 의미하며, 이 둘이 곱해질 때는 영원하고 신성한 용서의 본질을 상징한다. 이 숫자는 그리스도의 성품, 곧 그분의 피와 생명의 본질을 대변하는 영적 숫자이다.

우리는 옛사람의 본성으로는 형제를 참되게 용서할 수 없다. 그러나 그리스도께서 우리 안에 거하심으로써, 우리는 그분의 인격을 따라 용서할 수 있다. 우리의 옛사람은 십자가에서 죽었고, 이제는 그리스도께서 내 안에 사시는 새 사람의 삶을 살아가는 것이다. 그리스도는 우리 안에서 자라나시며, 온전하고 완전한 용서의 능력으로 역사하신다.

라멕은 두 아내, 아다("장식")와 실라("그늘") 앞에서 죄를 고백한다. 이는 종교적 외형으로 자신을 꾸미고도, 결국 어두운 내면을 감출 수 없는 인간 실존을 보여 준다. 오늘날 우리도 외적인 경건함이나 자의적 신앙의 모양으로 자신을 감싸지만, 오직 그리스도의 피와 생명만이 우리를 참되게 정결케 할 수 있다.

그리스도의 피는 우리 안에 뿌려진 "용서받은 표"이며, 그분의 생명은 우리로 하여금 다른 이들을 "용서하게 하는 능력"이다. 이 표는 눈에 보이는 표시가 아니라, 내면의 생명으로 심겨진 하나님의 인을 의미한다. 하나님은 죄인을 위해 십자가에서 모든 저주를 담당하시고, 우리에게 온전하고 완전한 축복과 긍휼의 표를 새 언약으로 주셨다.

왜 우리는 용서하는가? 우리가 받은 용서와 은혜가 너무나 크기 때문이고,

용서하는 자에게만 주어지는 하늘의 복이 있기 때문이며, 용서를 통해 하나님의 성품이 나타나기 때문이고, 그리스도께서 우리 안에서 직접 그 용서를 이루기 때문이다. 용서는 율법으로 명령되는 것이 아니라, 그리스도의 본질이 우리 안에서 역사하여 가능해지는 생명의 열매이다. 70×7은 우리가 인간적으로 반복할 수 있는 수치가 아니라, 하나님의 성품이 우리를 통과해 흘러나오는 것이다.

오 주 예수여, 죄 많은 라멕 같은 나를 긍휼로 감싸 주시고, 칠십칠 배의 벌을 받을 나에게 칠십칠 배의 용서를 베푸신 당신을 찬양하나이다 당신의 피가 나의 징표가 되었고, 당신의 생명이 나의 용서가 되었나이다 율법의 표가 아니라, 생명의 표를 우리 심령에 새기셨사오니, 항상 긍휼과 생명 안에서 형제를 대하게 하소서

"생명의 대치"

창4:25 "아담이 다시 자기 아내와 동침하매, 그가 아들을 낳아 그의 이름을 셋(Seth)이라 하였으니, 이는 하나님이 내게 가인이 죽인 아벨 대신에 다른(Hetero) 씨(Sperma)를 주셨다 함이며"

4:26 "셋도 아들을 낳고 그의 이름을 에노스라 하였으며, 그때에 사람들이 비로소 여호와의 이름을 불렀더라"

'아담' 단어는 남자와 여자를 모두 가리키는 '사람'을 뜻한다. 아담이 잠들었을 때 갈비뼈가 빠지면서 그는 남자가 되었고, 그의 갈비뼈를 기본으로 여자가 지어졌다. 고로 사람(아담)은 남자와 여자를 포함한 단어이다. 만물은 "창조"되었지만 여자는 "지어졌다"고 성경은 기록한다. 그 동사가 바로 "짓다"는 의미의 '바나'(Banah)이다. 이 용어는 성전을 짓고, 신부를 짓고, 교회를 짓고, 새 예루살렘을 짓는 데 사용되는 건축의 용어이다. 여성은 지어지는 존재이다. 혼자서 성장하거나 완성되는 것이 아니라 참 신랑을 만나 온전한 존재로 지어지는 것이다. 바로 우리 모두는 하나님 앞에 여성이며, 그리스도가 우리 신랑이시다.

그리스도는 우리의 죄 자체인 가인을 책임지시기 위해 오셨다. 로마서 8:3은 그리스도께서 죄 있는 육신의 모양으로 오셨다고 말씀한다: "율법이 연약하여 할 수 없는 그것을 하나님은 하시나니, 곧 죄로 말미암아 자기 아들을 죄 있는 육신의 모양으로 보내어 육신에 죄를 정하사" 고후5:21은 그리스도께서 우리를 대신하여 죄가 되셨다고 말씀한다: "하나님이 죄를 알지도 못하신 이를 우리를 대신하여 죄로 삼으신 것은, 우리로 하여금 그 안에서 하나님의 의가 되게 하려 하심이라"

그리스도 예수는 우리의 죄 자체가 되셔서, 즉 가인인 우리를 덮으시고, 가인과 같이 취급받으시며 죽으셨다. 아벨만이 아니라, 가인의 인생도 그리스도에 의해 처리된다.

"아담이 다시 아내와 동침하매"

아담이 구원의 약속을 받은 하와에게서 새 아들을 얻었다. 셋째 아들 셋(Seth: "대치")이 태어났다. 이 아들은 가인과 달랐다. 의인이 되었고 믿음의 가문을 이루었다. 또 아벨과도 달랐다. 장수하며 많은 자손을 얻었다. 아담은 오실 자의 표상이다(롬5:14). 고로 아담 이야기는 오실 자이신 그리스도를 미리 나타내고, 아담의 후손은 그리스도가 하실 사역을 예표한다.

아담에게서 셋(Seth)이 태어나는 것은 아담의 새로운 가문이 시작되는 것이고, 이는 그리스도께서 부활을 통해 우리를 대치하시고(Replace) 새로운 가문을 이루심을 가리킨다. 하나님께서 가인이 죽인 아벨 대신 다른 씨를 주셨다는 것은 주 예수님의 죽음 이후 새로운 부활이 우리에게 주어졌음을 의미한다. 아벨은 십자가의 그리스도를 의미하고, 셋은 부활하여 내주하는 새로운 그리스도를 가리킨다. 아벨처럼 그리스도가 제물이 되어 우리를 종결하셨고, 셋처럼 새 아들로 부활하시어 우리 안에 거하신다.

갈2:20 "내가 그리스도와 함께 십자가에 못 박혔나니 그런즉 이제는 내가 산 것이 아니요, 오직 내 안에 그리스도께서 사신 것이라."

셋은 대치 생명이신 그리스도를 예표한다. 나를 그리스도로 다 채우시고 바꾸신다. 그리스도는 우리의 옛 생명을 끝내시는 새 생명이시다. 그리스도는 아담이시요, 가인이시요, 아벨이시요, 새 아들인 셋이시다. 이 모든 항목 되신 주님을 찬송한다.

"다시 동침하매"는 원문에 "아담이 자기 아내 하와를 다시 알매"이다. 즉, 우리가 신랑이신 그리스도를 생명으로 다시 알면, 대치된 삶이 나옴을 알 수 있다. 그리스도께서 자신의 새로운 신부인 우리에게 생명을 주시고, 새 신부는 대치 생명의 삶을 산다. 우리도 그리스도를 기쁨으로 누리면, 분명 우리 안에서 오늘의 생활 속에서 그리스도로 대치된 삶이 흘러나올 것이다.

십자가의 그리스도만이 아니라, 생명의 그리스도를 우리에게 다른 씨로서 주셨다. 그리스도는 변화산에서 다른(Hetero) 얼굴이 나오셨다. 그리스도는 그분 자신 안에서 우리를 바꾸시고, 다른 얼굴을 보여 주시기 위해 오셨다. 주 예수 안에서 율법의 얼굴이 아닌 은혜와 사랑의 얼굴을 보자. 그분의 은혜의 얼굴을 보지 않으면, 오히려 주 예수님은 질책하신다. 그리스도는 죽기 위해서만 오신 것이 아니라, 우리에게 다른 씨를 주시기 위해 오셨다. 내가 스스로 새롭게 바뀌는 것이 기독교 신앙이 아니고, 내 안에 다른 생명의 씨를 새롭게 주시는 것이 기독교이다. 이것이 바로 부활하고 내주하시는, 대치하시는 그리스도이시다.

셋(Seth)의 계보에서 에노스가 태어났고, 그때에 비로소 사람들이 여호와의 이름을 부르기 시작했다. 이는 예배의 회복이며, 공동체적 신앙의 출발을 의미한다. 에노스의 이름은 "약함" 또는 "깨어짐"으로, 하나님 앞에 깨지기 쉬운 그릇으로 나아가는 존재를 상징한다. 우리도 대치된 생명 안에서 주의 이름을 부르며, 날마다 생명으로 살아간다.

로마서 10:12 "한 분이신 주께서 모든 사람의 주가 되사, 그를 부르는 모든 사람에게 부요하시도다."

우리도 그리스도 안에서 하나님의 이름을 부르고, 대치된 생명으로 살아간다. 그리스도는 우리의 새 사람, 새 씨, 셋(Seth)이시다. 아들 셋(Seth)은 그리스도의 부활의 아들이다. 이 아들은 단체적 아들이 되어 새 예루살렘이 된다.[5] 우리는 그리스도로 다시 지어지고, 그분을 통해 하나님 앞에 나아간다.

오 사랑의 하나님, 우리 주 예수님, 우리가 생명을 더 알게 하시고 생명에 더 들어가게 하소서 주 예수님, 당신이 우리 안에 대치된 생명이 되신 것을 믿습니다 날마다 우리를 통해 사시고, 우리를 사용하소서 우리가 당신의 그릇이 되게 하소서 오늘도 우리 안에 충만히 담겨지시고 더 깨어지게 하소서 복음과 환경으로 우리를 부수셨으니, 그리스도를 위해 쓰임 받게 하소서 그리스도가 우리를 통해 흘러가게 하소서 고집스런 자아를 금 가게 하신 그리스도를 알며, 주 예수 당신을 더 부르게 하소서 오 주 예수여, 주 예수여, 주 예수여

5) Origen, *On the First Principles* 1. 2. 6.

창세기 5장의 그리스도

"생명의 족보"

창5:9 "에노스(깨어짐)는 구십 세에 게난(보물)을 낳았고"

5:12 "게난은 칠십 세에 마할랄렐(찬송)을 낳았고"

5:15 "마할랄렐은 육십오 세에 야렛(낮음)을 낳았고"

5:18 "야렛은 일백육십이 세에 에녹(시작)을 낳았고"

5:21 "에녹은 육십오 세에 므두셀라(생성의 존재)를 낳았고"

5:22 "므두셀라를 낳은 후 삼백 년을 하나님과 동행하며 자녀를 낳았으며"

5:23 "그가 삼백육십오 세를 향수하였더라"

5:24 "에녹이 하나님과 동행하더니 하나님이 그를 데려가시므로 세상에 있지 아니하였더라"

5:25 "므두셀라는 일백팔십칠 세에 라멕(능력)을 낳았고"

5:28 "라멕은 일백팔십이 세에 아들을 낳고"

5:29 "이름을 노아(안식)라 하여 가로되, 여호와께서 땅을 저주하시므로 수고로이 일하는 우리를 이 아들이 안위하리라 하였더라"

창5장의 조상들은 그리스도의 선조들이다. 이 모든 족보의 이름들은 그리스도께서 하시는 일을 나타낸다. 에노스는 "깨짐"이다. 그의 아들 게난은 "보물"이라는 뜻이다. 그리스도는 이 땅에 오셔서 깨어지셨다. 육신도 깨어지고, 영광도, 명예도 깨어지셨다. 마할랄렐 이름의 '할랄'(찬송)은 '할렐루야'의 어근이다. "찬송"이라는 마할랄렐처럼 그리스도는 하나님께 찬송이 되셨고, 야렛 이름처럼 낮아지셨다. 그리스도는 에녹처럼 새 아담으로 시작이 되셨고, 므두셀라처럼 옛 창조를 종결하시고 새로운 존재로 출현하셨다. 부활 후, 영원히 우리의 능력이 되시고, 영원한 안식을 주신다.

또한 위 족보는 그리스도 안에서 누리는 체험들이다. 우리도 깨어지는 존재(에노스)이지만, 우리 안에는 보물(게난)이신 그리스도가 있다. "우리가 이 보배를 질그릇에 가졌으니, 이는 능력의 심히 큰 것이 하나님께 있고 우리에게 있지 아니함을 알게 하려 함이라."(고후4:7) 우리는 그리스도를 보물로 누리며 찬송(마할랄렐)으로 누린다.

낮아진 자(야렛)로서 십자가를 경험하며, 그리스도가 가져오신 부활의 시작(에녹)을 소유한다. 에녹은 하나님과 동행하였다. 그는 매일이 승천의 삶이었다. 우리는 그리스도를 통하여 영원한 생명을 이미 얻었고, 사망을 이미 이긴 존재가 되었다. 고로 주 예수를 부르는 모든 성도는 에녹과 같다. 사망이 없이 매일 저 높은 곳을 향하여 나아가는 부활과 승천의 삶인 것이다. 근심과 염려는 그리스도께 맡기고, 주 예수와 동행하며 주와 같이 길 가는 것이 에녹의 삶이다. 우리는 므두셀라의 그리스도를 통해 새로운 존재로 출현하였다. 또한 그리스도는 우리의 능력이 되신다. 그리스도는 영원한 안식과 위로(노아)가 되신다. 옛 땅이 저주받았기에, 노아를 통해 새 땅으로 인도된다. 그 땅 위에는 무지개가 뜰 것이다. 주 예수님은 우리를 부활의 새 땅으로 인도하시고 늘 보호하신다.

창5:32 "노아는 오백 세 된 후에 셈과 함과 야벳을 낳았더라"

노아는 셈("이름"), 함("열기"), 야벳("확장")을 낳았다. 그리스도는 우리의 사모하는 이름이며, 우리의 열정이며, 우리의 확장이 되신다. 생명의 족보에 나오는 모든 항목은 그리스도 예수의 풍성이다. 그리스도는 이 땅에 연약한 존재로 오셨고, 보물이 되셨으며, 찬송이 되셨고, 낮아지셨고, 새 시작이 되셨고, 성장이 되시며, 능력이 되시고, 안식이 되시며, 그 이름은 뜨겁게 온 세상에 확장되신다. 창5장의 말씀을 통해 우리는 그리스도가 온 세상에 퍼지는 것을 발견한다. 우리는 그리스도 안에서 새로운 가문을 갖게 되며, 이 조상의 이름들처럼 모든 좋은 항목들을 그리스도 안에서 선물 받았다. 할렐루야!

오 주 예수님! 우리가 당신의 족보와 가문에 편입되게 하셔서 감사합니다 우리로 모두 믿음의 조상들이 되게 하시고, 그 이름들의 풍성이 우리가 사는 날 동안 모두 체험되게 하소서 그리스도 당신을 사모하여 더 깨어지게 하시고, 더 사모하게 하시고, 더 낮아지게 하시고, 더 찬송하게 하시고, 더 올라가게 하시고, 더 자라나게 하시고, 더 능력 있게 하시고, 더 안식하게 하소서 오 주 예수여, 주 예수여, 주 예수여

창세기 6장의 그리스도

"생명의 역청"

창6:4 "당시에 땅에 네피림이 있었고, 그 후에도 하나님의 아들들이 사람의 딸들을 취하여 자식을 낳았으니 그들이 용사라, 고대에 유명한 사람이었더라."

하나님의 아들들은 창5장 셋의 후손들인 믿음의 백성들이다. 여기 하나님의 아들들은 천사가 아니다. 천사가 사람의 딸들과 혼인했다는 생각은 성경적이지도 않은 것이다. 천사는 영물인데 육체와 결혼하여 자녀를 낳는다는 것은 근거 자체가 없는 말이다. 성경이 말하는 하나님의 아들들은 신앙을 가진 자들이다. "너희는 너희 하나님 여호와의 자녀이니"(신13:6). 사람의 딸들은 불신 가운데 있는 가인의 자손들을 가리킨다.[6] 셋의 믿음의 자손들은 사람의 딸들, 즉 가인의 후손들과 혼인하기 시작하였다. 믿음의 족보는 혼탁해졌고, 사람을 사냥하고 타인을 정복하는 거인들인 네피림들을 양산해 내었다.

참 신앙은 세상의 거인이 되는 것을 목표로 삼지 않는다. 사역에서도 마찬가지이다. 그대가 적절히 세상과 복음을 섞으면 네피림, 즉 거인이 될 수 있다. 그러나 진실로 구주만을 추구하면 장부나 거인에 대한 마음이 처리되고, 작고 낮은 자가 되는 것을 소망하게 된다. 하나님의 사람도 반드시 홍수가 필요하

6) Ephrem the Syrian, *Commentary on Genesis* 6.3.1; Augustine, *City of God* 15.23.

며, 십자가가 필수이고 부활이 필히 있어야 한다. 우리는 예수 믿기 전에 전적으로 육체였다. 그러나 이제 그리스도를 통해 육에서 영으로 옮겨진 것이다.

롬8:9 "만일 너희 속에 하나님의 영이 거하시면 너희가 육신에 있지 아니하고 영에 있나니, 누구든지 그리스도의 영이 없으면 그리스도의 사람이 아니라."

우리는 그리스도의 십자가를 통해 육체가 죽고, 그 영을 소유하여 그리스도인이 되었다. 이제 믿는 자들은 그저 고깃덩어리가 아니라, 하나님의 실제이신 그리스도 영의 존재가 되었다.

창6:8 "그러나 노아는 여호와께 은혜를 입었더라."

세상에는 죄악이 관영하였으나 "그러나" 노아는 여호와께 은혜를 입었다. "그러나"를 누려라. "그러나" 때문에 우리에게 구원이 있다. 노아는 의인이요, 완전한 자이며, 하나님과 동행하였다. 여기서 중요한 것은 9절, 은혜가 먼저 있고, 이어서 노아의 온전함이 있다는 사실이다. 그가 온전했기 때문에 하나님이 그를 선택한 것이 아니라, 그가 은혜를 먼저 입었기에 온전하게 여김 받은 것이다. 은혜를 받았기에 행함을 보이는 것이다. 하나님은 노아 식구 여덟 명을 구원하셨다. 온 세상을 휩쓸어 버리고 사람들이 멸망해도 주님은 여덟 사람으로 다시 시작하신다. 우리가 이 점을 보면 거대한 규모나 많은 숫자가 때로는 주님 앞에 별 의미 없음을 알게 된다.

창6:12 "하나님이 보신즉 땅이 부패하였으니, 이는 땅에서 모든 혈육 있는 자의 행위가 부패함이었더라."

만인은 본성적으로 부패하였다. 죄를 스스로 짓는 것이 아니라 죄를 짓도록 태어났다. 죄를 지으며, 죄가 몸속에 있고, 죄로 물들어져 있다. 의인은 없나니 하나도 없다. 이런 상태는 치료가 아니라 새로 태어나는 것만이 해결이다. 이를 위해 주 예수님이 오셨다. 십자가를 통해 그리스도와 함께 이미 죽었고, 그리스도와 함께 이미 새 생명 안에 살고 있다. 우리는 이미 죽었고, 주 예수 안의 새 존재임을 늘 인식하고 감사하자.

창6:13 "하나님이 노아에게 이르시되 모든 혈육 있는 자의 포악함이 땅에 가득하므로 그 끝 날이 내 앞에 이르렀으니 내가 그들을 땅과 함께 멸하리라"

앞선 12절은 아담을 종결한 것이고 위 13절은 죄악과 세상을 종결한 것이다. 그리스도 십자가는 이렇게 셋을 다 처리했다. 노아의 옛 세상은 인간의 죄악으로 본질적으로 타락했다. 그러나 노아는 방주와 홍수와 언약을 통해 새 세상을 만났다. 얼마나 노아는 좋을까! 성경은 이 모든 것을 주 예수님이 오셔서 우주적으로 다 이루신 것을 알리는 말씀이다. 그리스도가 우리에게 참 노아로 오셔서 나의 아담과 나의 죄악과 나의 세상을 종결하셨다. 주 예수의 십자가는 아담을 종결하고 죄악을 종결하고 세상을 종결한 것이다.

창6:14 "너는 잣나무(Gopher)로 너를 위하여 방주를 짓되 그 안에 칸들을 막고 역청으로 그 안팎에 칠하라"

하나님의 새 생명과 새 세상을 주시는 방법은 네 가지이다. 노아와 방주와 홍수와 언약을 마련하시는 것이다. 첫째, 노아를 예비하셨다. 의인을 세우시고 의인의 자손이 많아지게 하셨다. 따라서 인류를 위해 그리스도를 예비하셨다. 구주는 참 노아요, 우주적 의인이다. 그가 모든 구원의 방법을 가지고 우리 안에 거처를 정하시고 구출하신다. 둘째, 방주를 마련하셨다. 믿는 자들을 모두 들어가게 하신다. 방주는 고페르나무로 만들었는데 그 뜻은 "거주"(To house in)이다. 즉 방주는 거주하는 집이다. 주 예수님이 우리 방주이며, 그분 안으로 들어가 그 안에 거주한다. 신약에는 "그리스도 안"이라는 문구가 백여 번이나 나온다. 그리스도 안에 거하는 것이 방주 안에 거하는 것이다.

셋째, 홍수를 준비하셨다. 홍수가 우리 아담과 죄악과 세상을 쓸었다. 그리스도는 우리 홍수이시다. 그를 만나며 모든 것이 홍수에 떠내려갔고, 죽으시고 장사되며 그 안에 모든 것이 묻히고 휩쓸려 갔다. 넷째, 언약을 수립하셨다. 방주 안에 들어오는 자마다 구원을 받는 언약이다. 언약은 법적으로 반드시 하나님이 이행하신다. 주 예수님이 우리 언약이시다. 그의 피로 새 언약이 세워졌다. 구원과 보호와 생명의 언약을 세우셨다. 반드시 구하시고, 반드시 지키시고, 반드시 생명을 주신다. 주 예수께서 반드시 실행하신다. 우리는 늘 방주 안에 들어가며, 방주 안에서 반드시 구하시고 지키시고 먹이시는 언약을 체험한다.

노아도, 방주도, 홍수도 모두 그리스도의 예표이다. 노아가 의인이요 당대 완전한 자였던 것처럼, 그리스도는 의인의 머리시요 영원에서 영원까지 완전한 자이시다. 노아가 하나님께 은혜를 입었듯, 그리스도도 아버지의 은혜를 입었고 은혜 자체이시다. 그리스도는 33년의 삶을 통해 구원의 방주를 지으셨다. 그리스도가 지은 영적 방주는 그리스도 예수의 몸이다. 노아가 가족을 방주에 이끌듯, 주 예수님도 자기 형제들을 세상에서 구출하여 아버지가 충분한 자신 안으로 이끄셨다.

방주의 지어짐은 그리스도의 지어짐이다. 방주 내부에 삼층이 있듯이, 주 예수님은 삼위일체 하나님의 체현이다. 우리는 성령으로 그리스도를 만나고, 아들 하나님 안으로 깊이 들어가고, 길이신 아들을 통해 근원이신 아버지께 나아간다. 방주의 창문이 한 개이며 하늘로 나 있듯이, 주 예수님은 우리에게 하늘을 향한 창문이 되셨다. 우리의 비전은 하늘뿐이다. 방주에는 옆 창문이 하나도 없다. 그리스도 안에서 세상은 나의 조망권에 있지 않으며, 세상은 죽었고 나도 세상에 대해 십자가에서 죽었다.

방주 안에는 진리의 계단과 방들이 있다. 역청이 안팎으로 칠해져 있다. 이 역청은 나무의 진액인데, 십자가 나무의 진액인 보혈의 예표이다. 역청이 방주 안에도 바깥에도 칠해졌다. 이 역청이 방주 안팎에 칠해져 비와 홍수가 들어오지 못하게 한다. 우리 심령 안팎에 그리스도의 보혈이 발라져 있다. 역청이 홍수의 심판을 이기듯, 우리는 보혈로 사망의 심판을 이겼다. 홍수를 구엇이 이겼는가? 방주의 나무가 이기고, 방주에 칠해진 역청이 방수 기능으로 홍수를 막아낸다. 고로 우주적 역청이신 주의 보혈을 늘 찬송하자. 마귀의 참소가 들어올 때 주의 보혈을 증거하고, 율법의 기소가 들어올 때 예수의 보혈을 기억하자. 그리스도 예수의 피가 내 마음에도 뿌려졌고, 내 몸에도 발라졌다. 나는 피 뿌림을 받기 위해 선택되었다. 내 안의 그리스도 피는 내게 평강을 주고, 내 바깥에 발라진 주 예수의 피는 사탄을 막아낸다.

벧전1:2 "하나님 아버지의 미리 아심을 따라 성령의 거룩하게 하심으로 순종함과 예수 그리스도의 피 뿌림을 얻기 위하여 택하심을 입은 자들에게 편지하노니 은혜와 평강이 너희에게 더욱 많을지어다."

오 주 예수님, 나의 노아시여, 당신이 만드신 방즈를 찬송합니다 반드시 구하시는 언약을 신뢰하게 하소서 당신이 언약을 세우셨으니 나의 본성이 그리스도 안에서 처리되게 하시고, 주 예수의 생명의 본성이 주도하게 하소서 나의 옛 땅도 홍수를 거치게 하시고, 새 땅으로 축복하소서 사랑과 믿음과 감사의 열매가 자라게 하소서 나의 언약이시여, 당신의 법칙을 믿사오니 이 법칙이 내게 늘 역사하소서 주 예수님, 당신이 내게 더 느껴지게 하시고 당신만 소망삼게 하소서 그리스도 사랑이 넘치게 하소서 오 주 예수여, 주 예수여, 주 예수여

"생명의 방주"

창6:15 "네가 만들 방주는 이러하니 그 길이는 삼백 규빗(풍성), 너비는 오십 규빗(은혜), 높이는 삼십(온전) 규빗이라"

방주는 그리스도이고 또한 그리스도의 충만인 교회, 즉 믿는 우리이다. 방주의 크기는 그리스도의 풍성을 나타낸다. 하나님은 그리스도를 노아요 방주로 보내셔서 우리를 이렇게 구하신다.[7]

길이 300규빗: 하나님 사랑이신 그리스도
너비 50: 하나님 은혜이신 그리스도
높이 30: 하나님 생명이신 그리스도

3은 삼위일체 하나님이요 100은 풍성이고 5는 은혜이고 10은 완전이다. 숫자 300은 헬라어로 십자가를 뜻하는 타우(T)이다. 고로 300은 풍성한 십자가의 사랑이다.[8] 그리스도는 생명 자체로서 30세까지 생명의 생활을 하시고 이후 생명의 사역을 시작하셨다. 그 사랑은 참으로 길다. 그 은혜는 정말로 넓다. 그 생명은 진실로 높다. 그 비밀은 참으로 깊다. 사실 그리스도의 길이, 너비, 높이, 깊이는 측량할 수 없다. 노아의 방주가 삼위일체 하나님의 풍성과 은혜와 완전을 표현하듯, 그리스도 예수께서는 이 땅의 방주로 오셨다. 주 예수님이 우리 모든 풍성이시다.

"내가 온 것은 양으로 생명을 얻게 하고 더 '풍성'히 얻게 하려는 것이라"(요10:10).

---

7) Augustine, *City of God* 15.26.
8) Jerome, *Homilies* 84.

"한 사람 예수 그리스도의 '은혜'로 말미암은 선물이 많은 사람에게 넘쳤으리라"(롬5:15).

"저가 한 제물로 거룩하게 된 자들을 영원히 '온전'케 하셨느니라"(히10:14).

창6:16 "거기에 창을 내되 위에 한 규빗에 내고, 문은 옆으로 내고, 내부는 상중하 삼층으로 할지니라"

그리스도가 방주로서 우리에게 주어졌다. 이 방주에는 천장에 하늘로 난 하나의 창이 있다. 이 창은 하늘을 볼 수 있게 하는 창이신 그리스도를 가리킨다. 그리스도만이 아버지와 하늘로 가는 창이다. 그분을 통해서만 사랑의 아버지가 보인다. 창 크기 한 규빗은 하나 됨이요, 창은 소망이요, 비전이다. 우리 소망은 유일하게 그리스도이시다.

방주 옆에 문이 있는데 이는 그리스도의 옆구리를 예표한다. 만민이 이 문을 통해 방주로 들어가는데 우리는 그리스도의 옆구리를 통해 영원한 구원으로 들어왔다. 주 예수님은 창에 허리 상하여 물과 피를 쏟으셨다. 물은 생명이고 피는 언약이다. 생명의 물과 언약의 피를 통해 영원한 영역으로 모두가 들어온다. 내부의 상중하 삼층은 아들과 그 영과 아버지이다. 한 분 하나님의 비밀스런 세 면이다. 먼저 아들이신 그리스도를 통해 복음을 받고, 그 영을 통해 생명을 알고, 아버지를 통해 사랑을 아는 그리스도인 생활을 체험한다. 우리는 일층의 육에서 복음을 누리며 동시에 이층의 마음 안에서 생명을 누리고 삼층인 영 안에서 사랑을 누린다.

창6:17 "내가 홍수를 땅에 일으켜 무릇 생명의 기운이 있는 모든 육체를 천하에서 멸절하리니 땅에 있는 것들이 다 죽으리라"

노아의 방주는 홍수를 거치는 동안 모든 것이 죽었다. 이는 그리스도의 장사 지냄을 통해 우리의 옛사람과 모든 옛 창조가 죽은 것을 가리킨다. '우리가 그의 죽으심과 합하여 세례를 받음으로 그와 함께 장사되었나니"(롬6:6). 모든 것이 그리스도와 함께 종결되었다. 우리 죄악도 염려도 절망도 사망도 불행도 홍수이신 그리스도와 함께 떠내려갔고 장사 지내졌다. 우리 육체는 그리스도를 통하여 못 박히고 종결되었고 옛 창조는 지나간 것이 되었다. 보라 새것이 되었다. 구약은 멸하심을 보여 주고 신약은 이 멸하심이 그리스도를 통해 나타났음을 보여 준다. 더 나아가 옛것의 멸하심이 우리에게 놀라운 축복임을 계시한다. 우리가 새로운 생명을 가지게 되었기에 십자가에 끝난 우리 자신의 육체를 신뢰하지 말고 늘 그 안에 역사하는 생명을 신뢰하자.

땅에 있는 모든 생명은 반드시 죽어야 하기에 우리는 그리스도와 함께 죽었다. 방주 안에서 생명이 있듯이 그리스도 안에 부활 생명이 있다. 하늘의 생명이 우리를 살리셨다. 방주가 떠다니는 것 자체가 간증으로서 우리는 이런 삶을 가진다. 환난이 있어도 고난이 있어도 우리는 그리스도와 연합한 방주이다. 오늘도 사망의 세상에 구원의 방주로 항해하자. 간증은 보여짐이다. 고로 방주 자체가 구원과 사랑의 간증이다. 우리는 그리스도 안에 있고 그리스도가 구원이시며 기쁨이 되시는 간증을 가졌고 이것이 삶에 나타나길 사모한다. 방주 안으로 부정한 짐승과 정결한 짐승을 모으셨듯 우리는 자신 안에서 또 율법 안에서 부정하지만 그리스도 안에서 정결하다. 한 쌍으로 들어가듯 그리스도와 한 쌍이 되었고 우리는 신부로서 신랑이신 주 예수와 함께 방주이신 그리스도 안에 거한다. 주 예수님은 우리 방주이시고 언약이시고 신랑이시고 생명이시다. 할렐루야!

창6:18 "그러나 너와는 내가 내 언약을 세우리니 너는 네 아들들과 네 아내와 네 며느리들과 함께 그 방주로 들어가고"

여호와께서 노아에게 세우신 방주의 언약은 성경 최초의 언약이다. '언약'이라는 단어가 성경에 처음 등장하는 것이 바로 위 구절이다. 방주 언약은 방주에 들어가면 반드시 생명을 얻는 언약이다. 홍수로 옛 생명이 밖에서 죽고, 방주로 새 생명을 얻는 언약이다. 이것이 '언약'이므로 제물의 죽음을 통해 법적으로 영원히 세워진 것이다. 우리 죄가 어떠하든지 무조건 우리는 그리스도의 방주에 들어오면 생명을 얻는 언약 안에 있다. 하나님이 이 언약을 스스로 세우셨기에 결코 그분 자신이 어길 수 없다. 하나님이 언약을 세우셨다는 것이 얼마나 감사한지 모른다. 아! 구원이 언약으로 있구나! 언약이기 때문에 결코 이 구원이 주 예수를 믿는 자에게 없어지지 아니하구나!

방주 언약은 반드시 방주를 주시는 언약이다. 방주에 들어가면 반드시 사는 언약이다. 방주 언약이 첫 언약이라는 것은 주 예수님이 오셔서 방주 언약을 세우게 된 것을 가리킨다. 그리스도는 새 언약을 세우시고 거기에는 도든 언약을 담았으며, 그중 첫 언약으로 방주 언약이 있다. 첫째 언약은 창6장의 방주 언약이고, 둘째 언약은 창9장의 무지개 언약이다. 방주 언약은 반드시 우리를 구하시는 언약이며, 죽음을 통과하고 구원하신다는 언약이다. 예수의 피로 새 언약이 세워졌다. 모든 첫 것은 끝나고, 둘째 새 것이 마련되었다. 은혜의 언약이므로 거저 기쁘게 구원을 주신다. 언약의 이런 놀라운 법적 효능을 기억하는 것이 성찬이다.

언약의 대상은 노아와 가족들이다. 마찬가지로 주 예수와 그의 자녀들이 모두 언약의 주인공이다. 주 예수님은 하나님으로서 인간과 언약을 맺었고, 동시에 인간으로서 하나님과 언약을 맺었다. 인간으로서 결코 멸망하지 않는 언약을 아버지께 받았고, 하나님으로서 그분은 물과 피를 내시고 반드시 우리를 그의 몸인 방주로 구하시는 언약을 세우셨다. 그리스도가 인간이기에 감사하고, 하나님이기에 감사하다. 몸 안으로 들어가 거하면 결코 구원을 잃지 않는 언약에 우리가 도달했다. 늘 이 새 언약을 찬송하자.

방주 안으로 둘씩 모으시는 것은 그리스도와 우리를 신랑과 신부로 우주적으로 맺게 하는 혼인을 나타낸다. 주 예수님이 우리 신랑이시다. 주 예수님은 나의 언약이시요, 구원이시요, 존재이시요, 신랑이시요, 생명이시다. 할렐루야!

오 주 예수님, 나의 하나님, 나의 방주이시며 언약이신 당신을 찬송합니다 그리스도께서 우리에게 오시고 구원하심을 감사하며, 날마다 당신을 더 알아보게 하소서 당신의 방주 안으로 초대하시고 모든 체험을 우리 안에 이루시는 은혜를 찬송합니다 그의 영과 몸과 생명이 우리에게 임하였으니 이 언약이 실제로 느껴지고 신뢰되게 하소서 바다의 날에도 육지의 날에도 당신만 의지하게 하시고 우리 삶의 모든 것을 당신으로 충만케 하소서 사랑하는 지체와 가족 안에 그리스도가 드러나게 하시며 오늘도 우리를 당신 안으로 이끄소서 오 주 예수여, 주 예수여, 주 예수여

창세기 7장의 그리스도

"생명의 의인"

창7:1 "여호와께서 노아에게 이르시되 너와 네 온 집은 방주로 들어가라 이 세대에서 네가 내 앞에 의로움을 내가 보았음이니라"

그리스도는 참 노아가 되신다. 노아에게 방주가 있고 구원이 있듯이 우리는 그리스도께 가야 한다. 모든 믿는 자는 그리스도 안에 들어와 있고(고전 1:30), 그리스도 안으로 더욱 깊이 들어가야 한다. 여호와는 노아와 가족들에게 방주로 들어가라 하신다. 방주로 가야 산다. 이 방주는 바로 그리스도 자신이며 그의 몸이며 교회이며 새 예루살렘이다. 온 우주에 우리가 구원 얻을 유일한 장소는 그리스도이다. 방주 안에서 큰 비와 큰물과 큰 해를 피하듯 우리는 늘 그리스도 안에서 구원을 누린다. 나는 나 자신으로부터도 구원받아야 한다. 나를 가장 힘들게 하는 것은 타고난 나의 본성이기 때문이다. 나도 남을 힘들게 한다. 그리스도가 우리 안에 넣어질 때 우리 본성이 희석되며 주 예수의 생명의 본성이 배이게 된다. 오늘도 절망의 인간들에게 그리스도 안으로 들어가라고 하신다. 우리는 주 예수를 부를 때 방주 안으로 들어가는 것이다. 이미 우리는 옛 방주보다 비교할 수 없이 더 좋은 그리스도 안에 있다.

그리스도는 우리 의가 되신다. 노아의 의로움을 보시고 구원하신다고 말씀한다. 성경이 명시하는 것은 분명 '노아'의 의로움이지 '노아 가족'의 의로움이 아니다. 노아의 의로움이지 노아 아들이나 노아 며느리의 의로움으로 구원하신 것이 아니다. 노아 한 사람의 의로움으로 그의 가족과 짐승들까지 구원받았다. 사실 노아 아들 중 일부는 질책받을 상태에 있기도 했다. 부정한 짐승들도 구원받았다. 우리는 노아와 달리 의로움이 없었다. 어떤 자기 의가 우리에게 있겠는가! 고로 구원받을 길이 우리 자신에게는 없다. 타락한 인간은 의를 반드시 획득해야 한다. 어떻게 의를 얻을 것인가? 인간의 구원을 위해 하나님 자신이 이 땅에 직접 오셨다. 하나님으로 오시고 하나님의 아들로서 오시고 인간으로 오시고 인간의 아들로도 오셨다. 그리고 이분이 우리 의가 되셨다. 노아 이야기는 그리스도 이야기이다. 그리스도가 우리 노아가 되시며 우리 의가 되신다. 우리는 십자가에서 그분과 함께 죽었고 부활로 함께 살았으며 새 생명을 얻고 그의 가족이 되었다. 그리스도가 장자이며 우리는 형제이고, 그는 신랑이시고 우리는 신부이다. 그리스도가 의롭기에 그의 가족인 나도 의롭다.

창7:2 "너는 모든 정결한 짐승은 암수 일곱씩, 부정한 것은 암수 둘씩을 네게로 데려오며"

노아에게 명령하여 정결하든 부정하든 방주에 들이게 하셨다. 마찬가지로 그리스도께서 하늘의 명을 받으시고 우리를 방주로 인도하시기 위해 오셨다. 우리는 원래 부정하나 그와 함께 십자가에 못 박히며 방주로 들어왔다. 둘씩 쌍인 것은 죄인을 신부로 삼으시려는 주 예수님의 사랑을 나타낸다. 정결한 일곱 쌍은 우리들이 온전하신 그리스도의 의를 힘입어 그리스도의 몸으로 지어지는 것이다.[9)]

우리가 자신이 부끄러워 꺼려지는가? 부정하고 미약한 내 자신이 무슨 일을 할 수 있다는 말인가? 이런 자학의 당연한 생각이 늘 찾아온다. 이는 겸손한

9) Ambrose, *On Noah* 11.38.

생각이지만 여기에 항상 빠져 주저한다면 한 면에서 신앙적인 것은 아니며, 결국 자기 의에 빠진 사고가 된다. 중요한 것은 부정한 짐승도 방주에 들어왔다는 것이다. 더구나 우리 귀와 손과 발에 그리스도 피가 발라졌다.

레8:24 "아론의 아들들을 데려다가 그 오른 귓부리와 오른손 엄지가락과 오른발 엄지가락에 그 피를 바르고 또 그 피를 단 주위에 뿌리고."

그리스도가 믿음도 주시고, 주신 그 믿음을 보시고 우리를 의롭게 여기시며, 실제로 의롭게 하시며, 또한 우리를 위한 '공의' 자체가 되신다. 우리는 '인간의 의'도 없는데 '하늘의 의'를 얻었다. 얼마나 감사한가! 자신을 보며 부끄러워하면서 동시에 주 예수의 피를 보며 기쁨을 얻고, 그를 힘입어 생활하고 사역한다. 구원 얻을 의도 필요하고, 하늘의 공의를 부여할 의인 노아도 내게는 필요하다. 들어갈 방주도 필수이다. 내 인생도 제대로 설계 못 하는데 무슨 방주를 짓겠는가! 그러나 이 모두를 그리스도가 가지고 오셔서 우리에게 선물하시며, 우리를 새로 살리시고, 그분이 우리를 격려하시고 능력 주셔서 인생과 사역의 방주를 짓게 하신다. 주 예수님은 모든 가족을 의롭게 한참 노아이시며, 방주이시며, 우리 생명이시다. 할렐루야!

오 주 예수님, 나의 소망이시여 감사드립니다 하나님을 더 알기 원하오니 우리를 당신 안에서 안식하게 하시고 거룩하게 하소서 우리 노아이신 주님, 가정과 일터와 교회를 참된 방주로 이끄소서 당신의 의를 아버지가 보시고 우리를 받으심을 감사하며, 자기 의에 교만하지도 죄로 패배하지도 않게 하소서 그리스도의 의를 힘입어 확신과 기쁨으로 살게 하소서 오 주 예수여, 주 예수여, 주 예수여

“생명의 사십”

창7:10 “[600세의 둘째 달 10일까지 사십일 간 방주에 오고] 칠 일 후에 홍수가 땅에 덮이니”

창7:12 “사십 주야를 비가 땅에 쏟아졌더라”

창8:6 “사십 일을 지나서 노아가 그 방주에 낸 창문을 열고… 까마귀를 보내니”

노아의 홍수 1년이 기록된 창7~8장에는 세 번의 ‘40일’이 나온다.

* 첫째 40일: 600세부터 방주 들어가는 기간 (7:10)
* 둘째 40일: 하늘로부터 비가 계속 내린 기간 (7:12)
* 셋째 40일: 열째 달 첫날에 봉우리가 나타난 후 까마귀를 보내는 열한 번째 달 10일까지의 기간 (8:6)

성경에서 ‘40’은 시험과 연단의 기간에 관련된다. 시험은 훈련이다. 40일은 우리 인생 일부가 아니라 사실 우리 인생 전체를 가리킨다. 우리가 시련 안에서, 인도 안에서 훈련받으며 세상을 사는 날 전부가 40일과 같다. 우리가 100살을 살고 가도 하나님의 눈에는 우리 인생이 40일이고, 50살을 살아도 40일이다. 1년간 이어진 방주 생활에서 세 번의 40일을 굳이 성경이 언급하고 구분하는 이유는 무엇인가? 이는 우리 인생이 그리스도 안에서 삼중의 영적 훈련 기간임을 보여주기 위함이다.

‘첫째 40일’은 우리 인생이 온전히 참 방주를 준비하고 그 안으로 들어가는 생활을 가리킨다. 노아의 600세 둘째 달 10일에 여호와께서 노아에게 나타나 “방주 입주를 마치라, 7일 후 홍수를 내리리라”고 말씀하셨다. 고로 노아가 600

세 된 후부터 40일째 되는 날에 여호와를 직접 만난 것이다. 홍수는 인내의 7일이 더 지나서 17일에 첫 비가 내리기 시작했다. 창6장 후반부를 살피면 이미 첫 40일에서 가족과 동물들이 방주로 들어가기 시작한 것을 볼 수 있다. 첫 40일이 그리스도를 통해 우리에게 주어졌다. 우리는 일생 그리스도 안으로 들어간다. 그리스도라는 방주를 만나 그리스도 안으로 들어가는 우리 인생 전체가 40일이다. 이 첫째 40일은 우리 인생이 늘 그리스도를 만나고 더 들어가는 것임을 계시한다. 인생은 그리스도를 더 만나고 그분께 더 들어가는 것이다.

'둘째 40일'은 우리 인생이 또 다른 면에서 일생 그리스도의 홍수, 즉 죽음과 장사 아래 있어야 함을 가리킨다. 즉 홍수를 통해 십자가의 죽음을 경험하는 것이다. 방주가 문을 닫자 40일간 비가 내렸다. 모든 것이 잠겼다. 십자가의 죽음에서 나의 세상이 홍수 맞은 것으로 여기고, 우리 모든 것이 이미 잠겼음을 믿는다.

'셋째 40일'은 우리 인생이 그리스도 부활 안에 거하는 기간이다. 방주가 부활을 상징하는 새 땅에 도착한 일곱째 달에서 석 달이 더 지난 기간으로 10월 1일부터 11월 10일까지의 40일이다. 이 기간 노아는 까마귀와 비둘기를 내보냈다. 10월 1일은 풍성한 달이다. 고로 풍성의 40일이고 부활의 40일이다. 우리는 일생 부활 안에 거한다. 부활의 그리스도를 영 안에서 체험하고, 내주하시는 그리스도께서 우리 안에 말씀을 가르치시는 기간이며, 우리 안의 불신과 육신의 까마귀를 내보내는 기간이다. "그러므로 우리가 그의 죽으심 안으로 세례를 받음으로 그와 '함께 장사되었나니' 이는 아버지의 영광을 통해 그리스도께서 죽은 자 가운데서 살리심과 같이 우리로 '생명'의 새로움 가운데서 함께 걷게 하려 함이니라"(롬6:4).

삼중의 40일이 우리 인생에 동시에 존재한다. 육신으로 오신 그리스도도 세 번의 40일을 가지셨다. 시험의 40일과 수난의 40일과 부활의 40일이다. 우리 안에 오신 그리스도는 우리 전체 인생을 세 번의 40일로 만드신다. 믿지 않는 자는 그저 의미 없는 40일을 살 뿐이며, 주 예수를 믿는 우리는 삼중의 40일을 살게 된다. 주 예수님은 우리 새 생활이시고 새 생명이시다.

창7:15 "무릇 기식이 있는 육체가 둘씩 노아에게 나아와 방주로 들어갔으니"

"기식 있는 육체"만이 방주에 들어왔다. 기식은 생명이다. 우리가 예수를 믿어 그리스도 안에 있게 되었고, 새로운 생명을 받았다. 고로 기식 있는 육체가 되었다. 이 신성한 생명의 체험은 그분 안에 늘 거하게 한다. 우리는 부정한 짐승으로서 방주에 들어갔으며, 또한 순한 양으로서 들어갔고, 고집스런 염소로서 들어갔으며, 풍성한 송아지로서 들어갔으며, "참 노아"의 가족으로서 "참 방주" 안으로 입장하였다. 생명 있는 우리는 그리스도 안에 늘 거하며 위로받는다.

방주 안 모든 존재는 "암수 한 쌍"이다. 방주에는 짝으로만 존재한다. 노아도 자녀들도 그의 아내와 있었다. 구원은 나와 내 집이 받는다. 더 깊이 들어가면 방주 안의 한 쌍은 그리스도와의 끊을 수 없는 사랑과 즐거운 혼인과 영원한 연합을 상징한다. 방주이신 그리스도께 나아가 그분께 이끌어진 것은 주 예수와 사랑에 빠진 것이고, 방주 '안으로(Eis: "into")' 들어감은 혼인한 것이며, 방주 '안에서(En; "in")' 거함은 연합한 것이다.

우리가 주님 안으로 들어간 것은 그분이 명하셨기 때문에 일어났다. 우리 노력으로 이뤄진 일이 아니다. 주님은 너무나 은혜로우시므로 죄인인 우리를 구속하시고 그리스도 자신 안으로 품으셨다. 그리고 주님이 방주 문을 닫으셨다. 이제 그 문을 열 자가 누구이랴! 아무도 우리를 그리스도 바깥으로 내몰 수가 없다. "여호와께서 그를 닫아 넣으신지라" 이 말씀은 얼마나 큰 누림이 되는지. 주 예수께서 나를 그분 자신 안에 넣고 문을 닫으셔서 감사뿐이다. 그분이 우리를 끌어당겼다. 어느새 그분에게 매혹되었다.

오 주 예수님, 우리 시간이시요 우리 주간이시요 우리 사십 일이신 당신을 찬송합니다 인생 전체가 그리스도 안에 들어가는 사십 일이 되게 하소서 우리에게 둘째 사십일을 주셔서 감사합니다 아픔이지만 그리스도 안에서 행복한 홍수를 발견하게 하소서 우리를 방주에 들이시고 땅에 홍수를 사십 일 내리셨으니 우리 인생이 홍수 아래 사십 일 되게 하소서 그리스도를 위하여 모든 것을 해로 여기고 배설물로 여기게 하소서 믿음의 자녀를 형통케 하시고 우리로부터 더 큰 사랑과 찬송을 거두소서 오 주 예수여

“생명의 사십”(2)

창7:17 “홍수가 땅에 사십 일을 있었는지라 물이 많아져 방주가 땅에서 떠올랐고”

창7:18 “물이 더 많아져 땅에 창일하매 방주가 물 위에 떠다녔으며”

우리 인생은 일면에서 홍수의 사십 일이다. 세상은 아무리 즐거워도 홍수로 가득 차 있다. 그러나 홍수가 아무리 커도 그리스도 안의 나는 떠오를 뿐이다. 나는 그분 안에서 늘 안전하다. 물이 많아져 사망이 충만해도 나는 떠 있다. 고난의 홍수가 몰려와도 방주이신 그리스도 안에서 안식한다. 설혹 내 사모하는 것들이 떠나가고 휩쓸려 가도, 내가 이곳저곳 떠다녀도 괜찮다. 내 눈물이 흐르는 만큼, 동시에 주님은 내 기쁨이 되신다. 무엇보다 중요한 것은 방주 안에 있기에, 즉 주와 연합했기에 주님을 더 얻게 하신다.

창7:19 “물이 땅에 더욱 창일하매 천하에 높은 산이 다 덮였더니”

휩쓰는 홍수가 더 창일하면 무엇이 남는가? 방주뿐이다. 생명의 사람은 결국 방주만 남았음을 알게 된다. 천하에 높았던 것 모두 잠겼다. 주 예수님이 내게 임하셔서 모든 것은 잠겼고 이제 내게는 주 예수님만 남았다. 세상과 나는 간 곳 없고 구속한 주만 보이도다. 방주가 겪은 모든 것은 방주 안의 모든 존재가 같이 겪은 것이다. 방주는 그리스도를 가리키며, 방주 안에서 노아 가족이 겪은 것은 그리스도 안에서 우리가 겪은 것을 가리킨다. 방주가 물 위로 올라가면 그 안의 모든 존재가 올라갔고, 아래로 내려가면 모든 존재가 당연히 같이 내려갔다. 우리가 그리스도 안에 담겨 있기에, 그리스도께서 체험한 것은 모두 우리 것이다. 우리는 그리스도 안으로 잠겼다. 그리스도께서 죽으실 때 우리도 함께 죽었고, 그리스도께서 살아나실 때 우리도 함께 살았다. 우리 안에 새 생명의 씨가 있고, 자라고 있으며, 부활의 형체로 나타날 것이다. 그의 거룩한 영을 통해서 살과 피의 그리스도께서 겪은 모든 것은 우리가 겪은 것이 되며, 우리 소유와 우리의 공로로 삼게 된다.

창7:24 "물이 일백오십 일을 땅에 창일하였더라"

우리에게는 "홍수"의 그리스도가 있고 또한 150일의 "장사지냄"이란 항목이 있다. 하나님이신 그리스도조차 십자가에서 죽으신 후 바로 부활하지 않으셨다. 그분도 무덤에서 사흘간 계셔야 했다. 150일은 그리스도의 무덤에서의 "사흘"과 같은 것이다. 그의 장사지냄에서 우리는 연합을 누리며 모든 것이 장사지내졌음을 체험한다. 야곱의 아들 요셉에게 옥에 갇힘이 없었다면 총리 됨도 없다. 요셉의 형제들도 사흘간 가두어졌다.

물이 계속 증가하여 뒤덮은 150(3×50)일은 삼위일체(3) 하나님의 은혜(50) 아래 있는 기간이다. 사람과 사건으로 그대를 다루셔도 그대는 방주 안에서 안식한다. '50'은 희년의 숫자로서 우리를 자유케 한다. 놀랍게도 이 150일 후부터 물이 감한다. 결국 내가 그리스도와 함께 장사된 150일은 아버지의 사랑으로 나를 지키시는 기간이다.

벧전3:20 "노아의 날… 방주에서 '물로 말미암아' 구원을 얻은 자가 몇 명뿐이니 겨우 여덟 명이라"

성경은 노아가 방주로만 구원받은 게 아니라 물로도 구원받았다고 말씀한다. 방주로 들어가 물에서 구원받은 것은 이해가 가는데, 어떻게 물로 구원을 받은 것인가? 벧전3:20의 원문은 정확히 "물을 통해(Dia hydatos)"라고 되어 있다. 이것은 깊은 십자가의 도를 계시한다. 노아의 옛 세상은 노아를 너무 괴롭게 하였다. 멸망 받을 정도로 악한 세상은 의인 노아에게 전혀 어울리지 않았다. 노아가 방주를 지을 때, 사람들의 조롱으로 얼마나 외로웠을까? 진실로 생명의 믿음 안에 사는 자들은 세상으로부터 큰 박해와 핍박을 받았다. 고로 하늘에서 내린 홍수는 노아에 대한 심판이 아니라 세상에 대한 심판이고, 동시에 노아를 괴롭혔던 세상을 휩쓸어 갔기에 그에게는 홍수 자체가 구원이었다. 홍수는 노아를 괴롭힌 불신의 세상을 사라지게 하고, 노아에게 새 땅을 선물하였다. 고로 노아는 방주뿐 아니라 물로도 구원받았다.

'홍수'도 그리스도의 예표이다. 방주이신 그리스도만 체험하면 부족하기에 홍수이신 그리스도를 체험해야 한다. 그리스도는 내 옛 세상을 다 휩쓸어 가셨다. 그리스도의 십자가에서 세상이 죽었고, 나도 세상에 대해 죽었다. 그리스도는 세상에 '물'로 임하셨다. 심판의 물로 내 옛 세상을 휩쓸었고, 구원의 물로 나를 씻으시고, 생명의 물로 내 목마름을 채우신다. 그분의 십자가는 물과 피를 내셨다. 생명과 구속을 내신 것이다. 주 예수님은 우리 홍수이시오 생명이시다. 할렐루야!

오 주 예수여, 당신이 홍수로 오셔서 우리를 옛 세상에서 구출하시고, 내 사모했던 옛 것들을 종결하시니 감사합니다 방주로도 구원을 얻고, 이제 물로도 구원을 얻었나이다 옛 세상은 나를 너무 힘들게 했나이다 그러나 이제 그 세상을 끝내신 주님을 구주로 취합니다 홍수로 옛 세상 안의 좌절, 절망, 자랑, 성취까지 다 쓸어주시니 감사합니다 "참 홍수"인 그리스도의 십자가만 내 자랑이나이다 옛 세상과 옛 나를 온전히 묻으시고 새로 조성하소서 부활의 새 땅으로 이끄소서 오 주 예수여

창세기 8장의 그리스도

"생명의 긍휼"

창8:1 "하나님이 노아와 그와 함께 방주에 있는 모든 들짐승과 육축을 권념하사 바람으로 땅 위에 불게 하시매 물이 감하였고"

우리에겐 십자가와 장사지냄만 있는 것이 아니라, 그분 "안으로" 들어갈 때 우리에게는 새로운 복음인 부활도 있다. "권념하사" 단어는 원문으로는 "기억하다"이다. 하나님은 우리 죄들은 기억치 아니하시나, 우리 고통은 기억하신다. 그리고 우리에게 눈을 돌리신다. "권념"하시는 것이 복음의 시작이다. 심판하시되, 인간들의 새 삶을 위하여 긍휼을 베푸시어 물을 감하게 하신다.

바람으로 홍수를 감하게 하셨다. 바람은 주 예수님의 영이다. 위로와 평강의 성령을 보내신다. 마음을 만지시고 고치기 시작하신다. "물이 감하였다." 할렐루야! 심판의 물이 물러간다. 우리 인생에 홍수를 보내시되, 하나님은 우리를 권념하시며 홍수를 감하신다. 물이 줄어들게 하신다. 하나님의 긍휼을 신뢰하자. 새롭게 회복하실 하나님을 진실로 소망하자. 나도 치료하시며, 고난의 환경도 바꾸신다. 옛 땅인 내가 사라지고, 새 땅이 조성되기 시작한다. 드러나는 것은 아름다운 새 땅이신 그리스도이다.

창8:4 "칠월 곧 그 달 십칠 일에 방주가 아라랏 산에 머물렀으며"

방주는 7월 17일에 아라랏산에 머물렀다. 애굽 달력으로 일곱째 달은 히브리 달력으로 니산월(현대 3~4월)에 해당한다. 홍수 후 방주가 아라랏산에 멈추었던 날과 정확히 같은 달, 같은 날인 17일에 그리스도는 부활하셨다. 숫자 6은 십자가에서 끝나는 옛 창조이고, 숫자 7은 무덤 안에 묻혀 온전해지는 수이다. 주님께서 제7일(안식일) 다음 날인 제8일에 부활하셨기에, 8은 부활, 즉 새 창조를 의미한다. 역사에서 많은 세례정은 8각형 모양으로 지어졌다.

놀랍게도 창6장은 모두 방주 안에 들어가는 심판의 장이요, 창7장은 온 땅이 물로 덮인 장사지냄의 장이며, 창8장은 새 땅에 이르는 부활의 장이다.

① 창6:17: "내가 홍수를 일으켜… 땅에 있는 자가 다 죽으리라" - 죽음
② 창7:17: "홍수가 땅에 사십 일을 있었는지라" - 장사
③ 창8:17: "너와 함께한 모든 혈육 있는 생물을 다 이끌어내라. 이것들이 땅에서 생육하고 땅에서 번성하리라" - 부활

부활은 생육하는 곳이다. 즉 생명으로 양육되며, 새 땅이신 그리스도 안에서 그리스도로 번성하는 것이다. 우리는 십자가도 믿으나, 장사지냄을 거쳐서 다시 되돌려 받는 새 생명의 부활도 믿는다. "만일 그리스도 안에서 우리의 바라는 것이 다만 이생뿐이면, 모든 사람 가운데 우리가 더욱 불쌍한 자이리라"(고전15:19). 그렇다. 우리가 바라는 것이 이 세상의 삶뿐이라면, 사실 가장 불쌍한 자가 된다. 아이가 생일날 선물 받을 소망만 있고, 실제 생일날도 없고 선물도 없다면 그 소망처럼 헛되고 그 아이처럼 가련한 경우가 어디 있을까! 그러나 우리 그리스도인은 참 소망도 있고 부활의 실제도 가지고 있다. 장사 지냄의 기간이 고통스러운 듯해도, 그 기간은 생명 안에 있으므로 우리가 그리스도로 익어가는 기간일 뿐이다. 반드시 부활 안에서 살게 하신다. 하나님을 신뢰하자. 주 예수님은 우리 회복이시고 부활이시다.

창8:5 "물이 점점 줄어들어 열째 달 곧 그 달 초하룻날(10월 1일)에 산들의 봉우리가 보였더라"

창8:6 "사십 일을 지나서 노아가 그 방주에 낸 창문을 열고"

그리스도는 우리 진리이시다. 방주가 둘째 달 17일에 항해 시작한 지 9개월이 지나 10월에 접어들었다. 10월 1일에 산들의 봉우리가 보인다. 방주 안에 거하면서 우리는 진리의 봉우리를 보기 시작한다. 그리스도 안에서 우리는 구속을 보고 소유됨을 보며 생명을 보고 그리스도를 보며 새 예루살렘을 보며 하나님의 경륜을 발견하기 시작한다. 이것이 높은 봉우리를 보는 것이다. 늘 그리스도 안에 들어가면 진리가 자라게 되어 있다. 그런데 10월은 어떤 달인가? 추분(9.22) 후 10번째 달이므로 창세기의 이집트 달력으로는 10월은 여름이다. 4월은 보리, 조, 수수, 밀 등의 알곡을 거두는 '추수'의 달이며, 10월은 석류, 포도, 무화과, 감람 등의 열매를 거두는 '풍성'의 때이다. 그리스도는 우리 10월이시다. 우리는 그리스도의 부활 이후 생명의 알곡으로 자라며 여름 10월에 이르고, 11월 10일까지 세 번째 40일을 체험한다. 생명 안에 살 때 그리스도의 풍성한 열매들을 셋째 40일 동안 누린다. 이 기간 우리는 더 큰 돌보심을 체험하며 진리의 높은 봉우리로 올라간다.

그리스도는 네 차원의 '7일 인생'이시다. 노아 홍수 사건에는 총 네 번의 7일이 등장한다.

* 첫째 7일: 방주 입주 후 칠 일 후 하늘에서 비가 내림 (창7:10)
* 둘째 7일: 까마귀 날리고 칠 일 후 첫 비둘기 날림 (창8:7)
* 셋째 7일: 첫째 비둘기 날리고 칠 일 후 둘째 비둘기 날림 (창8:10)
* 넷째 7일: 둘째 비둘기 날리고 칠 일 후 셋째 비둘기 날림 (창8:12)

까마귀와 비둘기를 같은 날 보낸 것이 아니라, 창8:10에 "또 다른 칠 일"이라고 했으므로 바로 앞서 7일이 있었음을 알 수 있다. 즉 까마귀를 보내고 7일 후 비둘기를 보낸 것이며, 또 다른 7일(즉 셋째 7일) 후에 다시 비둘기를 보낸 것이다. 고로 방주가 땅에 머문 후 노아는 까마귀를 보내고, 7일 후 1번 비둘기를 보내고, 또 7일 후 2번 비둘기를 보내고, 또 7일 후 3번 비둘기를 보냈다.

'7일'은 영적으로 그리스도 안의 인생이다. 믿음 안에서, 생명 안에서의 하나님의 사랑을 사는 시간이요, 영원의 시간이요, 새 창조의 시간이다. 주 예수를 믿고 가지게 된 하나님 안에서의 시간이다. 이 놀라운 7일을 우리는 늘 살고 있다. 우리가 100살을 살아도 하나님의 눈에는 7일이고, 50살을 살다가도 7일이다. 우리 인생은 한 면에서 시험과 시련과 눈물의 '40일'이요, 다른 한 면에서 은혜와 생명과 사랑의 '7일'이다.

이 모든 7일은 동시적이다. 우리는 한 면에서 육신의 까마귀를 내보내고 있으며, 또 다른 면에서 세 비둘기를 체험하고 있다. 우리의 육신적 요소는 늘 까마귀처럼 내보내져야 한다. 동시에 우리는 첫 비둘기여야 한다. 이 비둘기처럼 고달픈 세상에서 안식을 얻을 수 없으므로 늘 그리스도께 돌아와야 한다. 동시에 둘째 비둘기처럼 우리는 감람잎을 물고 오는 성령의 사람이어야 한다. 우리는 늘 교회와 직장으로 감람잎을 물고 오는 비둘기여야 한다. 혼과 육의 사람이 아닌 영의 사람으로 행하도록 주 예수의 이름을 부르자. 동시에 우리는 셋째 비둘기로서 세상을 향해 선교와 사랑의 사람으로 땅끝까지 가야 한다. 네 차원의 조류 생명이 우리들에게 체험되어야 한다.

우리 인생은 이렇게 두 차원을 산다. 기억하자. 우리는 '세 40일'을 살고 있고, 동시에 '네 7일'을 살고 있다. 우리 인생이 40일이지만, 광야 40년처럼 때로 고달프다. 이스라엘이 광야에서 넘어지고 하나님을 시험하고 옛 경륜에서는 패배하였으나, 생명의 경륜에서 그리스도가 오셔서 이 시험을 이기셨다. 그분의 "이기신 40일"은 우리의 모든 실패를 이긴 승리이다. 이제 우리 안에 그리스도가 거하시므로 우리는 이미 그리스도의 승리를 우리 공로로 가지고 있다. 내주하시는 생명은 이기신 생명이다. 우리가 잠깐, 자주 패배했어도 염려 말자. 승리하신 그리스도가 우리 안에 계시기 때문이다. 그가 이긴 것은 내가 이긴 것이다. 우리가 주 예수를 부르는 것 자체가 이긴 것이다. 믿음으로 모든 일을 맡기며, 우리 안의 생명이 넘치기를 소망한다.

오 주 예수님, 지극히 높으신 하나님이시여, 우리 봉우리시여, 물이 감하게 하셔서 감사합니다 고난도, 슬픔도 감하게 하셨기에 우리가 사나이다 당신의 모든 것에 감사하나이다 생명에 후회가 없게 하시고, 사랑에 후회가 없게 하소서 그리스도 안에서 빚어져 진리의 봉우리를 보게 하소서 생명의 경륜과 사랑의 경륜을 알게 하시고, 선한 청지기 되게 하소서 내 마음을 열어 혼인 잔치의 당신을 늘 영접합니다 거룩한 영을 더 공급하소서 당신이 허리에 띠를 두르시고 우리를 먹이시고 제공하소서 우리 창고를 채우시고, 나누게 하소서 오 주 예수여, 주 예수여, 주 예수여

“생명의 비둘기”

노아의 방주는 홍수를 지나 물이 줄자 아라랏 산에 이르렀다. 노아는 까마귀와 비둘기를 차례로 내보냈는데, 까마귀는 사체를 먹고 방주로 돌아오지 않았다. 이는 육신에 속한 사람의 영을 상징한다. 까마귀 같은 영이 우리 안에서 내보내지길 소망한다. 까마귀가 떠난 뒤 7일 후, 노아는 비둘기를 내보냈다. 이 7일은 새 시대의 상징이며, 하나님의 성령이 시작된 시대를 의미한다. 하나님은 시대마다 새로운 구속사를 여셨고, 마침내 예수 그리스도를 통해 생명의 시대가 열렸다. 홍수 사건은 완전함을 뜻하는 '7'과 관련되어 있다. 7일 후 큰비가 내렸고, 정결한 짐승도 7쌍씩 태웠으며, 비둘기도 7일 간격으로 세 차례 보내졌다. 이는 그리스도의 온전한 구원을 예표한다.

비둘기가 두 번째로 돌아올 때 감람나무 잎을 물고 왔다(창8:11). 이는 성령께서 은혜의 그리스도를 증거하심을 의미한다. 저녁 때 돌아온 것은 어두운 인생의 시간에 성령이 임하심을 뜻하며, 부활의 광명이 이미 임했음을 보여 준다. 감람나무는 그리스도를, 감람기름은 은혜의 성령을 상징한다. 우리는 영 안에 거할 때 이 기름을 누리며 지체와 교회에 공급한다.[10)]

셋째 비둘기는 다시 돌아오지 않았다(창8:12). 구약은 이 떠남을 아쉬워하게 하지만, 신약에서 비둘기의 영은 그리스도 안에서 다시 임하셨다. 예수께서 세례받으실 때 성령이 비둘기같이 임했다(마3:16). 이로써 그리스도를 통해 평화의 시대가 열렸다. 우리는 그리스도와 함께 침례받았고, 그분의 성령이 비둘기의 영으로 우리에게 임했다. 비둘기의 영은 평화의 영이다. 이제 하나님은 우리 안에 평화를 선포하셨다. 모세의 율법 아래서 진노의 영이 있었으나, 은혜 아래선 비둘기의 영이 임했다. 누구든지 그리스도 안에 있는 자에게 정죄함이

---

10) Ambrose, *Letters, 40.21.*

없고, 생명의 성령의 법이 우리를 자유케 하셨다. 방주도, 노아도, 비둘기도, 감람나무도 모두 그리스도의 예표이다.[11]

창8:14 "둘째 달 이십칠일에 땅이 말랐더라"

창8:16 "너는 네 아내와 네 아들들과 네 며느리들과 함께 방주에서 나오고"

노아가 600세 되던 해의 둘째 달 17일에 방주가 닫히고 홍수가 내렸고(창7:11), 이듬해 둘째 달 27일에 방주에서 나왔다(창8:14). 창세기는 월력을 쓰므로 첫해 2월 17일에서 이듬해 2월 17일까지는 355일이다. 이는 음력 달력(월력)의 12개월 날짜 수이다. 그러나 하나님은 이듬해 둘째 달 17일이 아니라 10일 더 머물게 하시고 '27일'에 방주에서 나오게 하셨다. 고로 방주 안에서 총 365일 있게 되었다. 이는 홍수 체험과 방주 체류를 통해 우리가 월력에서 양력으로 나아간 것을 보여 준다. 즉 밤의 달력 아래만 있는 것이 아니라 이제 광명한 해의 달력 안에 거한다.

성경의 날들은 모두 그리스도 몸을 나타내는 그림자들이다. 그리스도가 몸이고, 그 몸의 그림자처럼 성경의 날들과 절기와 모든 항목이 다 실제이신 그리스도를 가리킨다. "절기나 초하루나… 장래 일의 그림자이나 이것들의 몸은 그리스도의 것이니라"(골2:16-17). 그리스도는 우리 새날이시고 새해이시다. 새로운 달력의 시작은 새로운 인생이다. 우리 인생은 부활하신 그리스도를 통하여 늘 새로운 달력이다.

"17일에 비 내리고, 27일에 문 열리고"

'10'은 성경에서 '온전'을 뜻한다. 고로 아버지가 시집가는 딸에게 주는 드라크마도 열 개이다. 부유하게 살라는 축복이다(눅15:8). 17(10+7)일에 방주에 비가 내린 것은 영적으로 십자가의 비를 통해 부유(10) 해지고, 죄 사함의 온전한 맹

---

11) Bede, *Homily 1.12.*

세(7; Sheba) 안에 들어간 것이다.

27(10+10+7)일에 방주에서 나온 것은 영적으로 새로운 부활로서 두 배(2)로 '부유'해지며(20), 축복의 온전한 맹세(7) 안에서 출발했다는 의미일 것이다. 주 예수님 자체가 축복이고 맹세이시다.

창8장은 전반과 후반의 두 삶으로 나뉜다. 전반은 방주 안에서의 삶이고 후반은 방주 밖에서의 삶이다. 이는 우리가 방주라는 그리스도와 교회 안에서 사는 면과, 방주를 나와 새 땅이신 그리스도와 세상 안에서 사는 또 다른 면을 가리킨다. 이 두 차원을 동시에 산다. 우리는 방주 안에 살며, 동시에 방주 밖에서 산다. 성경은 삼차원을 넘어서는 다차원의 말씀이다. 우리가 고멜 같아 그리스도의 사랑을 가끔 망각하지만, 주 예수님은 지극한 남편의 사랑으로 우리를 사랑하신다.

창7:13에 "곧 그날에 노아와 그의 아들 셈, 함, 야벳과 노아의 아내와 세 며느리가 다 방주로 들어갔고"이다. 즉 남자 먼저, 여자 나중에 들어갔다. 그러나 창8:16에서는 방주에서 나올 때 남편과 아내가 짝을 지어 나온다. 방주이신 그리스도를 통해 신랑 되신 그리스도를 만나, 우리가 방주 밖 세상에서 생활할 때 그리스도와 짝된 삶이 되었음을 가리킨다.[12] 우리는 이미 그리스도와 합하여 살고 있다.

그리스도가 축복하는 삶이 되었다. 하나님은 방주에서 나오는 노아와 자손에게 생육하고 번성하는 축복을 선포하셨다. 하나님은 방주이신 그리스도 안에서 우리 가정이 축복받기를 원하신다. 날마다 하나님의 축복이 그리스도를 통해 우리에게 있음을 믿으며 살아야 한다. 의인은 이 믿음으로 사는 것이다. 또한 영적으로 새 땅이신 그리스도 위에서, 우리가 생명으로 생육하고 생명이 번성하는 것을 의미한다. 우리는 부활 안에서 그리스도의 키가 우리 안에서 자

12) Ambrosius, *On Noah 21.76.*

라는 것을 소망 삼는다.

여호와는 방향 지시도 미리 없이 노아 가족을 그냥 나오라고 하셨다. 그 길을 늘 인도하시기 때문이다. 우리는 미래를 모르지만 영원의 종착지는 안다. 그리스도가 길이 되시며, 우리 길을 인도하시는 믿음으로 우리는 살아간다. 구약에서는 굽어보시고 함께하셨으며, 신약에서는 내주하시며 함께 하신다. 그의 영을 소멸치 말고, 등불이 타듯 늘 그리스도의 영이 충만하게 하자. 노아가 앞으로 나아가는 발걸음은 주 예수님이 우리 앞서 가시는 것을 알려준다.

그리스도인이 가지는 확신과 마음을 주께서 아시고, 그의 가족들에 대한 부담도 다 아신다.

주와 같이 길 가는 것은 얼마나 즐거운 일인지 모른다.

창8:19 “땅 위의 동물, 곧 모든 짐승과 모든 기는 것과 모든 새도 그 종류대로 방주에서 나왔더라” 방주에서 나온 것은 새로운 생명이다. 우리는 그리스도의 부활을 가졌으며, 이로써 새로운 탄생이다.[13] 노아만이 아니라 그가 만든 방주 안의 모든 것이 방주에서 나왔다.

“모든 것이 방주에서 나왔더라”를 누리자. 진실로 다 참 방주에서 나왔고, 그리스도에게서 나왔다.

노아에게 속한 모든 것이 방주와 홍수를 통과했다. 우리는 그리스도가 만드신 방주 안에서 그리스도께 속했고, 그리스도가 내리신 장사지냄의 홍수를 거쳤다. 우리 자신만이 아니라 우리 믿음을 통해 우리 모든 것이 방주에서 나왔다. 가정, 일터, 학교, 교회 등 우리에게 속한 모든 곳이 홍수를 거쳤고, 그리스도의 영역이 되었고, 광명한 새 땅이요 부활 안에 있음을 보아야 한다. 하나님은 우리 인생 모든 것을 그리스도 안에서 새롭게 하셨다. 날마다 새 생명이고 새날이다.

---

13) Clement of Rome, *1 Corinthians 9:2-4.*

방주에서는 정결한 짐승도, 부정한 짐승도 함께 나왔다. 우리는 한 면에서 방주에 있고, 다른 면에서 방주에서 나왔다. 마찬가지로 거룩하게 나왔고, 여전히 부정한 요소가 있다. 그리스도의 온전한 "죄 사함"이 있는 것이지, 죄가 없는 것이 아니다. 여전히 죄가 생기나 그리스도의 피와 물과 영과 불이 씻고, 정케하고, 거룩케 하고, 소멸시킨다. 방주에서 나온 것에는 기어다니는 것이 있음을 잊지 말자. 새 창조이지만 우리는 기어다니는 습성이 옆에 있다. 땅과 땅 밑의 속성이 여전히 있으니 겸손히 주 예수를 섬기자. 주 예수께서 우리를 다 아신다. 우리가 가축일 때도 아시고, 우리가 야수일 때도 아신다. 방주에서 "새"도 나왔다. 동시에 하늘의 속성이 있다. 이것은 신비이다. 방주에서 나온 짐승들의 순서를 보자. 땅의 짐승과 땅 밑의 짐승, 그리고 하늘 짐승의 순서대로 나왔다. 즉 우리는 주님의 가축으로 나왔고, 섬기는 낮아진 존재로 나왔고, 동시에 하늘을 사모하고 날아가는 새들로서 나왔다.

창8:20 "노아가 여호와께 제단을 쌓고, 모든 정결한 짐승과 모든 정결한 새 중에서 제물을 취하여 번제로 제단에 드렸더니"

정결한 짐승의 제사는 그리스도의 제사를 가리킨다. 주 예수님이 정결한 짐승이시다. 온 생애와 십자가와 부활이 번제이다. 번제 자체가 언약이고 약속이다. 그리스도가 온전히 선물의 제사를 드리셨다. 이 효능으로 우리가 매일 생명을 살고, 영원을 산다. 그가 드린 제사로 우리가 구속을 받았고, 생명을 얻었고, 행복을 누리고, 늘 새 생활이다. 홍수 후 제일 먼저 제단이었다. 우리도 늘 예배와 찬송이 먼저이다. 번제는 '선물'의 제사이다. 우리는 그리스도 안에서 하나님께 선물(번제)로서 드려졌다. 노아가 드린 번제는 그리스도 십자가가 영원한 제사로서 부활 안에서도 늘 작용함을 가리킨다. 그리스도께서 우리를 그 분의 제사를 통해 드리셨으므로, 우리는 날마다 주님의 십자가를 바라보며 우리 마음이 기뻐지고 힘이 솟으며, 자신에 대해 애통하고 그리스도에 대해 기뻐하며 새 삶을 살아간다. 주 예수님은 나의 영원한 제물이시요, 생명이시다. 할렐루야!

오 주 예수님, 나의 하나님, 나의 빛, 우리 영원한 신랑이시여, 오늘도 당신과 연합하게 하소서 함께 빛나게 하시고, 빛을 반사하게 하시며, 그리스도의 빛이 모든 곳에 비치게 하소서

축복 아래 있으며, 약속 아래 있고, 언약 아래 있으니 감사합니다

우리 가족과 지체를 다 축복하소서

창세기 9장의 그리스도

"생명의 충만"

창9:1 "하나님이 노아와 그 아들들에게 복을 주시며 그들에게 이르시되 생육하고 번성하여 땅에 충만하라"

9:7 "너희는 생육하고 번성하며 땅에 충만하여 '그 위에서' 번성하라 하셨더라"

창9장은 노아가 새 땅에 와서 축복과 언약과 사역을 받는 장이다. 9장은 이 세 주제가 드러난다. 우리도 노아처럼 축복과 언약과 사역을 그리스도 안에서 받았다. 창9장에서 여호와께서 노아에게 두 번이나 축복하셨다. 1절과 7절이다. "생육하고 번성하고 충만하고 정복하고 통치하라"는 오중 축복이 성경에 세 번 나오는데, 첫째는 창2장의 첫 창조 때이며, 둘째와 셋째는 창9장의 홍수 후 새 땅에서이다. 하나님은 우리를 새 땅에서 두 배로 축복하시기 원하신다. 그러면 우리는 어떻게 두 배로 더 축복을 받는가? 이는 그리스도의 부활 안에서이다. 우리는 모두 주 예수님과 함께 죽었고, 주 예수의 부활에 함께 부활하였다. 주 예수님은 부활로써 우리를 홍수 이후 새 땅의 삶으로 인도하셨다. 이 믿음을 취하면 저절로 두 배의 복이 임한 우리 삶이다. 우리는 참 장자이시고 우주적 초태생이신 그리스도를 통해 두 배의 복을 함께 상속받았다. "자녀이면 또한 상속자 곧 하나님의 상속자요, 그리스도와 함께 한 상속자니 우리가 그와 함께 영광을 받기 위하여 고난도 함께 받아야 할 것이니라" (롬8:17)

9:1 “생육하고 번성하고 ‘땅 안에서’ 충만하라”

9:7 “생육하고 번성하고 ‘땅 위에서’ 충만하라”

헬라어 구약(LXX) 원문은 위와 같이 기술된다. 주 예수님 안에서 우리는 두 번 축복을 받았다. 1절은 땅에 충만한 것이며, 7절은 땅 위에서(Epi: upon) 충만한 것이다. 즉 우리는 땅 안에서도 충만하며, 땅 위로 오르도록 하늘에 닿도록 충만하다. 그리스도로 ‘땅 안에’ 충만하는 것은 우리 모든 사물과 사역에 은혜가 충만한 것이며, ‘땅 위에’ 충만한 것은 우리 일들이 주 예수님의 목적인 하늘에 맞도록 충만해지는 것이다. 주 예수님은 우리를 땅에 충만하며 땅 위에 충만하라 명하시며 축복하셨다. 축복을 명하시고, 축복에 명하셨다. 얼마나 놀라운가! 그분의 선언은 자체로 능력이 있어 이루어진다. 그 이름을 믿고 소망하자. 우리는 사랑과 생명으로 충만할 것이다. 염려의 수고와 절망의 노동을 쉬고, 그리스도 안에서 안식하며 이 복을 누리자. 무슨 일이나 주 예수 이름을 부르며 일할 때에, 주 예수님이 함께 하신다. 주 예수님은 우리 축복이시고, 우리 생명이시다. 할렐루야!

오 주 예수님, 그리스도로 생육하고 그리스도로 번성하고 그리스도로 충만하게 하옵소서 우리에게 만복을 주시기 위해 오셨나이다 당신을 더 사랑하게 하시며, 오늘도 주 예수 이름을 불러 연합하게 하소서 우리를 주 예수의 복으로 채우셔서, 땅 안에서도 땅 위에서도 충만하게 하옵소서 하늘을 소망하며 부활 안에서 살게 하옵소서 당신을 찬송하나이다 오 주 예수여

"생명의 육식"

창9:2-3 "땅의 모든 짐승과 공중의 새와 땅에 기는 것과 바다의 물고기가 너희를 두려워하고 무서워하리니, 내가 이것들을 너희 손에 붙였음이라. 모든 산 동물은 너희의 먹을 것이 되리라. 채소 같이 이것들을 너희에게 주노라."

하나님은 노아에게 충만의 복을 주셨고, 세 가지 원칙을 말씀하신다.

첫째, 하나님은 만물을 인간의 손에 붙이셨다. 부활 안에서 우리는 하나님의 권세를 위임받은 자들이다. 주께서 우리를 지키시기에, 어떤 피조물도 우리를 해할 수 없다. 부활 안의 사람은 짐승과 세상보다 위에 있다. 이는 회복된 권위이며, 생명 안에서 누리는 권세이다.

둘째, 육식을 허락하셨다. 고기를 먹는 것은 힘을 상징한다. 이 육식은 영적으로 그리스도를 먹는 것을 예표한다. 우리는 참 양이신 그리스도를 음식으로 누리며 생명의 충만함에 이른다. 예수님은 "내 살은 참된 양식이요 내 피는 참된 음료라"고 하셨고, 우리는 그분의 희생을 먹고 마시며 살아간다.

셋째, 피는 먹지 말라고 하셨다. 피는 생명을 상징한다. 세상의 본질, 이념, 사상 같은 피는 마시지 말고, 오직 그리스도의 피만을 생명으로 취하라는 것이다. 그분의 피만이 우리에게 생명을 주며, 참된 구속의 기초가 된다. 세상 지식과 철학은 때론 도움이 되지만, 그것이 생명이 될 수는 없다. 우리는 참 생명이신 주 예수 그리스도를 생명으로 취하고, 그 피를 마시는 자로 부름받았다.

노아 이후 인류에게는 음식을 자유롭게 먹는 단계가 주어졌지만, 모세 때는 율법으로 음식이 구별되었고, 신약에서는 믿음 안에서 모든 것이 거룩해졌다. 그러나 그 무엇도 피, 즉 본질은 임의로 취할 수 없다. 우리는 세상의 지식과 경험은 참고하되, 그 피를 생명으로 삼지 않는다. 오직 주 예수 그리스도의 피만이 우리를 살리는 생명이다.

창9:5-6 "내가 반드시 너희의 피를 찾으리니… 사람의 피를 흘리면 그 피도 흘릴 것이니, 이는 하나님이 사람을 자기 형상대로 지으셨음이라."

아담들의 흘리는 피에 대가로 한 아담의 '흘리는 피'가 흘려지리라고 말씀하신다. 우리가 다른 이들의 피를 흘리게 하였고 누군가 우리를 위해 오셔서 그 피 흘리는 사람이 되어 주신다. 그는 그리스도이시다. 하나님은 생명을 소중히 여기신다. 사람의 피는 다른 이에게서 찾는다고 하신다. 이는 형제를 죽인 우리가 피의 책임이 있음을 뜻한다. 그러나 하나님은 그리스도를 통해 우리 대신 피를 흘리게 하시고, 그 피로 우리 죄를 대속하셨다. 그리스도의 피는 짐승의 피도, 사람의 피도 대신하는 유일한 생명의 피이다. 그리스도는 우리의 형제가 되어 피를 내셨고, 우리는 그 피로 하나님께 나아가고, 마귀 앞에서 승리한다. 이 피는 우리의 구속이요, 정결함이요, 생명이다. 이제 하나님은 우리에게 다시는 옛 생명의 피를 요구하지 않으시고, 오직 그리스도의 피만 요구하신다. 그 피는 이미 주어졌고, 우리는 그 피를 하나님께 드릴 수 있다. 피는 속죄와 생명의 표이며, 하나님과의 화목을 이루는 근거이다. 우리는 예수 그리스도의 피 뿌림을 얻기 위하여 택함을 받은 자들이다(벧전1:2).

우리는 매일 그리스도의 피를 기억하며 살아야 한다. 이 피는 우리 존재의 근원이자, 구속의 보증이며, 새 언약의 핵심이다. 우리가 행하는 모든 사역, 모든 예배, 모든 교제는 이 피 위에 세워져야 한다. 주 예수 그리스도의 피는 지금도 우리 안에서 말하며, 생명을 공급하고, 죄를 정결케 하고, 하나님 앞에 담대히 나아가게 한다. 할렐루야!

창9:7 "너희는 생육하고 번성하며 땅에 가득하여 그중에서 번성하라 하셨더라."

하나님은 다시 한번 축복을 주시며, 육신의 번성과 영적인 번성의 차이를 말씀하신다. '땅에 가득한' 번성은 풍성함을 말하고, '그중에서 번성하는 것'은 선택된 자들, 곧 그리스도 안에서의 번성을 의미한다. 70인역은 '땅 위에서 번성하라'고 하여, 보다 높은 차원의 영적 번성을 나타낸다. 창9:1에서는 노아 가족 모두에게 생육하고 번성하며 땅을 채우라고 하셨고, 창9:7에서는 "너희"라고 강조하시며 생육하고 땅에 가득하여 '그중에서' 번성하라고 말씀하신다. 이는 충만이 단순한 채움이 아니라, 하늘의 것으로 풍성해짐을 의미한다.

하나님은 노아와 그의 아들들, 후손들뿐만 아니라 그들과 함께 방주에서 나온 모든 생물들과 언약을 세우신다. 그 언약은 다시는 홍수로 세상을 멸하지 않으시겠다는 약속이다. 이 언약은 단순히 육체의 보존만을 말하지 않는다. 성경에서 하늘에서 내리는 홍수는 영적인 죽음을 의미한다. 그러므로 방주에서 나온 자들에게는 다시는 영원한 멸망이 없다는 하나님의 약속이다. 방주는 그리스도를 의미하며, 그리스도 안에 있는 자들은 영원한 생명을 보장받는다. "방주에서 나온" 이들은 부활의 그리스도 안에서 새 생명을 얻은 자들이며, 하나님은 그들을 향해 보호와 생명의 언약을 세우신다.

창9:9 "보라, 내가 나의 언약을 너와, 너 이후 너의 씨에게 세우리라."

여기서 '씨'는 단수이며, 갈라디아서 3장에 따르면 그리스도를 가리킨다. 하나님은 그리스도를 통해 언약을 일으키시며, 우리도 그 씨 안에 참여한 자들이다. 하나님은 노아뿐 아니라, 그와 함께 방주에서 나온 모든 생물들과도 언약을 세우신다. 조류, 가축, 들짐승까지 포함된다. 이는 우리의 모든 존재 상태에 대해 하나님이 언약을 세우셨음을 뜻한다. 내가 짐승 같을 때도, 가축 같을 때도, 신부 같을 때도, 하나님은 동일한 사랑으로 언약하신다.

창9:11 "내가 너희와 언약을 세우리니, 다시는 모든 육체가 홍수로 멸하지 않을 것이며, 다시는 홍수가 땅을 해치지 않을 것이다.'

이는 하나님이 부활 안에서 우리 육체를 구속하시겠다는 선언이다. '언약'은 헬라어로 디아테케(Diathēkē)이며, 쌍방 계약이 아닌 하나님이 일방적으로 주도하셔서 성취하시고 우리 앞에 위치시키시는 은혜의 법적 약속이다. 이 언약은 예수 그리스도의 피로 세워졌으며, 우리는 그 안에 참여하도록 부름받은 자들이다. 하나님은 우리를 이 언약 안으로 이끄시고, 당신의 긍휼과 생명을 보증하신다. 결국 하나님은 단지 육체를 보존하겠다는 것이 아니라, 그리스도를 통해 부활의 생명으로 우리를 새롭게 하시고, 우리 삶에서 다시는 영원한 멸망의 홍수가 없게 하시겠다는 약속을 하신 것이다. 홍수는 육체를 다시 멸하지 않는다. 홍수는 온 땅을 해치지 않는다. 부활 안에서는 더 이상 홍수 자체가 존재하지 않는다. 이 모든 약속은 주 예수 그리스도 안에서 성취되었다. 우리는 그분 안에서 살아 있으며, 생명 언약 아래 보호받고 있다.[14)]

창9:12 "그리고 하나님께서 노아에게 말씀하시되, 이것이 '내가 주는' 언약의 표징이니라. 나와 너 사이에서, 그리고 나와 모든 산 혼(Psyche zōsē) 사이에, '너와 같이 있는' 많은 자들로서 영원한 세대 안으로 주는 것이다."

하나님은 언약을 단지 세우시는 것에서 멈추지 않고, 그것이 보여지게 하신다. 즉, 이 언약은 보여진 언약이다. 그리스도 예수께서 친히 하나님의 언약이시며, 우리 눈에 보이는 무지개처럼 분명하게 드러나는 언약이 되신다.

창9:13-14 "내가 내 무지개를 구름 속에 두었나니 이것이 나와 세상과의

14) John Chrysostom, *Homilies on Genesis 28.4.*

언약의 증거니라. 내가 구름을 땅 위에 덮을 때, 무지개가 구름 가운데 있을 것이다."

무지개는 눈에 보이는 가시광선의 스펙트럼이다. 자외선, 적외선처럼 눈에 보이지 않는 빛이 있지만, 무지개는 명확히 보이는 빛이다. 이것은 하나님의 은혜가 현실 속에서 실제로 '보이고' '느껴지는' 약속임을 상징한다. 죄악은 흉하지만, 무지개는 아름답다. 이는 죄에 대한 하나님의 심판이 아니라 은혜로 가득 찬 화해의 상징이다. 히브리서 1장에서 그리스도는 하나님의 영광의 광채로 묘사된다. 이는 그분이 우리를 위한 보호의 징표가 되신다는 뜻이다. 그리스도는 자기 자신을 위해서가 아니라, 우리를 기쁘게 하기 위해 빛나신다. 실제 물방울을 통과한 빛이 스펙트럼으로 퍼져 무지개를 형성하듯, 십자가의 그리스도는 고난을 통과하신 후, 찬란한 무지개로 나타나신다. 성찬을 받을 때 우리는 떡과 잔 속에서 이 은혜의 무지개이신 그리스도를 보아야 한다.

하나님과 그리스도 사이에 맺어진 언약은 이제 그리스도 안에 있는 모든 자들, 특히 예수와 함께 있는 자들을 위해 '영원한 세대'로 확장되었다. 이 언약은 보호의 언약이며, 세 번이나 언약의 표징이 언급된다: 12절(너와 모든 생물), 13절(너와 언약 맺는 생명들), 17절(육신과의 언약 표징). 하나님은 땅과의 언약을 맺으셨고, 그 표징으로 무지개를 주셨다. 무지개는 하나님께서 우리의 삶—가정, 일터, 관계—을 향해 더 이상 진노하시지 않음을 드러낸다. 하나님은 이제 무지개, 곧 그리스도를 통해 땅을 바라보신다.

그리스도의 피는 이 언약의 실제이며, 무지개는 그 피의 영적 그림자이다. 절망이 닥쳐와도 우리는 무지개를 보듯 그리스도의 피를 바라보며 기뻐한다. 그리스도의 피는 하나님과의 새 언약이며, 우리에게는 심판이 아니라 은혜가 있고, 무지개처럼 아름다운 확신이 있다.

창9:15 "내가 나와 너희와 모든 육체 사이의 언약을 기억하리니, 다시는 물들이 홍수가 되어 모든 육체를 멸하지 아니하리라." 이 말씀은 곧 물은 있어도 홍수가 되지 않게 하신다는 약속이다. 무지개는 이 약속을 기억하게 하며, 그리스도는 바로 이 무지개의 실체이시다. 하나님께서 무지개를 보시고 다시는 멸하지 않겠다고 말씀하신다. 이는 하나님만의 일이 아니라, 우리 역시 무지개이신 그리스도를 보며 소망을 붙드는 일이다. 하나님도 보시고, 우리도 본다.

창9:16 "무지개가 구름 사이에 있으리니 내가 그것을 보고, 나와 땅의 모든 육체 사이의 영원한 언약을 기억하리라."

무지개는 구름 사이에 있다. 구름은 더 이상 심판이 아니라 은혜의 덮음이다. 그 속에서 그리스도는 무지개로 떠오르신다. 하나님은 그것을 늘 보시며, 우리를 영원히 멸하지 않겠다고 다시금 확증하신다. 결국 언약은 선물이다. 하나님은 무지개를 주셨고, 노아는 정결한 제물을 제사로 드렸다. 지금도 우리는 그리스도를 선물로 받고, 그리스도를 하나님께 드리는 삶을 산다. 우리는 언약의 자녀로서, 축복과 보호의 언약 속에 살고 있으며, 무지개이신 주 예수 그리스도 안에서 늘 새롭고 안전하다. 고난의 구름이 가득할지라도, 그 안에 생명의 물방울이 있고, 그리스도의 빛이 비추어 무지개가 나타난다. 우리는 그리스도의 무지개 아래 보호받는 자들이다.

오 주 예수님, 당신은 나의 무지개이시며, 사랑이시며, 제물이시며, 언약의 증거이십니다 주의 빛으로 내 인생의 구름 사이다다 광채가 퍼지게 하소서 당신의 피로 맺어진 언약 안에서 늘 기쁨과 평안을 누리게 하소서 오 주 예수여, 주 예수여, 주 예수여

"생명의 포도나무"

창9:20 "노아가 농업을 시작하여 포도나무를 심었더니"

노아가 홍수 후 처음으로 포도나무를 심은 것처럼, 우리도 부활의 새 창조 안에서 생명의 포도나무를 가꾸고 있다. 이는 단순한 농사가 아니라 그리스도 자신을 키워내는 신성한 사역이다. 우리는 포도나무이신 그리스도 안에 거주하며, 동시에 그분을 우리 안에 자라게 하는 역동적인 과정 속에 있다. 포도나무의 비밀은 가지들이 서로 얽히고설킨 것처럼, 우리도 그리스도의 생명으로 깊이 연결되어 있다는 점이다. 각 지체는 고립된 섬이 아니라, 생명의 순환계 속에서 서로에게 영양분을 공급하는 존재다. 노아 시대에 비해 우리에게 주어진 특권은 바로 이 '교통'(κοινωνία)의 비밀이다. 우리는 혼자 취하지 않는다. 함께 취하며, 함께 맛보며, 함께 누린다.

포도주에 취하는 현상은 영적으로 중대한 의미를 지닌다. 첫째로, 이는 성령이든 교리이든 무언가에 취하는 것을 상징한다. 그러나 노아의 실패에서 배우듯, 성령 충만이 개인적인 체험에 그쳐서는 안 된다. 진정한 충만은 공동체적 차원에서 이루어져야 한다. 둘째, 취하면 벌거벗게 된다는 것은 영적인 투명성과 취약성을 동시에 보여 준다. 이것이 바로 교회의 본질이다.

셈과 야벳이 보여 준 '뒷걸음치며 덮기'에는 깊은 영적 지혜가 담겨 있다.

* 물리적인 거리 두기 - 지체의 연약함을 너무 가까이에서 들여다보지 않음
* 시선 처리 - 부끄러운 부분에 시선을 고정하지 않고 그리스도를 바라봄
* 동작의 신중함 - 성급한 판단보다 신중한 행동을 취함

이 이야기는 현대 공동체에 시사하는 바가 크다. 첫째, 지도자의 연약함을

대하는 태도다. 노아의 실수는 분명했지만, 함의 반응은 더 큰 문제를 일으켰다. 둘째, '덮음의 미학'을 배워야 한다. 현대 교회는 지나치게 투명성을 강조하다가 서로의 상처를 노출시키는 오류를 범한다. 셋째, 셈과 야벳은 아비의 수치를 보지 않으려고 뒷걸음으로 다가갔다. 누가 뒷걸음의 성숙을 아는가? 성숙은 율법이 아니다. 앞으로 가서 따지고 드러내고 폭로하고 선악을 분별하는 것만 있는 것이 아니다. 진정한 성숙은 전진이 아니라 때론 뒷걸음에서 온다는 역설이다.

십자가는 우리의 벌거벗음을 완전히 덮으셨다. 그러므로 우리도 그리스도의 옷으로 서로를 덮어야 한다. 이 '덮음'은 은폐가 아니라, 그리스도의 의로 가리는 것이다. 포도주는 결국 기쁨의 잔이 되어야 한다. 우리가 서로의 연약함을 덮을 때, 비로소 참된 포도주의 맛이 난다. 할렐루야!

창9:25 "가나안은 저주를 받아, 그 형제들의 종들의 종이 되기를 원하노라."

함("열기" 또는 "정열")의 아들이 셈의 종이 된 것은 한편으론 저주이지만, 다른 한편으론 은혜 안의 축복이다. 가나안이 "종들의 종"(ebedim ebed)이 된다는 말씀은, 종들의 종으로 오신 그리스도 예수 안에서 궁극적으로 성취된다. 그리스도는 실제로 저주의 자리에까지 내려가셔서, 가장 낮은 종이 되셨고, 그로 인해 우리가 평화를 누리게 되었다. "그가 징계를 받음으로 우리가 평화를 누리고…" (사 53:5)

역사적으로도 노아의 예언은 성취되었다. 가나안 족속은 대부분 소멸되었거나 이스라엘에 정복당해 노예가 되었고, 기브온 족속은 성막을 섬기는 자들이 되었다. 이제 이 말씀은 우리 안에서 영적으로 이루어져야 한다. 우리 안의 가나안, 즉 주님을 대적하는 정죄의 기질과 분노는 그리스도의 말씀으로 복속되어야 한다. "저주가 내게는 진정한 축복이다." 나의 가나안아, 영원히 저주를 받아라. 내 안의 분노와 남을 파헤치는 성향이여, 십자가 아래 꺾이기를 원한다. 오직 주께 받은 그리스도의 성품만이 내 안에서 증가하길 원한다.

창9:26 "셈의 하나님 여호와를 찬송하리로다! 가나안은 셈의 종이 되고."

셈에게 주어진 축복은 단지 영적 혈통에 관한 것만이 아니라, 육신의 기질이 복속되는 구조 안에 있는 복이다. 셈의 장막 아래 가나안이 종이 된다는 것은, 곧 육적인 것이 영적인 것에 복종하는 복이다. 기브온 족속이 스스로 이스라엘을 섬기기로 작정했듯, 우리 안의 어떤 기질은 미리 주님께 항복해 셈족, 곧 그리스도 안의 백성으로 쓰임받는다. 이제 내 기질도, 내 감정도, 내 분노도 더는 내 것이 아니다. 나는 내 감정을 내 마음대로 쓸 수 없다. 주님의 종이 된 이상, 나의 기질도 그분께 속한다.

창9:27 "하나님이 야벳을 창대케 하사 셈의 장막에 거하게 하시고, 가나안은 그의 종이 되게 하시기를 원하노라."

야벳(Japheth)의 이름은 "확장"이라는 뜻이다. 노아는 그가 셈의 장막 안에서 창대해질 것이라 예언한다. 이 예언은 네 가지 차원에서 역사 속에 성취되고 있다.

1) 세상에서의 확장

야벳 족은 유럽과 러시아, 아메리카 등지로 번성하였고, 인류 문명의 주요 동력 중 하나가 되었다.

2) 복음에서의 확장

복음은 야벳족의 손을 통해 세상 끝까지 전파되었다. 셈의 장막 안, 곧 교회 안에서 야벳이 확장된 것이다. 사도 바울을 통해 복음은 헬라와 로마를 지나

유럽으로, 그리고 북미와 전 세계로 퍼져 나갔다. 종교개혁, 선교 운동, 그리고 아시아의 복음화에까지 이어진 야벳족의 사역은 창9:27의 예언의 명확한 성취이다. 주님은 셈족에서 태어나셨지만 함족을 통해 보호받고 야벳족을 통해 확장되셨다. 함족은 언젠가 복음의 중심이 될 것이다.

3) 영적 인종으로서의 확장

함은 육신의 기질, 셈은 종교적 중심, 야벳은 문화와 혼의 확장을 나타낸다. 십자가 안에서 함은 처리되고, 셈 안에서 신앙이 유지되며, 야벳 안에서 그리스도는 확장된다. 영적으로도 그리스도는 우리의 감정, 기질, 문화를 통해 그분 자신을 확대하신다.

4) 그리스도 안에서의 확장

"헬라인이나 유대인이나 스구디아인이나 종이나 자유인이나 다 그리스도 안에서 하나이니라." 이는 함, 셈, 야벳이 그리스도 안에서 한 몸이 되는 것이다. 우리는 영적으로 함족도 되고, 셈족도 되고, 야벳족도 된다. 우리는 육신의 함을 십자가에 못 박고, 셈의 장막 아래 거하며, 야벳처럼 확장되기를 원한다. 그리스도는 참 셈이시고, 참 가나안이 되셔서 우리 대신 저주를 받으셨으며, 참 야벳이 되셔서 온 세상으로 퍼지셨다. 오늘 우리는 그리스도의 몸 된 교회 안에서 이 축복의 삼중적 실현을 경험하고 있다.

야벳적인 지식과 능력은 십자가로 처리된 후 오직 그리스도 안에 위치해야 한다. 결코 그리스도 밖에서 독립적으로 사용해서는 안 된다. 이 지식이 자기 자랑으로 흐르지 않도록 늘 참 장막 안에 거해야 한다. 그리스도는 참 셈족이시며 셈의 머리이시면서도 동시에 참 가나안이시다. 마태복음 15장의 가나안 여인의 딸에게 주님은 유일한 치료자이자 아버지가 되어주셨다. 우리의 가나안 본성도 그리스도가 친히 십자가로 끝내셨다(갈5:24).

가나안은 원래 종들의 종(Servant of servants)이 되는 저주를 받았다(창9:25). 세상에선 가장 낮은 종(The lowest of slaves)이지만 그리스도 안에선 종 됨이 가장 큰 기쁨이 된다. 하나님은 가나안을 셈의 축복과 야벳의 창대함에 종이 되게 하여 오히려 가나안을 축복의 통로로 삼으셨다. 함이 아들에게 '복종'이란 이름을 지었지만, 가나안은 이제 그리스도 안에서 셈과 야벳의 종이 되는 더 높은 부르심을 받았다.

하나님은 함의 죄에 대해 가나안을 저주하심으로 함의 폭정이 대를 이어 전달되는 것을 차단하셨다. 동시에 이 저주를 통해 가나안을 새롭게 시작하실 길을 열어주셨다. 역사적으로 가나안 족속은 솔로몬의 종이 되며(왕상9:20-21) 문명사에 기여하게 된다. 하나님의 저주 안에도 언제나 구원의 계획이 숨어 있다. 우리 안의 가나안 요소는 반드시 십자가로 처리되어야 한다. 동시에 그리스도 안에선 이 저주받은 정체성조차 새 창조의 일부가 된다. 남의 허물을 비난하는 함의 태도를 버리고, 셈과 야벳이 노아를 덮었듯 그리스도의 의로 서로를 덮어야 한다.

노아의 실패는 교회를 파괴하는 세 가지 요소를 보여 준다. 첫째, 고립된 교리에 취한 '음주', 둘째, 영적 노출을 초래한 지도자의 '벌거벗음', 셋째, 선악과 지식을 오용한 서로의 '비난'이다. 교리에 취하지 말고 생명에 취해야 한다. 서로의 연약함을 덮는 공동체를 세워 가야 한다. 주 예수님의 십자가는 가나안의 저주를 담당하셨고 부활은 새 창조로 일으키셨다. 이제 우리는 종들의 종으로서의 낮아짐을 기쁨으로 여긴다. 그리스도 안에서 모든 저주가 축복으로 변했다. 그리스도는 방주이시고, 홍수이시며, 무지개이시고, 아라랏산이시며, 포도나무이시며, 참 장막이시다. 또한 그분은 저주 받은 가나안으로 오셨고, 셈의 하나님이시며, 야벳의 확장이시다. 그분 안에 모든 것이 있다.

오 주 예수님 나의 하나님, 우리가 모두 같이 새 술이신 그리스도 생명에 취하여 우리 서로 부끄러움이 가려지게 하소서 그리스도의 새 옷을 입혀 주게 하소서 우리 안의 함의 아들 "가나안 본성"은 영원히 거절되게 하소서 내 안의 생명이신 그리스도시여, 늘 증가하소서! 우리를 종들의 종이 되게 하소서! 오 주 예수여

“생명의 확산”

창10장에 등장하는 70인 족보는 단순한 인명 목록이 아니라 하나님의 구속사적 계획이 담긴 살아있는 기록이다. 노아의 자손들 즉 야벳의 14명, 함의 26명, 셈의 30명으로 구성된 이 70인 족보는 훗날 예수 그리스도께서 70명의 제자를 파송하신 사건에서 그 영적 성취를 찾아볼 수 있다. 이 족보는 인류 최초의 세계 지도와도 같은 기록으로, 노아의 축복 예언이 어떻게 구체적인 민족들의 역사 속에서 성취되어 가는지를 생생하게 보여 준다. 우리는 이 예언의 성취를 믿음의 눈으로 바라보아야 하는데, 특히 셈의 계통이 어떻게 확장되어 가는지에 주목해야 한다.

세계사는 셈과 함과 야벳의 세 갈래로 펼쳐졌다. 야벳의 후예들은 유럽 대륙으로, 함의 자손들은 아프리카로, 셈의 혈통은 아시아로 퍼져나갔다. 그리스도 안에서 이 모든 분열된 인류는 다시 하나로 회복될 것이다. 놀랍게도 창10장은 이미 이 통합의 비전을 품고 있다. 모든 민족이 한 조상에게서 나왔다는 사실은 인류의 근본적 동질성을 보여주지만, 동시에 각 민족이 지닌 독특한 개성도 인정한다. 흩어진 민족들은 마치 섬처럼 고립되어 살지만, 그들 마음속에는 그리스도를 기다리는 간절함이 자리하고 있다. 그리스도께서는 이 흩어진 조각들을 모아 언어의 장벽을 넘어 하나의 교회로 만드실 것이다.

창10장의 족보 배열 순서는 셈을 향해 나아가게 한다. 믿음의 계보를 항상 마지막에 배치하여 더 자세히 설명하는 방식을 취한다. 우리 각자의 삶에도 야벳적인 세상사와 함적인 가문사, 그리고 셈적인 믿음의 역사가 공존한다. 그러나 이 중에서도 셈의 계보, 곧 그리스도로 이어지는 믿음의 계보가 가장 중요하다.

창10:6-9 "함의 아들은 구스와 미스라임과 붓과 가나안이요… 구스가 또 니므롯을 낳았으니 그는 세상에 처음 호걸이라. 그가 여호와 앞에서 특이한 사냥꾼이 되었으므로…"

함의 아들 니므롯은 '반역자'라는 이름 뜻 그대로 바벨론과 니느웨를 건설하여 하나님을 대적한 인물이 되었다. 그의 등장은 세상의 영이 어떤 모습인지를 계시한다. 니므롯은 세상이 추구하는 영웅상의 전형이다. 그는 자신의 성과 도시를 쌓았고, 타인을 정복하며 명예를 추구했다. 오늘날 우리 주변에도 스포츠, 연예, 정치, 종교 등 각 분야에서 니므롯 같은 인물들이 등장한다. 문제는 약한 믿음의 성도들까지 이들에게 현혹되어 찬양과 추종을 멈추지 않는다는 점이다.

가장 위험한 것은 종교적 니므롯이다. 자신을 숭배받게 만드는 지도자들, 자기 자랑으로 도배한 설교자들은 니므롯의 아류에 불과하다. 진정한 성도는 그리스도 외에 어떤 인물도 절대적으로 추종해서는 안 된다 루터나 칼빈 같은 위대한 인물들조차 우리에게는 믿음의 형제일 뿐, 숭배의 대상이 될 수 없다. 우리 안에도 니므롯이 있다. 그리스도만이 유일한 찬양의 대상이시다. 예수님은 니므롯과 반대의 길을 보이셨다. "너희 중에 누구든지 크고자 하는 자는 너희를 섬기는 자가 되라"(마20:26)고 하셨다. 권세를 부리고 지배하려는 옛 본성은 십자가에 못 박혔어야 하지만, 때때로 표출되려 한다. 이에 대해 늘 경계해야 한다. 진정한 그리스도인의 삶은 감소되어 가는 길이다.

함의 막내 아들 가나안은 열한명의 아들들을 낳았다. 이들은 하나님께서 멸하기로 작정하신 자들이다. 이는 단지 인종이나 민족에 대한 것이 아니라, 우리가 함과 가나안으로서 깊이 내재된 부패한 기질과 본성을 겨냥한 것이다. 셈에게서 믿음을 보고, 동시에 함에게서 진리를 거부하는 불신을 보며, 가나안에게서 모든 타락을 본다. 노아의 예언대로 셈과 야벳이 그리스도 안에서 창대하게 되기 위해선, 가나안은 반드시 제거되어야 한다. 우리 속에 있는 가나안적 기질들이 십자가 안에서 멸절되어야 한다. 이것이 경륜을 이루는 길이다.

창10:15-18은 가나안의 아들들을 소개한다. 이 열한 아들의 후손은 가나안 족속을 형성한다. 그 이름들의 뜻은 제어되어야 할 타락한 본성의 상징들이다. 성경은 살렘 왕 멜기세덱에 관해 말하며 그 이름을 해석하면 평강의 왕이라고 풀이한다(히7:2). 즉 살렘은 지명이지만 성경에서는 덕목으로 풀이되고 있다. 마찬가지 방식으로 가나안 족속들의 이름은 그리스도의 영에 의해 사로잡혀야할 악덕들이다.[15]

* 시돈 – "사냥" 혹은 "낚시"의 뜻: 이득을 추구하는 살으로 계산하고 속이는 기질
* 헷 – "공포": 세상을 두려워하는 내적 본성
* 여부스 – "밟음," "교만": 타인을 억누르고 지배하려는 성향
* 아모리 – "수다": 인간의 말. 불경건한 언어
* 기르가스 – "분쟁": 갈등 야기의 논쟁적 성향
* 히위 – "군집": 무리 짓기를 좋아하며 영적 개별성 상실
* 알가 – "분노," "이를 가는 자": 억제되지 않은 분노와 복수
* 신 – "가시": 다른 이들을 찌르고 상처 주는 기질
* 아르왓 – "지배": 통제하고 주도하려는 욕망
* 스말 – "방황": 목적 없이 헤매는 불안정 상태
* 하맛 – "성벽": 마음을 닫은 고립적 태도

이러한 가나안적 특성들은 본질상 통전적 인간을 만들 수 없으며 결국 "흩어졌다"는 기록처럼 자기 분열과 조직 분란을 일으킬 뿐이다. 반면, 믿음의 족

---

15) Augustine, *Confessions, Book 5.3.4.*

속은 마치 열두 지파처럼 하나로 지어져 간다. 이는 그리스도 안에서만 가능한 연합이다. 그리스도는 모든 가나안적인 기질을 십자가에서 처리하셨고, 우리 안에 새로운 생명으로 새 성품을 주입 시키신다.

"에벨은 두 아들을 낳고 하나의 이름은 벨렉이라 하였으니 그 때에 세상이 나뉘었음이요 벨렉의 아우 이름은 욕단이며"

셈의 후손 '에벨'(이브리)이라는 이름에서 '히브리'라는 말이 파생되었는데, 이는 '건넌 자'를 의미한다. 아브라함은 이 '건넌 자'의 완성체로서, 우리 모두가 그리스도 안에서 순례자임을 보여 준다. 셈의 족보는 에벨에서 벨렉과 욕단으로 다시 갈라지며 흩어진 인류가 그리스도 이름 아래 다시 모일 것을 소망케 한다. 70인 후손이 구성한 족속들의 족보는 단순한 과거의 기록이 아니라, 오순절 성령 강림과 마지막 때까지 하나님이 부르실 족속들을 보여 준다. 이 모든 족속은 선교의 대상이다. "모든 민족이 그리스도 안에서 하나"되는 이 놀라운 약속은 창10장의 족보가 노아에서 비롯되었다는 점에서 그 소망을 보게 한다.

창10장에서는 민족들이 "각기 족속과 언어와 지방과 나라대로" 나뉘었다고 기록된다(10:20, 10:31). 이는 인간이 네 가지 기준으로 흩어졌다는 것을 의미한다. 기본적으로 노아의 세 아들인 셈, 함, 야벳으로 나뉘고 거기에 더해 족속, 언어, 지방, 나라대로 또 나뉘었으니 총 21가지 방식으로 갈라진 것이 인간 사회이다. 여기서 족속은 인종적 구분이고, 언어는 문화의 구분, '지방'은 땅의 경계이며, 나라는 정치적 분열을 가리킨다. 가족과 동족이 있는 것은 축복이나, 이 다름이 그리스도 바깥에서는 분열과 갈등의 원인이 된다.

그러나 놀라운 사실은 바로 이 같은 깊은 분열 속에서도 그리스도께서 화해의 길을 열어 놓으셨다는 점이다. "그리스도께서는 우리의 화평이 되사 양편으로 하나를 이루게 하셨다"(엡2:14). 가나안의 열한 아들이 대표하는 모든 분열과 저주는 그리스도의 십자가에서 철저히 처리되었다. 이제 우리는 한 생명, 새 생명으로 연합된 지체들이다.

창10장의 인류 확산은 인간의 타락 이후 본성적 분열을 보여주는 반면, 그리스도 안에서는 새 생명 안에서의 하나됨을 계시한다. 세상은 시종일관 족속, 언어, 지방, 나라별로 나뉘나, 교회는 하나의 생명, 하나의 주, 하나의 믿음, 하나의 세례로 연합된다. 하나됨은 노력만이 아니라, 하늘의 생명으로 이루어진다. 이 생명 안에서 셈의 믿음을 받고, 야벳처럼 창대해지며, 우리 안의 가나안적 본성이 처리된다.

주 예수님, 당신의 교회가 진정한 섬김의 공동체가 되게 하소서. 우리 서로가 그리스도 안에서 동등한 형제로 사랑하며, 오직 그리스도만을 바라보게 하소서. 우리 안의 니므롯 정신을 완전히 죽이시고, 겸손한 종의 마음을 주소서. 아멘.

창세기 11장의 그리스도

"생명의 업적"

창11:3 "서로 말하되 자, 벽돌을 만들어 견고히 굽자 하고 이에 벽돌로 돌을 대신하며 역청으로 진흙을 대신하고"

창11장은 바벨탑 사건을 보도한다. 바벨과 바벨론은 언어만 다를 뿐, 같은 의미의 단어이다. 바벨은 '바벨론'을 가리키는 히브리어이다. 바벨은 아카드어 Bab-ilu(바빌루)에서 온 말로 '신의 문', 곧 '하늘의 문'이라는 뜻이다. 실제로 이 도시는 수백 개의 신전과 지구라트가 가득했고, 이는 신이 되려는 인간들의 욕망과 교만을 드러낸다. 이 망상은 창11:4의 고백에서 분명하게 드러난다. "그 꼭대기를 하늘에 닿게 하여 우리의 이름을 내자." 그러나 성경은 이것이 하늘의 문은커녕 오히려 '혼돈', '분열'이라고 정의한다. 성경이 말하고자 하는 핵심은, 이 탑을 쌓으려 했던 바벨론 제국을 향한 조롱과 비판이다. 당시 바빌론은 제국의 수도로서 가장 크고 화려한 도시였다. 하나님 없는 인간의 연합은 늘 혼돈이며 결국 분열로 끝난다.

여기에는 많은 혁명이 나온다. 연료 혁명이 있다. 썩은 역청으로 큰 화력을 갖게 되었다. 재료혁명이 나온다. 불에 구운 벽돌을 만들어 이전과 다른 건물을 짓는다. 건축혁명이 나온다. 하늘에 닿을 높은 탑이 지어진다. 문화혁명이 나온다. 사람들은 자신의 이름을 내기 위해 함께 노력한다. 분명 인류의 큰 업적을 볼 수 있다. 그러나 그 업적의 본질인 인간의 교만도 나타난다. 홍수의 심판이 다시 올까 두려워 높은 건물을 지르려 했고 혹 다시 홍수를 줄 수 있을 하나님께 도전했다. 인간들의 담합과 성취는 명백히 자신들을 높이려는 교만이었다. 바벨이 들어선 시날 땅은 원래 니므롯이 세운 도시로서 하나님을 모독하는 지역이었다.

바벨은 인간을 벽돌처럼 찍어낸다. 고유성과 생명을 빼앗고, 딱딱하게 굳게 한다. 교육, 정치, 방송 등 모든 체계가 인간을 균일하게 만든다. 세상은 불로 사람을 고통스럽게 굽고, 마음을 굳게 만든다. 시대가 갈수록 각박해지며, 그리스도 없이 살면 결국 딱딱하게 굳어 박힌 벽돌이 된다. 그러나 그리스도인은 벽돌이 아니라 산 돌이다. 살아 있는 돌로서 생명으로 세워져야 한다. 그러나 우리는 산 돌이며, 생명의 지체이다.

바벨의 탑은 썩은 역청으로 붙어져 있다. 이 역청(카마르)은 방주의 진액 역청(카파르)과 다르며, 생명을 죽이고 땅을 덮는 세속적인 조직이다. 상은 아스팔트 같은 역청으로 서로를 묶고 숨 막히게 하지만, 우리는 그리스도의 피로 하나 된다. 바벨은 자기 이름을 높이기 위한 탑이지만, 교회는 주님의 이름만을 높이는 도성이다. 세상은 썩은 문화와 감정으로 조직된다. 그러나 우리는 바벨을 떠나 그리스도의 피로 세워지는 생명나무요 포도나무로 지어지는 그리스도의 몸이다.

창11:4 "자, 성과 대를 쌓아 하늘에 닿게 하고 우리 이름을 내자"

세상은 자신을 자랑하려고 탑을 쌓는다. 겉으로는 하늘을 지향하지만, 실상은 자기 과시이다. 세상은 참된 하늘을 알지 못하고 자기 힘으로 도달하려 하나 도달할 수 없다. 참 하늘은 주 예수의 피로만 열리며, 그 외에는 길이 없다.

세상은 자기 이름을 내는 데 열중한다. 바벨은 교회 안에도 들어와 인간의 이름을 내는 탑으로 만들고자 한다. 그러나 우리는 그리스도의 이름만을 나타내기를 원한다. 그리스도 없는 곳은 어디든 세상이며, 그리스도 몸이 없는 곳도 세상이다. 바벨은 흩어짐을 면하려 하지만, 본질이 혼돈과 공허이기에 결코 성공할 수 없다. 진정한 연합은 오직 그리스도 안에서만 가능하다. 그리스도는 모든 것을 하나로 모으시는 분이다.

창11:7 "우리가 내려가서"

이 문구는 주님의 성육신을 예표한다. 이 '내려오심'은 심판이고, 눅10:34의 '가까이 오심'은 구원이다. 그리스도께서 오셔서 바벨의 노역에서 우리를 구출하셨다. "온 땅의 언어를 혼잡케 하셨다"는 것은, 세상 사람들은 말은 같아 보여도 내면의 뜻이 전혀 다르다는 것이다. 언어의 통일이 곧 마음의 통일은 아니기 때문이다. 언어의 혼잡은 인간들 사이의 본질적 분열을 드러낸다. 그리스도 없이 인간 언어는 서로 통하지 않는다. 그러나 하나님의 자녀들은 생명으로 같은 언어를 말한다. 우리의 언어는 성경과 그리스도로 충만해야 하며, 그리스도 외에 할 말이 없다. 바벨의 심판은 그리스도의 십자가에서 성취되었다. 주님은 정사와 권세를 벗겨 무장 해제하시고 승리하셨다. 우리는 더 이상 어둠의 권세 아래 있지 않으며, 옛사람에서 해방되었다. 우리는 바벨탑을 쌓는 인부가 아니라 그리스도의 장막을 짓는 자들이다.

창11:9 "성 쌓기를 그쳤더라"

그리스도의 십자가는 우리의 종결이다. 우리는 이름 나는 성을 더는 쌓지 않는다. 창12장에서 아브라함은 바벨을 떠나 벧엘에서 장막을 치고 제단을 쌓는다. 우리도 그리스도의 몸(장막) 안에 살며, 십자가(제단) 위에서 여호와의 이름을 부른다.

창11장은 인간 문명의 총합으로서의 세상을 폭로한다. 인간이 하나 되어도 하나님 없이 세운 성은 끝내 흩어질 수밖에 없다. 그러나 그리스도 안에서는 모이고, 하나 되고, 생명으로 연결된다. 세상은 바벨이고, 교회는 벧엘이다. 우리는 바벨이 아닌 벧엘의 자손이며, 흩어진 자가 아니라 모인 자이다. 숫자 11은 성경에서 "결핍"과 "반역"을 뜻하므로, 창11장에서 나오는 바벨탑과 흩어짐은 단순한 인간의 실패가 아니라 전체 인류 역사에 대한 하나님의 계시이다. 11장의 마지막 구절(11:26)에서 아브람의 이름이 언급되고, 12장에서 그의 부르심이 이어지는 것은 우연이 아니다. 우리는 본래 바벨의 자손이며, 바벨의 풍조와 멸망에서 건짐 받은 자들이다. 성경은 세상을 네 도시로서 설명한다: 바벨론, 애굽, 소돔, 두로이다. 바벨은 반역을, 애굽은 풍요를, 소돔은 타락을, 두로는 상술을 상징하였다. 이 네 요소가 모여 세상 체계를 이룬다. 바벨은 그중에서도 하나님을 대적하고 신성한 질서를 뒤흔드는 세상이다.

이에 하나님께서 바벨의 땅으로 친히 내려오셨다(11:5). 하늘에 닿겠다고 주장한 인간 앞에, 하나님은 '보시기 위해' 내려오셨다. 그리고 그들을 멸망시키지 않고 대신 흩으셨다. 이것이 흩으심 즉 '바벨'이다. 하나님은 혼잡과 분산을 통해 그들의 악한 연합을 막으셨다. 이는 심판이자 동시에 구원이었다. 노아의 방주가 구원이었듯, 바벨의 흩으심도 구원이다. 인간의 손에서 모든 것이 흩어졌으나, 하나님께서는 그 흩으심을 통해 그들을 더 큰 악에서 건져내셨다. 흩어진 민족들은 문명을 발전시키며 하나님이 주신 자연 속에서 다양한 특성과 모습을 보이며 살게 되었다. 각 민족과 나라의 다양한 문화는 하나님의 흩으심에서 기인하며 이것은 오늘날 인간이 살아가는 기본 배경이다.

바벨은 여전히 세상 속에 건설되고 있다. 정치, 경제, 문화, 종교의 모든 영역에서 인간 이름을 높이는 탑들이 세워지고 있다. 그리스도가 중심이 아닌 모든 공적은 바벨이다. 주님은 수천 년 동안 이 바벨들을 무너뜨려 오셨고, 마지막에는 완전한 심판으로 끝내실 것이다. 그러나 우리에게는 소망이 있다. 주님의 긍휼이 흩어진 자들을 다시 모으시고, 그리스도의 몸 안에서 한 생명으로 하나 되게 하신다.

그리스도 안에서는 새 언어가 주어지고, 같은 말을 하게 된다. 우리는 같은 생명을 가졌고, 같은 피를 받았기에, 같은 언어를 말한다. 그것은 바로 예수 그리스도이다. 계시록 21장은 우리에게 미래의 소망이자 현재의 건축을 보여 준다. 새 예루살렘은 하늘에서 내려오며, 생명나무와 생명수가 중심에 흐르고, 그리스도의 영광이 찬란히 비친다. 지금 우리가 짓는 참 장막은 이 새 예루살렘이다. 바벨과 비교할 수 없는 영광스러운 성이다.

오 주 예수여, 당신의 심판은 바벨을 무너뜨리시며, 당신의 구원은 우리를 셈의 후손으로 이끄시고, 아브라함의 믿음 안으로 들어가게 하신다 우리는 당신의 도성에 속해 있고, 당신의 이름을 위해 살고, 당신의 몸을 함께 세워가는 지체들이다 우리 속에서 당신의 새 예루살렘을 지으시니 감사하나이다 아멘

"생명의 가문"

창11:10 "셈은 일백 세, 곧 홍수 후 이 년에 아르박삿을 낳았고"

노아의 세 아들은 하나님을 믿지만, 그 후손들은 점차 믿지 않는 족보를 따라간다. 인류는 계속해서 문명과 기술을 발전시키며 교만의 탑과 패역의 성을 쌓는다. 그것이 곧 바벨이다. 그러나 하나님은 무너질 인간 문명이 아니라, 영원한 믿음의 가문을 세우신다. 창11장은 바벨을 쌓는 교만한 족속들과, 그에 반해 믿음의 계보를 이끌어 가는 아브라함의 가문을 나란히 보여 준다. 이는 인류 앞에 두 길을 펼쳐 보이며 무엇을 선택할지 묻는 장면과 같다. 하나님은 언제나 겉으로는 작게 보이는 믿음의 가문을 보존하신다. 거대한 바벨탑 옆에서 작은 믿음의 가문이 조용히 세워지는 것이 하나님의 방식이다. 우리는 본래 창11장에서 나온 자들이며, 바벨을 쌓으려 했던 옛사람이었음을 기억해야 한다. 그러나 이제 우리는 그리스도 안에서 새 예루살렘의 자녀가 되었고, 바벨의 백성이 아니라 벧엘의 백성이다.

하나님이 창조하신 '땅'은 복의 장소이나, 인간이 만들어 낸 '세상'은 사탄의 권세 아래 놓여 있다. 땅은 생명과 존재를 의미하고, 세상은 하나님을 떠난 문명이 빚어내는 사망을 의미한다. 바로 이 바벨 사건 후에 셈의 족보가 등장하는 이유는 분명하다. "너는 어떤 존재인가?"라는 질문이다. 바벨탑을 쌓으며 자기 이름을 높이려는 무리와, 하나님의 이름을 전하는 셈의 후손이 차례로 등장한다. 우리는 바벨의 도성 사람이 될 것인가, 아니면 셈 가문의 아브라함과 같이 믿음의 사람으로 서게 될 것인가? 창11장은 이를 묻고 있다.

셈은 '명예'라는 뜻으로 믿음의 계보의 출발점이 되며, 아르박삿은 '경계'로서 믿음과 불신의 구분을 상징한다. 셀라는 '성장', 에벨은 '건넌 자'로서 세상에서 나와 믿음으로 건너온 자를 뜻한다. 벨렉은 '갈라짐'으로 옛 세상으로부터의 분리를 나타낸다. 르우는 '이웃'으로 공동체의 삶을 상징하고, 스룩은 '포도가지'로 생명나무이신 그리스도와의 연합을 나타낸다. 나홀은 '호흡', 데라는 '비둘기 영'으로 성령의 인도를 나타낸다. 이 모든 이름은 결국 예수 그리스도 안에서 성취된다. 그분은 우리의 명예요, 경계요, 성장이며, 세상에서 우리를 건지신 참된 에벨이시다. 특히 에벨 이름은 히브리 이름의 어원이 된다. 고로 히브리인이란 건넌 자이다.[16] 우리는 아브라함처럼 유브라데 강을 건너 믿는 자가 되었고, 모세처럼 애굽 홍해를 건너 하나님의 율법을 받은 자가 되었고, 성막의 물두멍(후에 '놋바다'로 불리게 됨)을 건너 장막으로 들어가 종교를 건넌 제사장이 되었고, 여호수아처럼 요단을 건너 육체를 종결한 자가 되었고, 그리스도 제자처럼 갈릴리를 건너 경계를 건넌 자가 되었으며, 바울처럼 지중해를 건너 복음 전도자가 되었다. 마지막으로 유리 바다를 건너 새 예루살렘에 영원히 들어간다. 우리 신자는 이렇게 일곱 바다를 건너는 자이다. 아브라함이 유브라데를 건너 믿음의 길을 시작한 것처럼 우리는 믿음의 근원이신 그리스도 안으로 건넌 사람이다. 모세가 홍해를 건널 때 이스라엘이 어린양의 피와 침례의 실제 안으로 들어간 것처럼, 우리도 그리스도의 피와 침례를 통과하여 새 사람으로 살아간다. 성막의 물두멍을 지나 장막으로 들어간 제사장처럼 우리는 그리스도의 몸과 교회 안으로 건너 하나님의 집 안에 선 생명의 사람이다. 여호수아가 요단을 건너 옛 세대를 종결하고 새 땅을 밟았듯, 우리는 죽음과 부활을 통과하여 기업이신 그리스도 안으로 들어간다. 제자들이 갈릴리를 건널 때 주님을 다 배운 것처럼 우리를 부르시는 그리스도를 따라 모든 경계 밖으로 담대히 나아간다. 바울이 지중해를 건너 온 열방에 복음을 전했듯 우리는 열방을 향한 그리스도의 복음을 품고 건너가는 사람이다. 마지막으로 성도들이 유리 바다를 건너 새 예루살렘에 들어가듯 우리는 완성된 그리스도 안에서 영원한

16) Jerome, *Questines on Genesis* 10.24-5.

나라로 들어가는 사람이다.

창11:26의 "데라는 칠십 세에 아브람과 나홀과 하란을 낳았더라"는 말은 데라가 70세에 세 아들이 동시에 태어났다는 뜻이 아니라, 70세부터 자녀를 낳기 시작했다는 의미다. 장자는 하란이고, 그다음 나홀, 그리고 아브라함이 막내이다. 성경은 출생 순서가 아니라 하나님의 구원사 중심 인물인 아브라함을 먼저 제시한다. 데라는 70세까지는 자녀 없이 영을 따라 살다가, 70세에 온전함을 체험하고 비로소 자녀를 낳기 시작했다. 그리고 데라가 205세에 죽었을 때 아브라함은 이미 75세로 하란을 떠나 약속의 땅으로 향했다(창12:4; 행7:4). 이런 계산으로 아브라함은 데라 130세에 태어난 것을 알 수 있다. 우리는 이처럼 육적 순서를 넘어 늘 영적 장자로 세워지는 은혜를 본다. 가정과 일터에서도 영적 장자로 서야 한다.

창11:28에서 하란이 아버지보다 먼저 갈대아 우르에서 죽었다고 기록되어 있지만, 하나님의 약속은 변하지 않는다. 데라는 아브라함과 롯과 사래를 데리고 우르를 떠나 하란에 이르러 믿음의 길을 시작했다. 그 가문 안에서 믿음의 계보가 이어진다. 우리는 모두 바벨에서 불러내신 하나님의 가문이다. 아브라함의 피가 예수 안에 있고 예수의 피가 우리 안에 있으니, 영적으로 우리는 아브라함의 후손이며 그 조상들의 덕목이 그리스도 안에서 우리에게도 성취된다.

창11:29-30에서 하란의 딸 밀가와 이스가가 등장하며, 이스가는 후에 '사래'라는 이름으로 알려진다. 이스가('장막', '보는 자')는 하나님을 바라보며 언약을 준비한 여인이었고, 사래는 '공주', 밀가는 '여왕'으로 왕족적 언어가 서로 호응한다. 창20:12에서 아브람이 사라를 '자매'라 소개한 것도 이러한 가계 구조를 반영한다. 사라의 탄생 연대는 데라 120세, 하란 50세일 때로서 이는 '교회'(120명)와 '해방'(50년 희년)의 수를 상징하는 은혜의 시간이다. 바울이 갈4장에서 우리를 '자유의 여자' 사라의 자녀라 한 것처럼, 사라는 장막을 짜는 이스가요, 자

유의 여인이며, 약속을 낳은 여인이었다.[17)]

하란의 아들 롯은 훗날 모압과 암몬의 조상이 되고, 모압에서 다윗과 예수의 조상 룻이 나온다. 밀가는 나홀의 아내가 되어 브두엘을 낳고, 브두엘은 라반과 리브가를 낳는다. 리브가는 이삭의 아내가 되어 야곱과 에서를 낳았으며, 라반의 딸 레아와 라헬은 야곱의 아내가 되었다. 결국 데라의 장자 하란의 자손들—롯, 밀가, 사라—모두 메시아의 계보를 이룬다. 일찍 죽은 하란도 영광스러운 조상이다. 나홀 또한 브두엘과 라반과 레아와 라헬을 통해 그리스도의 조상이 되었다. 하나님은 데라의 세 아들 가문을 모두 사용하셨다. 이것이 하나님의 풍성한 은혜이다. 족보 속 모든 사람은 단 한 사람도 제외되지 않고 그리스도 예수 안에서 사용된다. 이것이 우리의 담대한 소망이다. 우리도 생명의 가문으로 쓰임 받는다.

창11:31에서 데라는 아브람과 롯과 사래를 데리고 '갈대아인의 우르'를 떠나 가나안으로 가려 했으나, 유프라테스 강을 따라 하란까지 올라가 거기 정착했다. 데라는 비록 우상을 섬겼지만, 가나안을 향한 그 발걸음은 믿음의 움직임이었다. 그는 하나님의 약속—가나안 족속이 저주받았고 그 땅이 후손의 기업이 되리라—는 말씀을 알고 있었다. 데라는 가나안에 도달하지 못했지만, 그의 결정은 아브라함이 약속의 땅으로 나아갈 수 있는 기반이 되었다. 오늘 우리 부모들과 믿음의 선배들은 데라와 같다. 우리를 하란까지 인도했다. 그리고 우리는 그 기반 위에서 가나안으로 나아갈 수 있다. 부모의 신앙이 완전하지 않았더라도 그것을 존중해야 한다. 우리가 지금 이루지 못한 것은 우리의 후손이 이룰 수 있다. 그리고 결국 이 가문에서 메시아가 나왔듯 우리 인생에서도 그리스도가 나타난다. 이것이 하나님의 역사이며, 우리의 목표다.

---

17) Augustine, *City of God* 16.12.

오 사랑의 하나님, 우리를 약속의 땅으로 이끄신 조상들과 부모의 믿음을 감사히 여깁니다 그 믿음 위에 더 전진된 믿음을 주시고, 우리 안에서 그리스도가 더욱 나타나게 하소서 우리 가문을 통해 복음의 계보가 이어지게 하시고, 우리의 후손들이 더욱 큰 생명으로 자라나게 하소서 오 주 예수여

창세기 12장의 그리스도

"생명의 축복"

창12:1 "여호와께서 아브람에게 이르시되 너는 너의 본토, 친척, 아비 집
을 떠나 내가 네게 지시할 땅으로 가라"
2 "내가 너로 큰 민족을 이루고 네게 복을 주어 네 이름을 창대케 하리
니 너는 복의 근원이 될지라"

창12장은 성경에서 특별한 장이다. 창11장에는 수억의 인구가 등장하지만, 창12장은 한 사람의 가문이 출발한다. 하나님께는 진실로 믿음의 한 사람이 중요한 것이다. 하나님은 우리를 수억 중 한 명으로 이 세상에 보낸 것이 아니라, 믿음의 한 사람 아브라함이 되게 하시기 위해 이 땅에 보내셨다. 하나님은 아브라함에게 이렇게 말씀하셨다.

"아브라함아, 가라! 내가 네게 지시할 땅을 향해 가라!"

① 본토로부터
② 친척으로부터
③ 아비로부터

다음 "세 목적"을 위해서다.

① 큰 민족을 이루도록
② 내가 네 이름을 창대하게 하도록
③ 네가 축복 자체가 되게 하도록

그 결과는

① 너를 축복하는 자를 내가 축복하고
② 너를 저주하는 자를 내가 저주하리라!
③ 땅의 모든 족속이 너로 말미암아 복을 얻을 것이다.

오늘 우리는 창12장에서 무엇을 떠나고, 무엇을 받으며, 무엇이 우리를 변화시키는지 발견한다. 하나님은 왜 당신을 예수 믿게 하셨는가? 한마디로, 나와 당신을 그리스도 안에서 축복하시기 위해서이다. 하나님은 온 세상의 하나님에서 아브라함의 하나님이 되어 주신다. 창12장은 바벨의 사람이 아님을 깨닫게 하고, 믿음의 사람인 우리가 축복의 사람임을 깨닫게 한다. 무엇을 건넜는지를 가르쳐 주며, 복의 근원인 그리스도에 대한 소망을 갖게 하고, 십자가의 공로를 취하게 하며, 주의 이름을 부르게 하고, 기근도 하락도 발생하지만 회복하시는 놀라우신 그리스도를 계시한다.

축복의 약속을 아브람이 따라갔고, 롯도 따라갔다. 우리는 인생 길에 말씀을 먼저 앞에다 두고 걸어가자. 그대가 걸어갈 때 그대 앞에 늘 축복의 말씀이 먼저 가고 있다고 믿고 행하라. 그대가 일터로 갈 때도 문을 열면 먼저 들어가는 것이 축복의 말씀이다. 그대가 집으로 들어올 때도 그대 발보다 먼저 들어오는 것은 축복의 약속이다. 우리가 무엇을 따라간다고 하면 이는 우리 앞에 무엇을 두는 것과 같다. 그대는 약속을 뒤에 두고 걷는 자가 아니고 약속을 앞에다 두는 자이며 이것이 바로 따라가는 것이다.

우리는 아브라함의 하나님을 만났다. "아브라함의 하나님"은 나그네의 하나님이요, 떠나는 자의 하나님이다. 나는 바벨을 떠났고, 세상에서 나그네로 살며 나도 하나님을 선택했다. 전에 나는 바벨론 도성의 얼마나 악한 백성이었는지… 이제 나는 이미 떠난 자이다. 아브라함은 히브리인 즉 "건넌 자"이다. 아브라함은 이미 유브라데 강을 건넜다. 우리는 이 강을 건넘으로 많은 것을 떠나고 버렸다. 성경은 유브라데 강을 건넘이 본토, 친척, 아비를 떠난 것임을 말한다. 본토는 세상이요, 친척은 타고난 본성이요, 아비는 유전이다. 그리스도인은 이 셋을 버리고 강을 건넌 자이다. 전에 나는 세상이 내 근거였고, 내 천성이 자랑스러웠으며, 내가 옛 아담임을 보지 못했다. 나는 유프라테 강을 건너며 주님께 순종하는 백성이 되었다. 이제 나는 그리스도 참 장막에 있고, 성령의 새 사람으로 지으심 받았으며, 하나님께서 참 아버지가 되신다. 이것이 진정한 히브리인의 의미이다.

창12:2 "너는 복의 근원이 될지라"

원문에는 "너는 복이 될지라"이다. 우리는 복의 근원만이 아니라 복의 과정이 되고 복의 결과가 되고 복의 열매가 된다. 복 자체가 된다. 아브라함의 하나님을 믿는 것은 새로운 복을 받은 것을 말한다. 이제 우리는 만복의 사람이다. 세상을 건넌 내게 주님이 바벨을 지으라고 하시겠는가? 아니면 바벨을 선물하시겠는가?

엡1:3 "찬송하리로다 하나님 곧 우리 주 예수 그리스도의 아버지께서, 그리스도 안에서 하늘에 속한 모든 신령한 복으로 우리에게 복 주시되"

엡1:8 "이는 그가 모든 지혜와 총명으로 우리에게 넘치게 하사"

성경이 말하는 복의 실제는 다 '그리스도'이다. 그분만이 참 복이다. 나는 아브라함의 자손이신 그리스도를 영접하여 내 안에 참 복이 있다. 이제 나는 복의 근원이다. 더 기쁜 것은, 많은 이가 우리로 인해 그리스도를 공급받게 될 것이다.

창12장은 구약의 전환점이다. 창조와 확산의 역사가 1~11장에 담겼다면, 아브라함의 가문 이야기는 50장까지 본론을 구성한다. 이는 하나님이 믿음의 사람, 특히 믿음의 조상 아브라함을 얼마나 중요히 여기시는지를 보여 준다. '조상'이란 단어는 유전을 내포한다. 아브라함은 단순한 신앙인이 아니라, 믿음의 유전자를 전달하는 조상이다. 아벨, 에녹, 노아 같은 인물도 믿음이 있었지만, 하나님은 아브라함의 믿음을 모든 신자의 출발점으로 삼기를 원하신다. "네게 보여 줄 땅으로 가라"는 말씀은 불확실해 보였지만, 아브라함은 따랐다. 이 여정은 곧 우리의 인생 여정이다. 주님의 피를 통해 우리도 아브라함의 후손이 되었고, 그의 유전자를 가진 자로서 주 예수 그리스도 안에서 모든 복을 받게 되었다.

하나님은 아브라함에게 큰 민족, 창대한 이름, 복이 되는 삶을 약속하셨다. 그리고 "너를 저주하는 자를 내가 저주하리라"는 말씀이 주어진다. 우리는 이 복이 아브라함만이 아닌 모든 믿는 자를 향한 약속이다. 하나님은 아브라함을 믿음의 조상으로 세우셨다(창12:2; 롬4:18). 창12장부터 이어지는 아브라함의 여정은 믿음이 무엇인지를 각장마다 계시하며, 그 믿음이 그리스도 안에서 어떻게 체험되는지를 보여 준다. 우리는 이 믿음이 이삭을 얻고(21장), 이삭을 바치고(22장), 막벨라 굴을 사고(23장), 만민에 분복을 주는 단계(25장)까지 이르게 됨을 본다. 아브라함이 믿음의 조상이므로, 그 후손인 우리에게도 동일한 믿음을 그리스도께서 주실 것이다. 왜냐하면 우리 안에 온 생명은 자연스럽게 믿음을 낳기 때문이다.

아브라함은 그리스도를 낳는 가문의 조상이 되었다. 갈라디아서 3:16에서 예수님이 약속된 씨이며, 우리는 그 안에서 복을 함께 받는 자라고 말한다. 아브라함의 참 복은 곧 그리스도를 통해 생명을 낳는 것이다. 그 믿음은 공로가 아닌 은혜로 받은 복을 바라보는 믿음이었다. 그는 하란('언덕', '마름')을 떠나왔다. 신앙의 정체 상태를 넘어, 더 깊은 경륜으로 나아갔다. 생명이 자라며 우리는 계속 전진할 수 있다.

아브라함의 믿음은 먼저 사랑하는 믿음이다. 그는 조카 롯을 데리고 가나안 땅으로 갔고, 친자식처럼 돌보며 약속의 길에 참여케 했다. 롯의 믿음은 약했지만, 믿음의 사람과 늘 교통하며 함께 떠났다는 점에서 롯은 칭찬받을 만하다. 결국 롯과 같은 연약한 자를 통해 강력한 믿음의 여인 룻이 나오는 것처럼, 하나님의 은혜는 약함 속에서도 생명의 계보를 이어가신다.

아브라함은 가나안 땅에 도착하여 세겜의 모레 상수리나무 아래에서 지냈다. 세겜은 능력을 뜻하며 모레는 교사를 의미한다. 상수리나무는 큰 믿음이다. 이는 그가 능력을 의존하는 신앙을 가지며 배우는 믿음이었음을 알려 준다. 그의 여정은 단순한 유랑이 아니라 하나님의 섭리 안에 있으며, 그가 밟은 곳은 후에 이스라엘의 땅이 되었다. 세겜과 벧엘 같은 땅은 믿음이 하나님의 능력과 말씀 안에서 깊은 뿌리를 내려감을 보여주는 것이다.

"그때 가나안 사람이 그 땅에 거주하였더라"(창12:6)는 말씀은, 아브라함에게 정복의 약속이 온전히 성취되지 않은 상황 속에서도 하나님을 신뢰하고 사는 것을 보여 준다. 아브라함의 장막은 벧엘과 아이 사이로 내려왔다. 벧엘은 "하나님의 집", 아이는 "잿더미"를 뜻한다. 이는 우리 신자가 영적으로 하늘의 장막과 세상의 잿더미 사이에 놓여 있음을 의미한다. 생명의 교회 없이 사는 신자는 넘어지기 쉽다. 그러나 우리는 교회 생활이 필수이며 세상이 그리스도 안에서 잿더미인 것을 깨닫는다. 아브라함의 믿음은 장막을 중요시하는 믿음이었다. 그의 장막은 바벨탑처럼 거대한 구조물이 아니었지만, 하나님과 교제하는 고귀한 처소였다. 오늘날 우리의 가정과 일터, 교회도 주 예수의 이름을 부를 때 생명의 장막이 된다. 그리스도는 우리의 장막이시며, 그 안에 거하는 자는 그리스도와 교회, 그리고 생명의 성장을 경험하게 된다.

아브라함은 여호와의 이름을 부르고, 제단을 쌓는 믿음을 가졌다. 이는 구속과 헌신을 의미한다. 주 예수님의 십자가와 피의 공로를 예배하는 것을 말한다. 주의 피는 우리를 영원히 정죄하지 않으며, 영원한 속죄와 구원을 이루셨다. 우리는 그리스도 안에서 영원한 사면, 용서, 생명을 받아 하늘 시민이 되었다. 아무 자격도 없는 우리가 이 은혜를 누리고 있다는 사실은 참으로 놀랍고 감사한 일이다. 우리 역시 날마다 그리스도를 취하여, 자신을 십자가 제단 위에 올려드리는 믿음의 삶을 살아간다. 주 예수님은 우리 안에 믿음이요, 축복이요, 생명이시다. 할렐루야!

오 주 예수님, 은혜와 사랑에 감사합니다
창12장 전체의 믿음을 허락하소서 믿음으로 살게 하시고, 축복을 믿게 하시고, 우리 자신은 늘 제단에 있게 하소서 감정에 속지 않게 하시고, 그리스도를 날마다 신뢰하게 하소서 오 주 예수여, 주 예수여, 주 예수여

"생명의 회복"

"그 땅에 기근이 있으므로 아브람이 애굽에 우거하려 하여 그리로 내려갔으니, 이는 그 땅에 기근이 심하였음이라"(창12:10)

"여호와께서 아브람의 아내 사래의 연고로 바로와 그 집에 큰 재앙을 내리신지라"(창12:17)

"계집종에게서는 육체를 따라 났고, 자유하는 여자에게서는 약속으로 말미암았느니라. 이것은 비유니, 이 여자들은 두 언약이라"(갈4:23-24)

창12장의 후반부, 아브람이 기근을 피해 애굽으로 내려간 이야기는 단순한 역사적 사건을 넘어, 하나님의 사랑과 그리스도의 구원을 드러내는 계시이다. 갈라디아서 4장에서 바울은 아브라함의 두 아내—사라와 하갈—을 두 언약의 비유로 설명하며, 구약을 해석하는 중요한 신학적 틀을 제시한다. 바울이 말한 "비유"(ἄλλος + ἀγορά) 용어는 구약의 표면적 의미와 숨은 의미가 병행되어 있음을 뜻한다. 다시 말해, 사라와 하갈은 각각 은혜의 언약과 율법의 언약을 상징한다. 아브라함이 가나안 땅에 순종하여 들어온 직후 마주한 첫 시험은 바로 기근이었다. 이는 십자가의 영으로 살고, 주의 이름을 부르며, 제단을 쌓고, 그리스도 안에 거하는 신자라 할지라도 핍절한 시험은 다가온다는 사실을 보여 준다. 아브라함은 믿음으로 가나안에 들어왔지만, 기근을 이기지 못하고 애굽으로 내려가 세상의 방식으로 문제를 해결하려 했다. 그 과정에서 그는 아내 사라를 '누이'라 하여, 결과적으로 은혜를 바로에게 넘겨주게 된다.

그러나 하나님은 사라를 보호하시고 바로의 집에 재앙을 내리시고, 사라를 다시 아브라함에게 돌려주셨다. 이는 하나님의 사랑이 선택한 자에게 계속 역사함을 보여 준다. 그리스도 안에 살며, 제단을 쌓고, 주님의 이름을 부르는 삶 가운데서도, 예기치 못한 시련은 찾아온다. 기근 속에서 인간적인 방법으로 문제를 해결하려 할 때, 우리는 가장 중요한 것, 곧 은혜이신 그리스도를 놓치기 쉽다. 사라는 단순히 아브라함의 아내가 아니라, 함께 있는 은혜의 상징이다. 사라를 잃는다는 것은 은혜를 소홀히 여기고 세상의 풍요를 더 바라보는 우리의 신앙 상태를 보여 준다. 설령 우리가 사라를 잃고, 세상의 바로 앞에 무력하게 서 있을지라도, 하나님은 우리를 본래 자리로 회복시키신다. 아브라함은 애굽에서 아무 힘이 없었지만, 바로보다 더 큰 권세의 하나님이 그의 편이었다.

주님은 우리 편이시고, 은혜는 결코 잃어버릴 수 없는 주님의 선물이다. 바로가 아무리 강해 보일지라도, 하나님이 은혜 베푸시는 자가 진정 강한 자이다. 기근이 왔다고 세상을 향해 내려가지 말고, 또 내려가더라도 절망하지 말고 은혜를 붙들자. 주님은 은혜를 회복시키시며 회복된 은혜는 늘 나를 복구하고 생명의 길로 인도하신다. 이것이 하나님의 사랑이다! 그리스도 안에 있는 자는 시련 속에서도 보호받고, 기근 가운데서도 회복된다. 우리는 연약하나, 주님의 은혜는 강하다. 기근도, 애굽도, 바로도 우리를 삼킬 수 없다. 왜냐하면 하나님은 생명의 주이시며, 은혜로 우리를 지키시는 분이기 때문이다.

생명이신 그리스도는 우리 존재의 본질이다. 이 그리스도는 내게 거저 주어지는 은혜로 오신다. 생애와 십자가와 죽음과 부활과 승천의 모든 역사와 공로가 내게 주어진 것이 바로 은혜이다. 은혜는 선물을 말한다. 구원은 선물이고, 거저 주어졌고, 주님은 늘 인자함으로 날 대하시고 내 편이 되어주시며 날 정죄치 않으신다.

오 주 예수님, 기근이 와도 애굽에 가지 않게 하소서 애굽을 부러워 말게 하소서 당신이 주신 은혜를 누이처럼 대하지 않고, 아내로서 늘 함께 있게 하소서 은혜이신 그리스도를 더 사모하게 하소서

창세기 13장의 그리스도

"생명의 분리"

창13:7 "아브람의 가축의 목자와 롯의 가축의 목자가 서로 다투고, 또 가나안 사람과 브리스 사람도 그 땅에 거하였더라"

아브라함은 시험을 통과한 후, 다시 벧엘과 아이 사이, 곧 원래의 자리로 돌아왔다. 그러나 그는 단지 돌아온 것이 아니라, 그리스도로 풍성해진 사람이 되어 돌아왔다. 이제 그는 다시 골고다의 영으로 살아가며 여호와의 이름을 부른다. 기근 속에서 그는 살아계신 하나님, 회복하시는 하나님을 깊이 체험하였다. 그 결과, 또 다른 기근이나 상실이 와도 그는 더 이상 흔들리지 않는다. 그는 주님을 더욱 누리며, 반드시 주님께서 먹이신다는 사실을 믿는다. 이는 그리스도께서 친히 맹세하신 약속이기 때문이다.

우리가 생명의 그리스도를 인격적으로 만나면, 말로 다 표현할 수 없는 기쁨을 날마다 체험하게 된다. 하지만 동시에, 특히 생명의 성장 초기에는 내적인 갈등과 다툼도 시작된다. 이전의 관념, 사상, 습관, 종교적 체험들이 새 생명과 충돌하기 시작하는 것이다. 롯과 같은 옛 믿음의 요소들은 새로운 생명과 함께 영원히 머무를 수 없다. 때가 되면 떠나야만 생명이 더욱 충만하게 흐를 수 있다. 예수님의 생명은 옛 누룩과 계속 공존하지 않는다.

참된 양식이신 그리스도를 먹고 마시는 삶에서 오래된 신앙 습관이나 지나간 감동은 더 이상 기능하지 않는다. 그것은 이미 효력을 다한 것들이다.

"형제들아, 나는 아직 내가 잡은 줄로 여기지 아니하고, 오직 한 일, 즉 뒤에 있는 것은 잊어버리고 앞에 있는 것을 잡으려고… 그리스도 예수 안에서 따라가노라"(빌3:13-14)

바울이 말한 '뒤에 있는 것'은 단지 과거의 아픔이나 실패만이 아니다. 때로는 과거의 '좋은 것들', '신앙적 습관들'조차도 포함된다. 생명 안에 있으면, 우리는 매일 영 안의 삶을 추구하게 되며, 자연스럽게 과거의 종교적 신앙을 정리하게 된다. 나 역시 모태신앙처럼 자라며 오랫동안 신앙의 보호 아래 있었다. 아브라함 곁에 함께했던 롯처럼, 내 삶의 초기 신앙 여정에도 많은 도움을 받은 시절이 있었다. 그러나 이제 생명만이 답이다.

이전 체험을 자랑삼아 신앙의 연륜이라 여기던 나는 부끄러울 뿐이다. 과거에 아무리 많은 체험이 있어도, 지금 현재 살아계신 그리스도의 생명과는 비교할 수 없다. 신앙은 교리를 아는 것, 예배에 출석하는 습관, 옛 감동을 간직하는 것이 아니다. 신앙은 살아계신 그리스도를 매 순간 누리는 삶이다. 그리스도의 생명은 우리를 날마다 새롭게 하며, 언제나 새것을 주시는 생명이다. 놀라운 사실은, 이 생명이 우리 안에서 역사할 때 '롯'과 같은 신앙은 떠나가지만, 후에는 '룻'과 같은 신앙으로 새롭게 돌려받게 된다는 점이다. 과거의 의존적 신앙이 생명의 역사로 재창조되어, 새로운 헌신과 은혜의 통로가 되는 것이다.

창13:9 "네 앞에 온 땅이 있지 아니하냐. 나를 떠나라. 네가 좌하면 나는 우하고, 네가 우하면 나는 좌하리라."

아브라함은 조카 롯에게 분명히 말한다. "나를 떠나라." 이제 나도 내 안에 있는 '롯'에게 명한다. 내 옛 체험들아, 내 신앙의 잔재들아, 이제 나에게서 떠나라. 너희는 내 상속자가 아니다. 아브라함의 하나님은 유프라테스 강을 건넌 자의 하나님이시며, 아브라함은 믿음으로 그 강을 건넌 사람이다. 그는 체험 이전에 먼저 믿음을 가진 사람이었다. 그리고 이제, 하나님의 은혜로 나 또한 그 아브라함처럼 되었다. 타인이 좌하든 우하든 상관없다. 나는 그리스도 안에서 풍성히 맹세되어 있고, 심지어 악도 선으로 바꾸시는 주님이 내 안에 계시기 때문이다.

일상에서 우리는 종종 타인이 먼저 나서서 좋은 것을 차지하는 일을 겪는다. 나는 어쩔 수 없이 남겨진 몫을 선택해야 할 때가 있다. 그러나 괜찮다. 내게는 참된 재물이 있고, 참된 땅이 있으며, 나는 참으로 하늘의 부자이다. 모든 것을 아시는 주님께서 나를 위한 더 좋은 몫을 남겨 두셨기 때문이다.

창13:10 "이에 롯이 눈을 들어 요단 들을 바라본즉…"

창13:14 "여호와께서 아브람에게 이르시되, 너는 눈을 들어… 동서남북을 바라보라."

롯은 자기 뜻대로 눈을 들었고, 아브라함은 하나님의 말씀에 순종하여 눈을 들었다. 생명의 사람은 먼저 나서지 않는다. 늘 주님과 교통하며, 주님께 듣고, 말하고, 고백하고, 때로는 조르고, 때로는 포기한다. 내가 먼저 계획하지 않게 된 것, 이것이 얼마나 감사한 일인가.

창13:18 "이에 아브람이 장막을 옮겨 헤브론에 있는 마므레 상수리 수풀에 이르러 거하며, 거기서 여호와를 위하여 단을 쌓았더라."

교통의 신앙은 단순한 기도를 넘어서 제단을 쌓는 삶이다. 제단은 곧 십자가를 의미한다. 제단을 '쌓는다'는 것은 단지 예배를 드리는 것이 아니라, 십자가의 역사와 효능을 내 삶에 적용하는 일이다. 즉, 나는 제물이신 그리스도와 연합하여 나뉘고, 갈라지고, 죽고, 드려진다. 교통의 목적은 그리스도의 성품과 생명에 참여하는 것이다. 이 과정에서 내 자아는 주님의 영에 의해 제해지고, 그리스도로 대치되며, 내 안의 가장 자랑하고 싶었던 부분도 이제 주님께 드려진다. 이것이 진정한 예배요, 제단을 쌓는 삶이다.

예배란 살아 계신 그리스도를 누리고, 먹고, 마시는 삶이다. 참 하나님이시며 참 인간이신 그리스도로 온전히 대치되는 것, 이보다 더 큰 기쁨이 어디 있으랴. 나는 이제 '헤브론'—곧 교통의 자리—에 거하며, 주님의 통치를 받는다. 제단을 쌓는 삶은 그리스도의 영원한 제사와 속죄를 통해 주어진 축복들을 누리는 것이다. 곧 영원한 용서, 영원한 수용, 영원한 사면, 영원한 화목, 영원한 구속, 영원한 구원, 영원한 생명을 받은 삶이다.

주 예수께서 십자가에서 이루신 이 모든 것이 내게 거저 주어진 선물이다. 이제 나는 영원히 정죄받지 않는다. 십자가는 단순히 과거의 사건이 아니라, 지금 이 순간도 내 옛사람을 끝내고, 골고다의 영으로 살게 하는 '영원한 현재(Eternal Present)'의 사건이 역사하는 순간이다. 주 예수의 십자가를 생각만 해도 단순한 감정 이상의 감격이 밀려온다. 영원한 용서와 영원한 생명을 받았다는 사실에, 우리 심장은 소리치며 뛴다. 이것이 바로 제단을 쌓는 삶이다. '제단을 쌓는 것', 즉 십자가의 효능을 내 삶에 적용하는 것은 창세기의 각 장마다 더욱 전진된 방식으로 계시된다. 우리는 말씀 안에서 그리스도를 더욱 깊이 누릴수록, 이 제단의 의미도 더 풍성하고 뚜렷하게 보게 될 것이다.

내 사모하는 주 예수님, 저의 영을 더욱 강건하게 하소서 주님의 선택을 알게 하시고, 저의 영이 더욱 민감하여 주님의 뜻을 느끼게 하소서 평강 안에서 걷게 하소서 어디에 있든 늘 제단을 쌓게 하소서 십자가의 역사 앞에 감격하게 하시고, 내 자신은 더욱 갈라지게 하시고, 주님께 태워지게 하소서 오, 주 예수여 아멘

“생명의 시각”

창13:10 “이에 롯이 눈을 들어 요단 들을 바라본즉 소알까지 온 땅에 물
이 넉넉하니 여호와께서 소돔과 고모라를 멸하시기 전이었으므로 여호
와의 동산 같고 애굽 땅과 같았더라”
13:11 “그러므로 롯이 요단 온 들을 택하고 동으로 옮기니 그들이 서로
떠난지라”

창13장은 우리 신앙의 한 단계 더 전진이다. 조카 롯과의 이별로 인해서다. 아브라함이 조카 롯을 돌본 것은 긍휼이었지만 때가 되면 나가야 했다. 그들의 소유가 많아 가나안 땅에 함께 거할 수 없기 때문이다. 영적으로 창13장은 우리에게 조카 롯과 같은 옛 관습적 믿음이 때가 되면 나가야 함을 보여 준다. “조카” 롯은 아브라함에게 인척의 믿음을 말한다. 습관적 믿음의 끝을 보여 준다. 이전의 모든 영적 체험과 과거 신앙은 나에게 늘 “조카”일 뿐이다.

많은 이는 신앙을 과거 사건의 추억에 근거해서 유지하려 한다. 전에 은사 받은 것, 치유 경험한 것, 모태신앙, 과거 영적 체험, 심지어 수십 년 전 수련회에서 은혜 받은 것을 지금까지의 신앙의 근거로 삼는다. 신앙이란 과거 내 영적 경험의 추억에서 비롯된 믿음이 아니다. 이전 믿음은 다 나가야 한다. 나는 매일 순간순간 그리스도의 은혜를 새롭게 받는다. 어제의 만나로 살지 않는다. 신앙이란 우리 안에 생명으로 오신 그리스도를 날마다 교통하고 체험하고 이분에 의해 사는 것이다. 믿음도 그러므로 언제나 “영원한 현재”이다.

신자가 옛적 체험들에 기대고 자랑하며 그런 것들을 지금 신앙의 근거로 삼는 것이 바로 조카 롯을 데리고 있는 것이다. 롯의 신앙, 즉 습관적 믿음, 물려준 믿음, 형식적 믿음은 모두 내게서 떠나야 한다. 나는 심지어 어제의

영적 체험도 별로 기대지 않는다. 오늘 주님이 새 생명 안에서 또 체험케 하시고, 날마다 새 만나와 새 체험과 새 말씀과 새 믿음을 주시기 때문이다. 누가 어제 먹은 밥을 오늘의 밥으로 간주하겠는가. 그리스도는 날마다 순간순간 체험된다.

롯의 신앙, 즉 날마다 생명 안에 체험되는 그리스도를 모르고 옛날 관습적 믿음으로 살면, 결국 그 끝은 '소돔의 신앙'이 된다. 세상을 좋아하여 그곳으로 가는 믿음이다. 성경에 나오는 인물들은 많은 경우 그런 신자들의 교회들을 예표한다. 롯이 살았던 소돔도 마찬가지이다. 롯이 다닌 교회는 "소돔 교회"였다. 그의 믿음은 소돔 사람을 바꾸지도 못하고, 오히려 거꾸로 영향 받았다. 그의 아내와 자녀들은 세상에 지고 살았다. 성경은 영적 간음을 늘 경계한다. 세상을 좋아하는 것이 바로 진짜 음녀이다. 신랑이신 그리스도 말고 세상에 마음을 두는 것이 바로 간음이다. 이런 자들을 간음하는 자들이라 부른다.

늘 세상을 부러워하고 세상에서 잘되기를 바라는 믿음을 참 믿음으로 착각하고 사는 것이 롯의 신앙이요, 소돔 교회이다. 그에게 소돔과 그 주변 땅은 늘 두 마음으로 보인다. 하나는 "에덴 동산"처럼 믿음의 땅처럼 보이고, 하나는 "애굽"처럼 세상적인 땅으로 보인다. 늘 두 마음을 품은 사람이다.

약4:8 "죄인들아… 두 마음을 품은 자들아, 마음을 성결케 하라."

롯은 약속의 땅 중심에서 멀어져 갔다. 약속의 땅은 모든 것을 포함한 풍성한 그리스도이다. 롯은 자신에게 속한 것들을 자랑하고 아브라함을 떠났다. 이런 상태의 믿음은 늘 비극을 낳는다. 우리는 소돔의 운명이 추후 멸망인 것을 안다. 물론 롯도 구원받은 신자이다. 의인이고 믿음이 있다. 그러나 세상을 가까이한 믿음으로 연약한 그리스도인이 되었다. 창14장 이후 그는 세상의 왕들에게 포로로 잡히기도 하고, 소돔 성문에 있었기에 세상에서 큰 자가 되었다. 그러나 그리스도 안에서는 작은 자였다. 세상 풍조에 밀리고 딸들에게서 자녀를 낳는 수치스러운 인물이 되었다. 이는 물려받은 모태신앙이나 어린 시절 집회에서 체험한 것이 최고인 줄 알고 추억의 믿음으로 사는 젖먹이 신자들과 같다. 이런 믿음은 세상을 향하게 되어 있다.

진실로 그리스도는 늘 순간순간 체험된다. 날마다 새 은혜를 새 생명 가운데서 체험케 하신다. 주님의 말씀과 만남은 늘 나를 기쁘게 하고, 날마다 나는 그리스도의 영으로 적셔진다. 나는 어제의 믿음으로 결코 살지 않는다. 어제 나는 어제 죽었다. 매일 새로 태어나 새로운 그리스도를 누린다.

창13:14 "롯이 아브람을 떠난 후에 여호와께서 아브람에게 이르시되 너는 눈을 들어 너 있는 곳에서 동서남북을 바라보라"

13:15 "보이는 땅을 내가 너와 네 자손에게 주리니 영원히 이르리라"

조카 롯과 같은 신앙의 결별이 있으면 주님은 우리에게 땅이신 그리스도와 씨(자손)이신 그리스도를 맹세해 주신다. 전자는 "그리스도 안"이고, 후자는 "내 안의 그리스도"이다. 씨로서의 그리스도는 내 안에 오셔서 나의 새 생명이 되셨고, 땅이신 그리스도는 나를 당신 안에 놓으시고 그분을 모든 것으로 실제로 누리게 하신다. 그리스도가 나의 유일한 참 기업(땅)이시다. 롯은 스스로 눈을 들어 땅을 택했고 아브라함을 하나님께서 눈을 들어 사방을 보라고 하셨다. 우리는 주님이 반드시 보여주실 것이다. 그리고 우리가 택한 이상으로 풍성한 약속을 주실 것이다. 창13장을 통해 그리스도를 종과 횡으로 누리기 원한다. 그 측량할 수 없는 풍성의 넓이와 길이를 본다.

아브라함은 헤브론으로 전진하였다. 그 마을 뜻은 "교통"이다. 이제 아브라함은 벧엘과 아이 사이에서 머물지 않는다. 헤브론에서 말씀("마므레")을 배운다. 롯이 나갔고 이제 그는 늘 그리스도와 교통 가운데 위로를 받고 있다. 상수리나무 같은 단단한 믿음의 소유자가 된다.

오 주 예수여 우리는 옛 관습적 믿음을 이미 거절하였나이다 저는 주님을 늘 새롭게 만나고 새롭게 누리기 원하나이다 주님의 풍성을 날마다 체험케 하소서 생명을 매일 풍성히 더 주소서 오 주 예수여, 아멘

“생명의 전쟁”

창14:1 “당시에 시날 왕 아므라벨과 엘라살 왕 아리옥과 엘람 왕 그돌라오멜과 고임 왕 디달이 소돔 왕 베라와 고모라 왕 비르사와 아드마 왕 시납과 스보임 왕 세메벨과 벨라 곧 소알 왕과 싸우니라”

창14장은 아브라함의 믿음의 새로운 전진이다. 아브라함의 믿음이 곧 우리의 믿음이기에 하나님께서는 우리가 창14장의 믿음을 체험하기를 원하신다. 창14장에는 두 개의 세계대전이 나온다. 1차 대전은 북쪽 네 왕과 남쪽 다섯 왕의 전투이다. 창14장은 북쪽의 네 왕들 시날 왕 엘라살 왕 엘람 왕 고임 왕이(1절) 남쪽의 다섯 왕 소돔 왕 고모라 왕 아드마 왕 스보임 왕 벨라 왕과의 전쟁(2절)으로 시작된다. 이 전쟁은 북쪽 네 왕이 이겼다.

제2차 대전은 북쪽 네 왕과 아브라함의 대결이다. 이 전쟁에서는 아브라함이 승리했다. 기록상으로는 북쪽의 네 왕이 남쪽의 다섯 왕과 싸웠다고 했지만 사실 4천년 전의 고대 근동 정세에 있어서 북쪽 왕들의 군사력은 남쪽 왕들과는 비교도 할 수 없을 정도의 강대국이었기에 그 결과는 북쪽의 승리로 끝날 수밖에 없었다. 특히 북쪽의 네 왕들 중 엘람 왕 그돌라오멜이 가장 강력한 군사력을 행사하고 있어서 모두 그돌라오멜을 섬겼다(4절)고 기록되어 있다. 그러던 중 남쪽 다섯 왕들이 반역을 일으키고 이들을 진압하기 위해 북쪽 연합군이 남쪽 소돔과 고모라 지역에 있는 왕들과 전쟁을 벌여 승리하였고 그 전쟁 가운데 소돔에 살고 있던 아브라함의 조카 롯이 붙잡혀 가는 이야기가 14장 전반부에 전개된 것이다. 우리의 믿음은 국가 차원의 어떤 큰 변고나 일에까지도 적용되는 것임을 하나님은 말씀하고 계신다.

북쪽의 네 왕은 시날, 바벨론 즉 오늘날의 메소포타미아 지역을 중심으로 강력한 군사력과 기술을 가지고 있는 나라들이었으니 남쪽 다섯 왕을 이기는 것은 너무나도 당연한 일이었다. 이렇듯이 세상의 전쟁은 세상의 원리가 작용한다는 것을 보여 준다. 힘 있는 사람이 이기고 강력한 자가 승리를 거둔다. 그런데 하나님께서 이 세상에 담아 두신 이러한 원리 외에 믿는 자들에게 적용되는 별개의 원리가 작용하고 있다고 말씀하신다. 아브라함이 이 북쪽의 왕들과 전쟁을 벌이고 이기는 것을 통해 하나님은 우리 믿는 자의 전쟁 원리는 다르다는 것을 알리신다. 아브라함이 전쟁을 벌인 북쪽 왕들의 이름을 보면 그 어원상 결코 좋은 뜻의 이름들이 아니다. 시날은 '폭력'이요 아므라벨 왕은 '우상'이라는 뜻이니 폭력 왕국에 우상 왕이 있는 것이다. 그 폭력 왕국은 원리가 폭력과 압제, 독재, 탄압인 곳이요 그 왕국의 지도자는 자신을 우상화 시키는 곳을 말하니 우리 인류 역사의 많은 나라들이 폭력으로 정권을 탈취하고 유지하며 국민들을 압제하고 독재자를 우상화하는 일상적인 순환이 계속되고 반복되었던 것을 말한다.

엘라살 왕 아리옥은 무엇인가? 엘라살은 반역한다는 뜻이라 그 국가 내에서는 국민은 국가와 정부에 반역을 하고 정부 안에서도 반역이 있고 심지어는 하나님께 반역하는 등 계속되는 반역이 있다는 것이요 아리옥은 '맹수'라는 뜻이니 지도자의 사나움과 표독스러움이 어떠하겠는가를 말하고 있다. 북쪽은 고대 강력한 국가들이었기에 남쪽 가나안 소국들이 맞서는 것은 애초 무리였다. 세상은 힘 있는 사람이 이기는 곳임을 보여 준다. 북쪽이 그렇게 강력한 나라들이지만 결국 아브라함이 승리한다. 하나님의 원리는 세상 원리와 별개로서 믿음의 승리이다. 이와 같이 14장은 나라들의 명칭과 왕들의 이름을 통하여 세상과 죄악의 특징들을 보여주고 있다.

본문을 보면 선한 쪽과 악한 쪽이 전쟁을 하는 것이 아니다. 하나님의 눈으로 보면 믿지 않는 악한 집단들이 자신의 국가의 이득을 위해 서로 전쟁을 벌인 것이다. 북쪽의 네 왕은 세상의 충만을 가리키고 남쪽에 있는 소돔과 고모라의 다섯 왕은 오감이 충만한 우리들의 존재가 거처하는 육체적 환경을 말하며 탐욕과 죄악, 악독함을 가진 우리 자신의 본성을 가리키는 것이다. 어떤 때는 내 존재가 세상에 조공을 바치며 세상과 한 짝이 되어 평안하게 살기도 하지만 어떤 면에 있어서는 세상과 전쟁을 벌이기도 한다. 우리와 재물이 전쟁을 벌이기도 하고 때로는 우리가 세상 권력과 전쟁을 벌이기도 한다는 말이다. 본문에서 북쪽 왕이 이겼다는 것은 영적인 측면에서 세상성에 의해 우리 존재와 우리 인생이 정복당한 것을 말한다.

소돔은 롯과 같은 내 자신이 거주하는 곳으로 나의 존재이자 나의 마음이고 나의 가정, 내가 다니는 어떠한 공동체들이기도 하다. 그러니 북쪽의 왕들이 와서 정복했다는 것은 내 인생도 내 마음도 내 가정도 일터도 심지어는 내가 나가는 공동체도 세상에 의해 정복을 당했다는 영적인 교훈을 가르쳐 주고 있는 것이다. 하나님은 본문 말씀을 통하여 4천년전 문자적으로 발발한 국가간의 거대한 전쟁들이 오늘 우리시대 국가간의 전쟁 뿐 아니라 보이지 않는 영적 나라들의 권세들간에 전쟁이 벌어지고 있다는 것을 말씀하신다. 이 속에서 우리 홀로 스스로의 힘으로는 이길 수 없는 것이고 세상 사람들도 끌려가고 소돔에 살고 있던 롯이 포로로 잡혀가듯 믿는 사람도 잡혀서 끌려감을 말한다. 세계사적으로 여러 나라들의 상황에 우리 믿음이 영향 받는 것을 나타낸다. 우리 믿음은 개인적 측면만 아니라 이제 거대한 세상에 관계된다. 모든 일에 늘 우리 믿음을 적용토록 하자.

영적으로 북쪽 4왕은 '세상'을 나타내고 남쪽 5왕은 '육신'을 가리킨다. 이는 소돔 같은 우리 육신이 세상에 종속되어 있다가 결국 처참히 끌려가는 것을 말한다. 우리 스스로 힘으로는 시날 땅의 세상 풍조를 이길 수 없다. 롯의 육신도 끌려가고 그의 관습적 믿음도 오히려 끌려가게 된다. '4'는 세상을 뜻하고 '5'는 소돔에서 우리 본성이다. 네 나라 이름들은 세상 본성이고 왕들 이름은 세상 풍조이다. 다섯 나라 이름들은 육신의 기질들이다.

1) 북쪽 4 왕

시날('폭력') 왕: 아므라벨("우상")

엘라살('배역') 왕: 아리옥("맹수")

엘람('미신') 왕: 그돌라오멜("쭉정이 더미")

고임('군중') 왕: 디달("두려움")

세상은 폭력과 배신과 미신과 군집으로 가득하고 우상과 야수와 공허와 공포가 가득한 곳이라는 말이다. 이것이 엄습해 오는 것이다. 네 나라의 총 대장은 그돌라오멜이다. 그 뜻처럼 세상은 결국 쭉정이 더미이다. 우리 인생은 영원한 생명이 없다면 안개와 같은 것이다.

2) 남쪽 5 왕

소돔("불탐")왕 베라("죄악")

고모라("냉담")왕 비르사("악독")

아드마("적토")왕 시납("본성")

스보임("짐승")왕 세메벨("교만")

벨라("삼킴") 곧 소알("허무")의 무명 왕

우리 육신은 탐욕과 냉담과 이 땅과 짐승과 집착에 매몰되어 있으며 그 가운데 하나님을 불신하는 죄악과 이웃에 악독과 어그러진 본성과 높아지는 교만과 엄습하는 허무가 깃든 몸이다. 소알 왕의 이름은 나오지도 않는다. 즉 늘 바뀌는 주인을 뜻한다. 우리 육신도 명예가 왕하고 권력이 왕하고 재물이 왕 노릇한다. 그리스도가 오기까지 늘 바뀐다. 소돔 왕 베라가 엘람 왕 그돌라오멜을 이기려고 해도 실패하듯 육신 스스로 지식과 종교로 세상을 이길 수 없다. 오히려 육신은 철저히 세상에 포로로 잡혀간다. 폭력으로부터 구출 받아도 공허로부터 스스로 구출될 수 없다. 심지어 하나님의 거룩한 율법을 알아도 스스로 세상을 이길 수 없다.

그러나 여기 복음이 있다. 우리에게 아브라함과 같이 이긴 자 그리스도가 계신다. 세상은 그리스도의 십자가로 이기는 것이며 우리가 이기는 것이 아니라 그리스도가 이기는 것이며 우리는 이미 이기신 그리스도를 소유하고 있다. 우리는 그리스도와 함께 죽었고 옛 세상도 종결되었다. 우리가 어느 세상이나 어떤 육신에서도 주 예수 이름을 찬송하고 부르면 그곳이 바로 승리의 장소이다.

창14:3 "이들이 다 싯딤("조각목") 골짜기 곧 지금의 염해에 모였더라"

우리 환경이 싯딤 골짜기이다. 조각목이 있는 낮은 언덕이다. 볼품 없는 광야의 나무 조각목은 인간의 상징이다. 그리스도가 이런 조각목이 되셨다 이 나무는 성막과 성전의 재료로 사용된다. 언약궤는 조각목에 금을 씌운 것이다. 현재 우리 환경이 낮은 골짜기이고 거기 볼품 없는 싯딤처럼 서있어도 거기 그리스도가 우리와 같은 처지로 직접 오셨다. 그분은 파괴되지 않는 무궁한 생명으로 롯처럼 끌려간 우리를 아브라함 되게 하시려 건지신다.

우리는 그리스도의 생명을 갖고 있으며 우주적 성전을 위한 조각목 재료로 사용되고 있다. 얼마나 영광스러운가! 스스로 세상을 이길 수 없고 육체도 처리할 수 없다. 매일 우리 자신에 얼마나 깊게 4왕과 5왕의 모습이 있는지 돌이키며 주 예수께서 일하실 것을 기대하고 기도하자. 주 예수님은 나의 승리이시며 나의 생명이시다. 할렐루야!

오 주 예수님 우리를 긍휼히 여기시고 싯딤 골짜기까지 와주셔서 감사합니다 당신의 승리를 누립니다 우리를 온전하고 철저히 구원하소서 참 아브라함이 되어 주셔서 감사합니다 우리 자신으로 지는 전쟁을 그리스도 안에서 이기게 하시고 그리스도 믿음으로 행하게 하소서 우리 안에 주 예수님의 사랑과 성품을 가득 주시고 이 세상 안에 하나님의 왕국이 더욱 자라나게 하소서 당신을 찬송합니다 오 주 예수여 주 예수여 주 예수여

“생명의 점령”

창14:5 “제십사년에 그돌라오멜과 그와 함께 한 왕들이 나와서 아스드롯 가르나임에서 르바(‘거인’) 족속을, 함에서 수스 족속을, 사웨 기랴다임에서 엠 족속을 치고”

창14:6 “호리 족속을 그 산 세일에서 쳐서 광야 근방 엘바란의 큰 나무들까지 이르렀으며”

북쪽 나라들 총 대장 그돌라오멜은 가나안과 인근 전역을 정복하여 자신의 이름처럼 “쭉정이 더미”로 만들었다. 북쪽 네 나라는 세상을 나타내고 남쪽 다섯 나라는 오감을 가진 우리 육신을 상징하는데, 우리 육신이 세상에 완전히 매이게 되는 과정이 드러난다. 그돌라오멜은 사탄을 나타내고 소돔은 옛사람이며 사탄의 지배 아래 놓인 것을 보여 준다. 우리는 세상 안에 태어나 세상을 정복하려고 하다가 그리스도 없이 세상의 종이 되고 세상의 포로가 된다.

가나안 전역은 인간 문화 전역이다. 먼저 아스드롯(“별”) 가르나임(“뿔”)이 정복을 당하는데 별신을 섬기는 세상에서 뛰어난 이들이다. 이들은 우상을 섬기며 동시에 성공한 르바(“거인”)들이다. 이들이 가장 먼저 사탄의 손에 놓인다. 엘바란(“광야”)의 종교적 거인(“큰 나무”)들도 결국에는 그돌라오멜에 진다. 인간이 만든 종교도 교주도 사탄의 손에 넘겨진다. 그돌라오멜은 각 지역을 토막 내었다. 이런 잔인한 상황에 인간이 놓였다. 북쪽과 중부가 점령당하고(5절), 동쪽이 복속되고(6절), 남부까지 장악당한다. 한마디로 그돌라오멜의 세상이 된 것이다. 그리스도가 믿음을 통해 구출하지 않으면 어떤 인간도 아무리 지식과 종교가 높아도 그돌라오멜에 패배한다.

창14:7 “그들이 돌이켜 엔미스밧 곧 가데스에 이르러 아말렉(향락) 족속의 온 땅과 하사손다말에 사는 아모리(수군) 족속을 친지라"

그돌라오멜이 남부 광야를 정복한 구절이다. '아말렉' 족 즉 육체적 본성도 사탄에 포로가 되고, '아모리'라는 수군거리는 우리 입도 악에 이용되며, 세일이라는 높은 지위도 세상의 노예가 된다. 전역이 점령되었다. "곧 모든 불의, 추악, 탐욕, 악의가 가득한 자요 시기, 살인, 분쟁, 사기, 악독이 가득한 자요 수군수군하는 자요"(롬1:29).

저 북쪽 아스드롯 가르나임에서 최남단 광야 엔-미스밧도 정복당했다. '엔'은 "샘"이고 '미스밧'은 "판결" 뜻이므로 "판결의 샘"이란 장소이다. 엔-미스밧은 하나님이 이스라엘을 판결하신 곳이다. 또한 이 우물에서 주요 판결을 내리는 고대 재판소가 있었다. 이곳도 그돌라오멜의 정복지가 되었다. 이는 사탄이 인간의 판단까지 타락시킨 것을 가리킨다. 세상의 법과 판단도 굽었다. 법 자체도 타락하였다. 하나님의 판단도 굽게 한다. 의롭다 하신 것을 죄라고 굽게 하고 죄라고 하신 것을 의롭다고 우기게 된다. 아모리가 사는 하사손-다말("종려나무의 절단")도 장악되었다. 인간 입으로 얼마나 많은 종려나무 열매를 죽이고 있는가! 과일로 풍성한 곳이 이제 그돌라오멜의 도시가 되었다. 세상의 음식, 지식조차도 속박받게 되었다. "기록된 바 의인은 없나니 하나도 없으며 깨닫는 자도 없고 하나님을 찾는 자도 없고 다 치우쳐 함께 무익하게 되고 선을 행하는 자는 없나니 하나도 없도다"(롬3:10-12)

창14:10 "싯딤에는 역청구덩이가 많은지라"

조각목은 성막에 쓰이지만 광야에 자랄 때 많은 시련에 노출된다. 우리 인생이다. 거기 역청구덩이가 많다. 바벨탑을 만든 역청(카마르)이 많은 곳에 소돔 왕이 빠지는 것은 무슨 뜻인가? 죽은 짐승의 찌꺼기들이 퇴적되어 만든 검은 역청은 세상의 사망적 풍조를 말한다. 하락한 골짜기 싯딤 같은 세상에서, 소돔 왕 같은 죄인이요 롯 같은 패배자인 내가 세상 찌꺼기들이 가득한 사망의 늪에 깊이 빠졌었다.

창14:12 "소돔에 거주하는 아브람의 조카 롯도 사로잡고 그 재물까지 노략하여 갔더라"

세상의 전쟁에 포로로 잡혀간 롯의 믿음은 어떠한가? 아브라함의 믿음은 하나님의 언약과 약속을 따라가는 믿음이지만 그의 조카 롯은 하나님을 믿기는 믿지만 자기 스스로 행하고 자기 소견에 좋은 대로 행하는 관습적인 신앙생활을 하였음을 말한다. 롯이 소돔을 보며 에덴 동산 같고 애굽 같다(창13:10)고 하는 것을 보면 그가 세상에 있는 것들을 더 좋아하는 것을 알 수 있다. 에덴처럼 평화로워 보이는 소돔에 전쟁의 참혹함이 임했고 애굽처럼 강력해 보이는 소돔에 속국의 비참함이 있었다. 이것이 인간 현실이다. 이 발은 하나님께 걸쳐져 있고 저 발은 세상에 걸쳐져 있는 우리 자신의 어떠한 모습을 가리킨다. 조카 롯이 아브라함의 친척이므로 롯의 신앙은 관습적인 것을 상징한다. 즉 롯의 신앙은 성장하지 못하고 관습적이고 습관적인 신앙의 길에 있음을 말한다. 그런 신앙은 세상에 끌려가게 되어 있다.

우리 가운데 있는 관습적인 신앙이 모두 나쁜 것은 아니었다. 오랜 세월 동안 심지어는 태어나면서부터 교회 안에서 성장하고 율법 안에서 자라며 많은 수련회와 훌륭한 선생님들을 통하여 신앙의 교육을 받고 좋은 신앙의 관습들을 지니며 아름다운 믿음의 유산을 물려받는다. 그러나 우리에게는 매일 매일 새로운 그리스도가 필요하다. 매일 주님을 새로 믿어야 한다. 우리가 젊은 시절, 어렸을 때 주님께 붙들려서 주님을 신실하게 잘 믿었던 때의 그 믿음으로 현재를 사는 것이 아니라 우리에게는 날마다 새 믿음이 필요하다. 우리가 그저 습관적으로 신앙생활하고 관습적으로 살고 있으면 이 믿음은 세상에 끌려가게 되어 있음을 기억해야 한다. "나는 날마다 죽노라"(고전15:31)는 죽음의 반복이요 곧 부활의 반복이니 그리스도 안에서 매일 죽고 그리스도 안에서 매일 살아나는 사도 바울의 고백이 우리의 고백이 되어 신앙의 갱신이 날마다 넘쳐야 한다. 그러기 위해 우리는 그리스도 예수 안에서 하나님의 말씀을 통해 주님의 은혜와 영적인 생명을 날마다 새롭게 발견해야 할 것이다.

오 주 예수님 당신을 찬송합니다 우리를 구원하시고 축복하셔서 감사합니다 우리가 그돌라오멜처럼 쭉정이였으나 당신이 알곡으로 자라게 하심을 믿습니다 우리가 자력으로 정복한 모든 영역이 그리스도의 점령지가 되게 하소서 당신 안에 보존되게 하시고 이 땅을 고치시도 구하시고 정하게 하시고 만복으로 회복하여 주옵소서 하나님의 사랑이 증거되게 하시고 우리가 더 큰 믿음으로 나아가게 하소서 오 주 예수여 주 예수여 주 예수여

"생명의 도주"

창14:13 "도망한 자가 와서 히브리 사람 아브람에게 알리니 그 때에 아브람이 아모리 족속 마므레의 상수리 수풀 근처에 거주하였더라 마드레는 에스골의 형제요 또 아넬의 형제라 이들은 아브람과 동맹한 사람들이더라"

도망한 사람이 아브라함에게 와서 조카 롯이 붙들려 갔음은 알려 주자(13절) 아브라함의 전쟁이 시작된다. 아브라함이 조카 롯과 사람들을 구출해 오는 이 믿음의 전쟁이 두 번째 전쟁이다. 아브라함은 이 세상 왕들을 이긴다. 놀라운 믿음의 승리를 말씀하고 있다. 이 아브라함의 믿음은 곧 그리스도를 낳는 믿음으로 주 예수 그리스도가 믿음 안에서 우리 심령에 낳아졌음을 말한다. 우리 안에 있는 믿음은 우리를 승리하게 하는 믿음이요 세상을 이기는 믿음인 것이다. 아브라함은 믿음의 사람이기에 이는 믿음의 전쟁이요 아브라함은 하나님의 사람이기에 하나님의 전쟁이기도 하다. 우리의 전쟁은 하나님의 전쟁이니 이미 이 세상을 이긴 전쟁이다. 주 예수님 안에서 세상을 이긴 믿음을 취해야 한다. 우리가 알거니와 우리가 스스로 전쟁하면 세상의 원리에 의해 우리는 패배할 수밖에 없다. 울어도 못하고 참아도 못하고 힘써도 못한다. 그러나 믿으면 한다. 우리가 부르는 찬송에 답이 있지 않은가. 여기 복음이 있다. 이렇게 엄청난 북쪽 대군이 믿음의 사람 아브라함에게 패한다.

아브라함은 죄인들인 아모리 족에 가까이 살면서도 상수리 나무 같은 믿음으로 자라났다. 말씀의 나무가 된 것이다. 아무리 원수가 강력해도 믿는 아브라함에 패한다. 또한 아브라함에게는 그의 후손이 축복으로 창대한 민족과 새 나라를 세울 약속도 주어졌다. 아브라함이 가나안 땅 인근의 승리를 거두었다면, 그 아브라함 후손은 우주적인 승리를 거둘 것이다. 그래서 만물은 그 아브라함 후손 즉 축복과 승리를 주실 분을 기다렸고 마침내 그분이 왔다. 고로 신약은 "'아브라함의 자손' 예수 그리스도의 세계라"라고 선언하는 것이다. 주 예수님이 참 아브라함이요 아브라함 후손으로 오셔서 우리를 억압과 죄의 권세에서 자유롭게 하셨다. 바로 그 후손 그리스도께서 만인의 타락을 지시고 속박을 푸실 분으로 우리 안에 오셨다.

그리스도는 그돌라오멜과 소돔 같은 우리들의 죄를 지시고 죽으셨고, 사탄에 승리하시러 죽으셨고, 롯 같은 우리를 구출하시러 죽으셨고, 아브라함 같은 새 생명의 존재로 만드시려고 이 땅에 오셔서 죽으시고 부활하셨다. 이것이 창14장에서 보여주는 주제이다. 첫째, 세상과 사탄은 그리스도에 패하였다. 둘째, 그리스도는 그 악한 자들이 받을 죽음의 대상이 되셨고, 셋째로 악인들의 속죄제물이 되시고 넷째, 아브라함과 롯을 위한 새 언약의 제물로 쓰이기 위해 이 땅에 오셔서 죽으셨다. 그리스도 죽음의 다중 의미를 볼 수 있다. 주 예수님은 십자가로 승리하셨다. "정사와 권세를 벗어버려 밝히 드러내시고 십자가로 승리하셨느니라"(골2:15).

아브라함과 그돌라오멜의 전쟁은 그리스도의 원리로 승리하는 것을 보여준다. 창12장의 우리는 애굽에서 총체적 난국에 빠진 자가 되었으나 창14장은 두 등급 성장한 신앙을 갖추게 되어 이제 구출해 오는 자가 된다. 아무리 강력한 세력이라도 믿음의 아브라함에게는 패배하게 되어 있음을 가르쳐준다. 즉 우리도 어떤 승리를 거두는지 보여 준다. 하나님이 통치하시기에 우리 믿음이 세계적 대란도 이김을 보여 준다. 믿음이 적은 롯에게는 인간 강약 상황과 원리를 넘어선 하늘나라 승리의 원리가 있음을 알려 준다.

아브라함이 이기듯 그리스도가 이기고 우리도 이제 그리스도 안에서 이기고 구출하는 신앙이 된다. 그릇되고 혼탁한 신앙에 매몰되어 있는 자들도 우리를 통해 생명의 구출이 필요하다. 주 예수님은 우리 승리이며 생명이시다. 할렐루야!

소돔 영주권자 롯이 북방 그돌라오멜에게 포로로 잡혀가자 어떤 "도망한 자"가 아브라함에게 이 소식을 알린다. 아브라함은 아모리 사람들 중에서 믿음을 가진 자였다. 아모리는 자기 자랑의 "수다스러움"을 뜻하며 자랑을 위해 살던 상황에서 아브라함은 믿음의 상수리 나무를 가진 자였다. 아브라함이 마므레("비전")의 상수리 밑에 거했던 것은 비전을 갖고 공부하는 생활을 말한다. 고대 큰 나무는 예배와 배움의 중요한 장소이다. 아브라함은 영적 진리를 배우는 학당에 있었던 것이다. 마므레, 에스골, 아넬은 모두 아브라함 친구들이다. 그리스도인은 신실함과 지혜로 친구들을 사귄다. 아브라함은 이방의 친구들과 믿음 안에서 좋은 교제를 하고 있었다. 우리도 많은 이들을 격려하며 우리 믿음을 길러야 하고 축복해야 한다. 영적인 면에서 아브라함이 아모리인 세 친구를 두었다는 것은 세 사람 각각의 이름 뜻대로 "비전," "포도," "노래"라는 친구들인데 이는 아브라함이 학문과 직업과 문화를 아는 사람이었다는 뜻이다.

어떤 도망자가 아브라함에게 조카 롯이 잡힌 것을 알렸다. 롯에게도 아브라함에게도 정말 다행이다. 이 소식을 전해준 자가 있기 때문이다. 하나님은 사람을 통해 역사하신다. 어떤 사람이 아브라함에게 알렸는데 누구일가? 이는 '이름 없는 그리스도'를 나타내며 우리 주위 하나님에 의해 영광 없이 쓰임 받은 사람들을 나타낸다. 이는 사실 그리스도가 알리신 것과 같다. 아브라함의 인생에 그리스도는 늘 함께 계시고 나타나신다. 모든 것은 그리스도에 관련된다. 이것이 히브라이즘이다. 우리 인생에도 그리스도가 항상 일을 하신다. 그리스도는 많은 사람과 사물과 사건을 동원하여 그 "어떤 사람"으로 다가오신다. 그리스도는 이 땅에서 진실로 핍박에서 피해야 하신 분이고 모든 죄악에서 자유하신 자였다. 이 도망자는 그돌라오멜에서 멀어진 자이다. 우리는 이런 도망자이며 이런 도망자의 역할을 해야 한다. 이제 그리스도는 우리에게 자신의 도망자와 전달자의 역할을 주신다.

우리를 영광스럽게 하시기 위해 그분 자신의 사역에 참여시키신다. 아브라함은 믿음이고 '도망'은 사탄의 손에서 벗어난 것을 뜻한다. 우리는 저주와 사탄의 손아귀에서 믿음으로 벗어난 자이며 주 예수님의 믿음 안으로 도망 온 자들이다. 이제 우리 영혼은 늘 우리 믿음에게 세상과 죄악과 이단에 빠진 자들을 구출하라고 말해야 한다. 우리 믿음은 이런 소식을 듣고 구출하는 자가 되기를 소망한다. 우리는 좋은 도망자가 되고 좋은 전달자가 되고 주 예수 이름을 통해 강한 자가 되고 좋은 구출자가 된다.

창14장에는 무려 10개의 나라들이 등장한다. 엘람인, 시날인, 소돔인, 고모라인 등이다. 여기서 성경 최초로 "히브리인"이 언급된다. 아브라함은 "히브리인"으로 불린다. 그 뜻은 "강 건넌 자"이다. 많은 세상 백성과 달리 아브라함은 유브라데 강 건넌 자이다. 물론 그돌라오멜과 다른 자들도 이 강을 건넌 적이 있겠지만 그들은 약속과 믿음 아래 건넌 것이 아니었다. 그동안 아브라함의 이름이 계속 나왔지만 이 14장에서 "히브리 사람 아브람"이라는 특정 명칭으로 부른 것은 아브라함이 어떤 사람인가가 중요하기 때문이다. 우리는 창12장에서 애굽 사람이 된 아브라함을 보았는데 애굽 사람이었지만 하나님의 사람이기에 하나님께서 회복해 주신 것을 안다. 이제 14장에서 아브라함을 '히브리 사람'이라 칭한다.

창11장에 셈의 족보가 나오는데 셈의 아들 아르박삿이 셀라를 낳고 셀라가 낳은 아들이 에벨인데 이 에벨이 '에베르'로 '히브리'라는 말이고 건넜다는 것이다. 우상의 땅에서 살다가 하나님을 만나 "너는 내가 지시하는 땅으로 가라"라는 하나님의 말씀을 따라 티그리스 강을 건너고 유브라테스 강을 건너서 왔기에 히브리인은 '강 건넌 자'다. 아브라함이 진정 강을 건넌 자 즉 옛 세상을 건넌 자이다. 인생이 바뀐 자로서 믿음을 통해 새 땅을 추구하는 자이다. 우리 이름도 이제 그리스도의 십자가와 부활을 통하여 "히브리인"이다. 진정 세상을 건넜음을 믿고 이 믿음을 찬송하며 생활하자.

우상을 섬기는 세상에서 주 예수님을 믿어 예수 그리스도인 생명의 강을 건너 약속과 축복의 인생으로 건너 온 사람들이다. 그래서 모든 사람이 세상 사람일 때 13절에서 아브라함을 '히브리 사람 아브람'이라고 부른 것처럼 바로 우리가 '히브리 사람'이다. 세상 사람 모두가 쭉정이에 끌려가 포로가 되거나 소돔 사람일 때 하나님이 우리를 보시고 너는 '히브리 사람'이라고 부르시니 이 얼마나 아름다운 호칭인가. 할렐루야! 오직 주 예수 그리스도만이 참 히브리인이시요 그 분만이 우주적으로 건넌 분인데 그 분이 이 땅까지 오셔서 그분과 연합한 우리를 구출하셔서 세상으로부터 건져내어 하나님의 영역 안에 있게 하셨으니 우리는 주 예수 그리스도의 피를 통하여 이미 '히브리 사람'이 된 것이다. 우리는 그리스도와 함께 십자가에서 죽었고 함께 살아났기에 히브리인이다.

14:14 "아브람이 그 조카의 사로잡혔음을 듣고 집에서 길리고 연습한 자 삼백십팔 인을 거느리고 단까지 쫓아가서"

아브라함에게 누군가 조카 롯이 잡혀갔음을 말해 주었다. 이는 바로 주님의 역사였다. 롯 같은 나를 구하시려 아브라함처럼 주님은 오셨다. 구주이신 그리스도는 사망의 수렁에서 나를 구출해 내셨다. 318명은 무엇인가? 초대교회에 의하면 그리스도의 이름을 뜻한다.[18]

τ (타우, 300) → 십자가 죽음.
ι (이오타, 10) → 예수(Ιησοῦς)의 첫 글자.
η (에타, 8) → 8은 부활과 새 창조의 수.
즉, 318 = "십자가(τ) + 예수의 이름(ι) + 부활(η)"

18) Epistle of the Barnabas, chap. 9; Ambrose, *On Abraham 1.3.15.*

하나님은 그리스도를 아브라함 후손으로 보내셔서 우리 롯들을 구하시고, 이제 우리를 그 아브라함으로 사용하셔서 많은 롯을 구원하시기 원하신다. 아브라함의 318명이 다섯 왕을 이긴다. 타락한 세상이 우리 타락한 존재를 삼켜도 집에서 길리운 그리스도를 통해 이긴다. 우리 믿음의 성도들이 어떤 일이 있을 때 서로 돕는 318명의 병사가 되어야 하는 것을 말한다. 그리고 그 가운데 그리스도가 계시기 때문에 318명의 대장은 그리스도 예수시다.

창14:15 "그 가신을 나누어 밤을 타서 그들을 쳐서 파하고 다메섹 좌편 호바까지 쫓아가서"

창14:16 "모든 빼앗겼던 재물과 자기 조카 롯과 그 재물과 또 부녀와 인민을 다 찾아왔더라"

다메섹은 "피 흘림"이란 뜻이고, 호바는 "숨은 곳(hiding place)"이다. 다메섹은 '피 흘리는 곳'이라는 뜻으로 고대부터 전쟁이 많았던 곳이며 전승에 의하면 가인이 피를 흘렸고 아벨이 피를 흘린 곳이다. 그 피 흘리는 곳까지 아브라함이 올라가서 조카 롯을 구해왔다. 이렇듯이 주 예수께서 피 흘리는 곳에서 우리를 구원하셨다. 갈보리 언덕에서 우리를 위하여 구속의 피를 흘리시고 우리를 구원하셨다. 우리의 어떤 착한 마음이나 착한 행실로 구원받은 것이 아니요 오직 그리스도 예수의 피로 구원을 받은 것이다. 아브라함은 다메섹에서 롯을 찾았고, 주 예수님도 다메섹에서 바울 사도를 얻으셨다. 그리고 주님은 세계 곳곳의 다메섹에서 많은 그리스도인을 얻으셨고, 그분의 보혈로 사망에 처한 나도 건지셨다.

창14:15절의 "쫓아가서"라는 문구가 얼마나 감사한지! 주님은 날 구하러 어디나 쫓아오신다. 숨어도 찾으신다. 어거스틴이 『고백록』에 토해냈듯, 주님은 나를 창세 전부터 생각하셨고, 출생부터 날 추적하셨다가 마침내 나를 붙잡으셨다. 잃어버린 양 한 마리를 찾아 나서는 주님은 나를 찾으시고, 사나운 이리들을 물리치시며, 양인 나를 당신 목에 올리셨다. 이전에 나는 세상에 포로로 잡혀 있었으나, 예수의 이름과 십자가로 해방되고 구속되고 구원받았다. 그리스도께서 십자가로 승리하시고 나를 풀어 주셨다. 318명은 세계도 이길 수 있는 그리스도의 병사들이다. 아브라함에게는 집에서 기른 병사 318명이 있었고 이들이 이겼다. 이는 믿음의 장막 안에 거하며 하나님과 교통했다는 것을 가리킨다. 우리 삶 가운데 우리만의 318명의 병사를 길러야 한다. 우리만의 지식과 영성과 믿음을 길러야 함을 말한다. 주 예수님은 참 318이며, 참 아브라함이시고, 참 멜기세덱이고 그 어떤 사람이고 도망자시며 구출자이고 히브리인이고 우리 생명이시다. 할렐루야!

오 주 예수님 나의 하나님 우리로 죄악에서 도망자가 되게 하셨으니 그리스도께 더욱 믿음을 갖게하소서 늘 당신께로 피하게 하소서 우리 믿음을 깨우치셔서 건넌 자가 되게 하시고 또한 건지는 자로 사용하여 주소서 사로잡힌 자들을 보게 하시고 우리도 건져 주시고 우리로 그들도 구출하소서 우리 자신의 힘이 아니라 그리스도 이름으로 승리하게 하소서 유용한 일꾼으로 진정 사용되게 하소서 오 주 예수여 주 예수여 주 예수여

“생명의 친구”

창14:18 “살렘 왕 멜기세덱이 떡과 포도주를 가지고 나왔으니 그는 지극히 높으신 하나님의 제사장이었더라”

창14:19 “그가 아브람에게 축복하여 가로되 천지의 주재시요 지극히 높으신 하나님이여 아브람에게 복을 주옵소서”

창14장에 두 개의 전쟁이 있는데 하나는 인간의 개인적 육신과 세상과의 전쟁으로 이 전쟁은 반드시 우리가 패하는 것이고 또 하나는 우리가 믿음의 아브라함으로 주 예수 그리스도의 믿음을 통하여 세상과 싸울 때 이미 세상을 이겼고 주님이 이기고 계시며 그리스도가 이긴 것을 우리의 것으로 취하는 승리의 전쟁이다. 오늘 창14장은 아브라함의 승리가 우리 믿음의 승리라고 말하고 있다.

살렘 왕 멜기세덱이 떡과 포도주를 가지고 나오니 그는 지극히 높으신 하나님의 제사장이다. 아브라함은 전쟁에서 승리하고 롯을 구출한 뒤 돌아오는 길에 멜기세덱을 만난다. 멜기세덱은 예루살렘의 왕이자 제사장으로 성경에서 가장 신비하게 등장하는 인물 중 하나이다. ‘멜키’는 왕, ‘세덱’은 공의라는 뜻으로 그는 공의의 왕이다. 또 살렘의 왕이니 평강의 왕이기도 하다. 곧 공의와 평강을 지닌 인물로서 하나님의 주권과 속성을 나타내며, 갑자기 나타났다 사라지는 신비한 존재로 그려진다.

구약에서는 시편 110편에 한 번 더 언급되고, 이후 약 2천 년이 지나 히브리서에서 다시 등장한다. 이렇게 드문 등장은 멜기세덱이 단순한 역사적 인물이 아니라 예수 그리스도의 사역을 예표하기 위해 나타난 인물임을 드러낸다. 아브라함의 승리가 구출 사역을 보여 준다면 멜기세덱을 만난 사건은 대제사장으로부터 오는 축복을 상징한다. 믿는 자들이 아브라함처럼 승리를 누릴 뿐 아니라, 의와 평강의 왕이신 그리스도 안에서 더 큰 축복을 누리도록 가르치는 장면이다.

구약의 제사장은 아론과 레위 지파에서 나온다. 그러나 아브라함이 멜기세덱에게 절했다는 것은 그의 후손 레위가 아브라함 안에서 멜기세덱에게 절한 것이 된다. 절은 복속을 의미하므로 아론 계열의 제사장직은 멜기세덱의 제사장직 아래에 종속된다. 따라서 멜기세덱의 직무가 더 크며, 이는 장차 오실 예수 그리스도의 영원한 대제사장직을 드러낸다. 예수는 유다 지파 출신으로 레위 계열 제사장 자격이 없다고 거부되었지만, 히브리서 기자는 "그 길로 앞서 가신 예수께서 멜기세덱의 반차를 따라 영원히 대제사장이 되어"(히 6:20)라고 말하며 이를 밝힌다. 히브리서가 멜기세덱을 열 번이나 언급하는 이유는 아브라함의 구출 사역을 넘어서 더 크고 영원한 멜기세덱의 사역이 예수 안에서 성취됨을 드러내기 위함이다. 멜기세덱이신 예수는 지금도 하늘에서 우리를 축복하며, 부모가 자녀에게 좋은 것을 공급하듯 날마다 우리에게 은혜를 주신다.

멜기세덱은 아브라함을 축복하며 "천지의 주재이시요 지극히 높으신 하나님이여 아브람에게 복을 주옵소서"라고 선포한다. 여기서 그는 성경에서 처음으로 "천지의 주재, 지극히 높으신 하나님"이라는 이름을 드러낸다. 하나님은 하늘과 땅의 주인이며, 아브라함의 승리를 주관하신 분이다. 아브라함은 이를 마음에 담는다. 전쟁의 승리, 재물, 권력, 건강까지도 모두 하나님께 속한 것이며, 우리가 무엇보다 지극히 높으신 하나님을 경배해야 함을 가르친다.

"아브라함에게 복을 주옵소서"라는 멜기세덱의 축복은 그리스도의 중보 사역을 가리킨다. 예수는 속죄 제물로 자신을 내어주셨을 뿐 아니라, 새 언약의 중보자로서 끊임없이 우리를 축복하신다. 그는 지금도 두 손을 들고 우리에게 복을 주신다. 우리는 흔들리고 연약하지만, 예수의 이름을 부를 때 성령은 우리를 강건하게 하신다. 하나님은 반드시 우리와 자녀, 믿음의 지체들을 축복하시려는 불변의 의지를 가지신 분이다.

아브라함은 전리품의 십분의 일을 멜기세덱에게 바친다. 성경에서 십일조는 부분을 드림으로써 전체를 하나님께 바쳤음을 고백하는 대표 행위이다. "제사하는 처음 익은 곡식 가루가 거룩한즉 떡덩이도 그러하고 뿌리가 거룩한즉 가지도 그러하니라"(롬11:16). 따라서 아브라함의 십일조는 단순히 10%를 드린 것이 아니라 모든 것이 하나님께 속했음을 고백한 것이다. 더 깊이 보면 십일조는 곧 그리스도를 가리킨다. 예수께서 인류의 대표로 하나님께 드려지셨을 때 인류 전체가 그분 안에서 하나님께 바쳐졌다. 그러므로 우리의 십일조는 율법적 의무가 아니라, 그리스도께서 이미 우리를 구원하시고 축복하셨기 때문에 드리는 감사의 고백이다.

창14장의 전반부에는 전쟁이 있으나 후반부에는 잔치가 있다. 전반에는 아브라함이 원래 알고 지내던 동맹들이 나오고, 후반에는 모르던 믿음의 친구가 등장한다. 멜기세덱이다. 그는 하나님에 관해 대화하며 떡과 포도주를 내어 평화의 잔치를 연다. 하나님은 우리 그리스도인들을 이 멜기세덱의 사역으로 부르신다. 믿음의 사람들을 격려하고, 믿는 자든 믿지 않는 자든 누구를 만나든 전쟁 같은 자리에서 평화의 떡과 포도주를 전하는 자로 부르신다.

아브라함에게 멜기세덱이 위로와 격려를 주고 친구가 되었듯, 우리 역시 삶의 전장터에서 친구가 필요하다. 그러나 본질적으로 성경은 말한다. "그리로 앞서 가신 예수께서 멜기세덱의 반차를 따라 영원한 대제사장이 되어 우리를 위하여 들어가셨느니라"(히 6:20). 멜기세덱이신 예수께서 우리의 참된 친구가 되어 찾아오신다. 예수 그리스도는 십자가에서 피를 흘려 우리를 구원하시고 끝낸 것이 아니라, 창14장에서 멜기세덱이 아브라함에게 나타난 것처럼 지금도 사역하신다. 우리가 홀로 씨름하고 있을 때 그리스도께서 떡과 포도주를 가지고 찾아오셔서 격려와 위로와 축복을 주신다.

그래서 창14장은 전쟁으로 참혹한 장이면서 동시에 잔치와 믿음의 교제가 있는 아름다운 장이 된다. 그리스도인의 삶은 끌려 다니는 것이 아니라 승리하고 구출하는 삶이다. 세상에 마음을 빼앗기는 것이 아니라 건져내고, 서로 교제하며, 멜기세덱 되신 그리스도의 풍성한 사랑을 나누어 떡과 포도주를 전하는 삶이다. 그렇게 서로 잔치하는 삶이 되어야 한다.

본문에 나오는 아브라함과 멜기세덱의 대화는 참으로 아름답다. 멜기세덱은 아브라함을 향해 "천지의 주재이시요 지극히 높으신 하나님이여 아브람에게 복을 주옵소서"(19절)라며 축복한다. 동시에 하나님을 향하여 "너희 대적을 네 손에 붙이신 지극히 높으신 하나님을 찬송할지로다"(20절)라며 찬송한다. 이처럼 믿음의 사람들에게는 신앙적인 대화, 신학적인 대화, 믿음의 교제가 있어야 한다. 예수 그리스도와 하나님의 사랑을 나누는 대화가 있어야 한다.

본문에는 창세기에서 처음으로 하나님의 이름에 수식어가 붙는다. 멜기세덱이 부른 이름이다. "천지의 주재이시요 지극히 높으신 하나님이여!" 엘 엘론(El Elon)! 이 이름을 들은 아브라함은 자신이 믿는 하나님이 지극히 높으신 하나님, 천지를 소유하신 하나님이라는 것을 깨닫는다. 그는 12장에서 축복하시는 하나님을, 13장에서 소유가 되시는 하나님을 배웠다. 이제 14장에서 천지를 소유하신 하나님을 배운다. 멜기세덱과의 대화를 통해 아브라함은 믿음에서 한 단계 더 전진한다.

아브라함이 날랜 군사 318명을 데리고 북쪽 왕들과 전쟁하러 떠났을 때, 소돔 왕을 비롯한 많은 사람들은 아브라함을 조롱하고 비웃었을 것이다. 그러나 그 땅에는 아브라함과 같은 하나님을 믿는 멜기세덱이 있었다. 그는 하나님의 거룩한 대제사장으로서 아브라함을 위해 기도했을 것이다. 우리도 마찬가지다. 우리의 신앙이 혼자인 것처럼 보일 때에도, 우리 주위에는 믿음의 사람들이 우리를 위해 중보하고 기도하고 있음을 기억해야 한다. 하나님은 만인 제사장직을 주셔서 믿음의 형제자매들이 서로를 위해 기도하게 하셨다. 우리가 누리는 많은 승리는 그들의 기도 덕분이다. 무엇보다 우리에게는 가장 위대한 중보자이신 예수 그리스도가 계신다. 그분이 멜기세덱처럼 지금도 우리를 위해 기도하시며 우리를 축복하신다.

아브라함이 승리하고 돌아왔을 때 하나님은 멜기세덱이라는 구체적인 대제사장을 통해 자신을 더 알게 하셨다. 멜기세덱은 떡으로 아브라함을 배불리 먹이며 위로했고, 포도주로 잔치를 베풀어 승리를 축하했다. 이것이 곧 하나님의 격려다. 하나님은 아브라함을 구출하셨을 뿐 아니라, 이어서 멜기세덱을 통해 자신을 중보하시고 축복하시는 분으로 나타내셨다. 예수 그리스도께서도 마찬가지다. 그분은 멜기세덱처럼 떡과 잔을 우리에게 주신다. 떡은 그분의 살이요, 잔은 그분의 피다. 우리는 성찬에서 떡과 잔을 받지만, 동시에 날마다 하나님의 말씀을 통하여 살아 있는 그리스도의 살과 피를 먹고 마시는 것이다. 주님은 날마다 당신의 떡과 잔을 가지고 우리에게 오신다. 그러므로 우리는 날마다 말씀과 가까이하며, 마음으로 믿을 뿐 아니라 그 말씀을 그리스도의 살과 피로 먹고 마시는 양식으로 삼아야 한다.

아브라함이 멜기세덱에게 절을 할 때에 아브라함의 후손인 아론 계열의 대제사장도 아브라함 안에서 멜기세덱에게 절을 한 것이다. 즉 아브라함의 후손인 아론 계열의 대제사장이 멜기세덱에게 복속이 된다는 것이고 레위지파의 제사장 직무가 멜기세덱의 직무에 복속된다는 뜻이다. 예수님이 우리를 구원하시고 구출하신 레위지파의 제사장 직무는, 우리에게 오셔서 생명의 떡을 주시고 포도주를 주시며 축복하시는 예수님의 멜기세덱 직무에 복속된다는 것이다. 즉 예수 그리스도께서 우리를 구원하시고 구속하신 귀한 일도 중요하지만 멜기세덱처럼 지금도 우리와 함께 하시며 축복하시고 격려하시며 생명의 떡도 생명의 포도주도 주실 뿐 아니라 우리의 친구가 되어 주시며 하나님의 비밀로 우리를 날마다 인도하시는 일을 지금도 하고 계신 것이 더 중요하다는 것이다.

아브라함에게 계시된 하나님의 이름, "천지의 주재이시요 지극히 높으신 하나님 여호와"는 그대로 예수 그리스도에게 적용된다. 로마서 9장 5절은 "그는 만물 위에 계셔서 세세에 찬양을 받으실 하나님이시니라 아멘"이라 하고,

골로새서 1장 16절은 "만물이 그에게서 창조되되 하늘과 땅에서 보이는 것들과 보이지 않는 것들과 혹은 왕권들이나 주권들이나 통치자들이나 권세들이나 만물이 다 그로 말미암고 그를 위하여 창조되었고"라고 선언한다. 만물이 그리스도 예수로 말미암아 창조되고 유지된다. 곧 예수 그리스도께서 천지의 주재이시다. 또한 "호산나 찬송하리로다 주의 이름으로 오시는 이여 가장 높은 곳에서 호산나"(막11:9-10)라는 찬송처럼, 그분은 가장 낮은 곳에 오셨으나 본질상 가장 높은 곳에 계신 하나님이시다.

창14:21 "소돔 왕이 아브람에게 이르되 사람은 내게 보내고 물품은 네가 가지라"

아브라함은 멜기세덱과 대화를 나눈 뒤 곧 소돔 왕과 대화한다. 멜기세덱과의 대화는 우리 안의 그리스도와의 대화이고, 소돔 왕과의 대화는 우리 옛사람, 곧 세상과의 대화이다. 그리스도와의 대화 속에서 우리는 하나님의 풍성과 생명과 긍휼을 누린다. 그러나 세상을 향해서는 하나님만이 나의 복이시며, 내가 세상에서 무엇을 취하는 것이 아니라 하나님께서 내게 주신다는 확신의 고백이 있어야 한다.

소돔 왕은 아브라함에게 "사람은 내게 보내고 물품은 네가 가지라"(14:21)고 말한다. 그는 사람을 종으로 삼으려 하고, 물질은 별로 중요하지 않은 듯 보이지만 사실은 탐욕으로 가득 찬 거짓된 왕이다. 세상은 늘 재물을 주는 듯하지만 결국 사람을 멸망으로 끌고 간다. 그러나 믿음의 사람 아브라함은 달랐다. 그는 전쟁터에서 사람을 건져내어 생명 안에 두는 것을 더 귀히 여기며, 은혜를 흘려보내어 사람들을 하나님께로 구출하는 자였다.

아브라함은 멜기세덱에게서 배운 진리를 소돔 왕 앞에서 곧바로 적용한다. 그는 "천지의 주재이시요 지극히 높으신 하나님 여호와께 내가 손을 들어 맹세하노니 네 말이 내가 아브람으로 치부하게 하였다 할까 하여 네게 속한 것은 실 한 오라기나 들메끈 한 가닥도 가지지 아니하리라"(14:22-23)고 선언한다. 아브라함은 이제 단순히 구출의 하나님만 아는 것이 아니라, 천지를 소유하시고 모든 것을 주관하시는 지극히 높으신 하나님을 알게 된 것이다. 그래서 그는 세상으로부터는 아무것도 받지 않는다. 그의 만족과 부요는 오직 하나님께 있다는 사실을 고백한다.

소돔 왕은 회개의 기회를 얻었으나 알지 못하고 지나간다. 결국 그는 멸망한다. 그러나 아브라함은 그 앞에서 하나님을 증거했다. 이것이 신앙인의 자세다. 우리가 신앙의 길을 걷다 보면 수많은 소돔 왕 같은 사람들, 혹은 내 안의 옛 본성이 나타난다. 그때마다 우리는 아브라함처럼 선포해야 한다. 세상은 아무것도 줄 수 없고, 모든 것은 하나님께 속해 있으며, 오직 하나님 한 분만이 나의 복이라는 고백을 해야 한다. "천지의 주재이시요 지극히 높으신 하나님 여호와" 우리 그리스도 안에 생명의 승리와 영원한 부요가 있다.

주 예수님, 세상은 언제나 사람을 종으로 만들고 재물로 미혹하지만, 저는 아브라함처럼 하나님만이 나의 복이심을 고백하기 원합니다 저의 옛사람인 소돔 왕을 거절하게 하시고, 천지의 주재이신 하나님만을 바라보게 하소서 오늘도 멜기세덱 되신 그리스도 안에서 참된 생명의 부요를 누리며 살게 하소서 아멘

창세기 15장의 그리스도

"생명의 씨와 땅"

창15:1 "이 후에 여호와의 말씀이 환상 중에 아브람에게 임하여 이르시되 아브람아 두려워하지 말라 나는 네 방패요 너의 지극히 큰 상급이니라"

창14장은 열 나라와 열 왕, 수많은 병사들이 등장하고 전쟁의 장면이 펼쳐진다. 그러나 15장으로 넘어가면 모든 무대가 바뀌어 오직 아브라함과 하나님만 남는다. 하나님과 아브라함의 대화만으로 이루어진 이 장은 창세기에서도 드문 장이다. 14장은 승리와 간증으로 가득한 신앙을 보여 준다. 아브라함은 롯을 구출하여 연약한 자를 건져오고, 소돔 사람들도 구하며, 멜기세덱을 통해 하나님에 대한 깊은 뜻을 깨닫는다. 소돔 왕을 향해 세상의 명예와 부를 거절하며 하나님이 참된 보물이심을 간증하기도 한다. 그러나 성경이 14장 다음에 15장을 둔 것은, 신앙이 승리의 자리에서 머물지 않고 더 깊이 들어가 하나님과의 친밀한 교통으로 나아가야 함을 보여 주기 위함이다.

기독교의 본질은 단순히 세상을 이기고 전도하는 데 있는 것이 아니라, 살아 계신 하나님과 직접 대면하고 교제하는 데 있다. 믿음의 사람은 외적으로는 14장의 삶을 살아내며 싸움과 고난을 이기지만, 내적으로는 반드시 하나님과 깊이 교통하는 15장의 시간을 가져야 한다. 이는 은밀하고 달콤한 시간으로, 우리의 죄와 고민과 눈물을 모두 주님께 아뢰는 자리이다. 주님은 의인보다 죄인을 찾으시며, 연약한 우리를 더 반가이 맞아 주신다. 때로는 분노와 어리석음까지도 주께 털어놓을 수 있다. 그분을 멀리하는 것이 불신이지, 정직한 고백은 곧 믿음이다.

하나님은 아브라함에게 "두려워하지 말라, 나는 네 방패요 지극히 큰 상급이라"(15:1) 말씀하신다. 소돔 왕 앞에서는 담대히 간증했지만 돌아서면 불안이 엄습한다. 아브라함의 믿음은 완전하지 않고 성장 중이었기 때문이다. 그러나 하나님은 연약한 자에게 친히 찾아오셔서 "두려워하지 말라, 내가 너와 함께하리라" 말씀하신다. 우리 역시 깊은 기도 가운데 이 음성을 들어야 한다.

또한 하나님은 아브라함에게 새로운 씨와 땅을 약속하셨다. 그는 자식이 없음을 걱정했으나, 하나님은 별과 같은 후손을 주겠다고 말씀하셨다. 아브라함은 이를 믿었고, 하나님은 그의 믿음을 의로 여기셨다(15:6). 여기서 말하는 씨는 단순히 이삭만이 아니라, 아브라함의 긴 계보를 따라 마침내 오신 그리스도 예수를 가리킨다. 마태복음이 "아브라함과 다윗의 자손 예수 그리스도"라 선포한 것은 이 약속의 성취이다. 그리스도는 우리 안에 심겨진 생명의 씨요, 썩지 않는 씨(벧전1:23)이다. 신앙은 우리의 힘으로 뭔가를 성취하는 것이 아니라, 우리 안에 심겨진 씨가 자라 새로운 성품과 새 인생을 살아가게 하는 것이다.

하나님은 아브라함에게 땅도 약속하셨다. 땅은 존재의 근거를 뜻한다. 사람은 반드시 땅 위에 서야 살 수 있다. 새 하늘과 새 땅의 약속도 마찬가지다. 오늘도 많은 성도가 삶의 근거가 흔들리고 불안 속에 살지만, 하나님은 그리스도 안에서 우리에게 참된 땅을 주신다. 사실 땅은 곧 그리스도 자신이다. 그분이 우리의 기업이요 소유요 배경이시며, 우리의 집과 밭이 되신다. 그 안에서 풍성한 열매를 거둔다.

우리 안에 영원한 생명이시요 살아 있는 말씀이신 그리스도가 우리를 거듭나게 한 씨이신 그리스도이시다. 창15장에서 우리는 이를 약속받고 체험한다. 이 생명의 씨가 우리를 날마다 새로 나게 하며 하나님의 약속이신 그리스도를 소유케 하고, 그리스도의 풍성을 누리고, 그리스도로 자라게 한다. 우리 신앙은 왕들과 싸워 승리한 창14장의 외적인 승리에서 전진하여, 창15장의 내주하시는 생명이시며 씨이신 "우리 안의 그리스도(Christ in us)"를 체험한다. 이를 통해 우리는 "독자(유일한 사랑)이신 그리스도"를 바라보게 된다.

또한 '땅이신 그리스도' 즉 "그리스도 안에서(In Christ)"의 비밀을 알고, 그 땅에서 모든 대적을 살육하고 그리스도의 풍성, 왕국, 수도, 보좌, 성전을 소유케 한다. 이것이 15장 전반부이다. 창15장은 하나님이 아브라함에게 주신 약속이자, 우리를 향한 초대이다. 우리의 인생 속에 그리스도의 씨가 자라서 생명을 맺게 하고, 그리스도께서 우리의 땅이 되어 흔들리지 않는 근거가 되신다. 우리는 단지 전쟁의 승리에 머무는 자가 아니라, "내 안에 그리스도께서 사신다"(갈2:20)는 고백 속에서 씨와 땅이신 그리스도를 실제로 누려야 한다.

주 예수님, 저의 믿음은 연약하고 자주 두려움에 흔들리지만, 주께서 방패와 상급이 되어 주심을 믿습니다 제 안에 심겨진 생명의 씨이신 그리스도가 자라나게 하시고, 제 존재의 땅이신 주님 안에서 흔들리지 않게 하소서 제 삶이 주님 안에서 근거를 얻고, 영원한 열매를 맺는 길로 인도해 주소서 아멘

"생명의 첫 밤"

창15:5 "그를 이끌고 밖으로 나가 가라사대 하늘을 우러러 뭇별을 셀 수 있나 보라 또 그에게 이르시되 네 자손이 이와 같으리라"

벧전1:23 "너희가 거듭난 것이 썩어질 씨로 된 것이 아니요 썩지 아니할 씨로 된 것이니 하나님의 살아 있고 항상 있는 말씀으로 되었느니라"

창15장은 그리스도와의 두 밤을 계시한다. 아브라함과 하나님이 단독으로 시간을 보내는 장이다. 인생 자체가 한밤과 같다고 할 수 있는데, 아브라함에게는 하나님과 함께하는 두 밤이 있었다. 이것은 우리 또한 그리스도 안에서 반드시 경험해야 할 신앙의 두 단계를 보여 준다. 첫째 밤에는 여호와께서 불안한 아브라함에게 씨와 땅의 약속을 먼저 주시고, 이튿날 아브라함은 일어나 낮에 여호와께 다섯 제사를 드린다. 그리고 이날 밤 즉 둘째 밤을 맞아 안식의 잠을 누린다.

첫째 밤에 하나님은 두려움 속에 있던 아브라함을 데리고 밖으로 나가 밤하늘을 바라보게 하신다. "하늘을 우러러 뭇별을 셀 수 있나 보라 네 자손이 이와 같으리라"(15:5). 별은 단순한 수효의 약속이 아니다. 셀 수 없을 만큼 많은 후손의 축복을 의미함과 동시에, 각각 자리를 가진 별처럼 아브라함의 삶과 자리가 반드시 보장된다는 하나님의 약속이다. 그는 여전히 자식도 없고 땅도 없는 떠도는 자였으나, 하나님은 그에게 미래와 기업을 약속하신다. 우리도 하늘의 별을 보며 믿음으로 말씀을 들어야 한다. 삶의 자리와 일터, 가정과 미래가 불안해 보일지라도 하나님은 반드시 우리에게 자리를 주시고 삶의 근거를 마련하신다.

또한 별을 바라보라는 말씀은 단지 많은 후손의 수를 말하는 것이 아니다. 별들이 가리키는 단 한 분, 곧 참된 별이신 예수 그리스도를 바라보라는 하나님의 계시이다. 인류의 구원은 그 한 별에서 시작되고, 모든 믿음의 빛도 그 한 별에서 비추어진다. 아브라함은 환경을 보면 절망할 수밖에 없었으나, 하나님이 보여 주신 별, 곧 그리스도를 바라봄으로 소망을 얻었다 우리의 삶도 어둡고 고통스러울 때가 많으나, 별이신 그리스도를 바라볼 때 회복이 시작된다. 아브라함이 믿었고 하나님은 그의 믿음을 의로 여기셨다(15:6). 믿음이 곧 의라는 이 선언은 신약 복음의 기초가 되며, 우리 역시 믿음으로만 의롭다 함을 받는다.

그러나 아브라함은 다시 묻는다. "내가 이 땅을 소유로 받을 것을 무엇으로 알리이까"(15:8). 하나님의 말씀만으로 충분할 수 있지만, 하나님은 아브라함의 연약함을 아시고 언약을 세우신다. 짐승을 쪼개어 언약하는 고대의 방식으로, 하나님은 당신 자신을 그 언약에 묶으신다. 이는 하나님께서 반드시 약속을 이루신다는 법적 증거이다. 하나님은 결코 거짓말하지 않으시며, 언약은 그의 신실하심을 드러낸다. 결국 이 언약의 실체는 장차 오실 예수 그리스도의 피 언약이다.

창15:9 "여호와께서 그에게 이르시되 나를 위하여 삼 년 된 암소와 삼 년 된 암염소와 삼 년 된 숫양과 산비둘기와 집비둘기 새끼를 가져올지니라"

하나님은 아브라함에게 암소, 암염소, 수양, 산비둘기, 집비둘기 다섯 종류의 제물을 준비하라 명하신다. 한 마리가 아니라 다섯 마리의 제물이다. 이는 아브라함의 신앙이 첫째 밤의 체험에서 더 깊은 낮의 예배로 나아감을 보여 준다. 우리 또한 첫째 밤의 "두려워하지 말라"는 음성을 들은 후, 낮에 제사를 드리는 자리로 나아가야 한다.

아브라함의 신앙이 낮이 되면서 더 전진되는 것을 본다. 그렇다면 우리의 신앙은 밤인가 낮인가? 만일 나의 인생이 밤이라고 느낀다면 첫날 밤에 아브라함을 찾아오셔서 "두려워하지 말라" 하신 하나님의 음성이 있으며, 그 하나님이 우리를 이끌어 하늘의 별을 보게 하셨음을 기억하자. 그 첫 밤을 보내고 낮에 아브라함이 제사를 드렸듯이 우리의 제사가 되시는 그리스도 예수께서 그 낮으로 들어오라고 우리를 초청하고 계신다.

여기에서 아브라함이 드린 다섯 제사가 어떤 제사인가? 번제는 숫컷만 드리고, 화목제는 암수를 가리지 않으며, 암소는 속죄제에 쓰이지 않는다. 고로 이 세 종류 가축 중 암소와 암염소는 번제가 될 수 없고, 수양만 번제가 된다. 레위기 4장에서 속죄제는 수송아지로만 드리므로 창15장의 암소는 당연히 번제도 아니고 속죄제도 아니기에 화목제이다. 암염소는 속죄제가 된다.

레4:28 "그 범한 죄에 깨우침을 받거든 그는 흠 없는 암염소를 끌고 와서 그 범한 죄를 인하여 그것을 예물로 삼아"

수양의 번제는 다 태우는 제사로, 하나님께 선물로 드린 제사이다. 반면 속죄제는 선물이 아니라 배상이다. 우리가 누군가에게 어떤 물건을 준다고 할 때 그 사람과 친해지기를 원해서 주면 화목제가 되고, 그 사람에게 잘못하여 용서를 구하는 배상을 하면 속죄제가 되며, 그냥 조건 없는 선물이면 번제가 되는 것이다. 하나님께서 아브라함에게 다섯 가지 제물을 가져오라 말씀하신 것은 아브라함에게 화목하자 하신 것이고, 아브라함의 죄를 속하신 것이며, 아브라함을 선물로 받으신 것이다. 그리고 비둘기 두 마리는 하나님의 영 안에서, 성령 안에서 제사를 드리는 것을 말하는데, 산비둘기는 우리가 세상에서 생활하는 동안 우리의 모든 환경을 하나님의 영이 보호하신다는 것이고, 집비둘기는 가정과 교회 안에서 하나님께서 우리와 함께 하신다는 약속을 나타낸 제사이다.

3년된 제물은 3년간 공생애로 사역하시고 십자가의 제물이 되신 그리스도를 가리킨다. 또한 3의 수는 제3일의 생애(1일)와 죽음(2일)과 부활(3일)을 의미한다. 사흘 후는 부활 후이고, 사흘 길은 부활의 길이다. 주 예수님은 살아나신 제물이고, 부활 생명을 가진 제물이며, 우리를 부활로 이끄는 제물이다.

창15:10 "모든 것을 쪼개고 비둘기는 쪼개지 않고"

쪼개짐은 섬김의 생애와 십자가를 의미한다. 그리스도는 어리석은 인간들과의 삶에서 늘 쪼개지셨다. 하나님이 그 영광을 버리고 인간과 같이 거하는 삶 자체가 낮아짐에 이어 쪼개짐이다. 이제 성탄은 제물되심에 이어 낮아짐과 쪼개지심이다. 그리스도의 모든 것은 우리를 위한 갈라진 제물이 되셨다. 우리도 갈라지길 소망한다. 그러나 비둘기는 쪼개지 않았다. 즉 암소, 암염소, 수양, 두 비둘기의 다섯 가지 제물 중 앞의 셋은 우리 육의 쪼개짐을 가져오는 제사이고, 후자의 두 새는 생명의 영과 하나 됨을 위한 제사이다. 결코 나뉠 수 없는 무엇이 그리스도에게 있는 것을 말하는데, 바로 생명의 영이다. 비둘기는 인간 세상의 대화를 피해 따로 모여 지내며, 단순하고 해를 끼치지 않는다. 생명을 가진 영적인 자들은 나뉘지 않는다. 십자가로 끝난 우리는 이런 순전한 비둘기로 지어졌다. 우리는 그리스도 안에서, 그리스도를 통해 서로에게 생명의 비둘기이다. 우리는 부활 안에서 들비둘기로, 집비둘기로 산다. 세상에서는 고결하고, 교회 안에서도 그리스도 안에서도 하나이다.

하나님과 우리는 애초부터 그리스도를 통해 결코 쪼개질 수 없고, 주 예수의 영도 우리 안에서 쪼개지지 않는 영원한 영이다. 십자가 제사 후 우리에게 필요한 것은 오순절의 영을 통해 나뉘지 않는 비둘기 생명을 갖는 것이다. 늘 종결의 죽음을 적용하고, 기쁨과 평강과 감사와 찬양의 부활을 누린다. 이를 통해 영으로 충만하여 한마음 한뜻을 갖는다. 제물에 안수함은 그분의 채찍, 쪼개지심, 못 박히심 안에 끝났고 부활 안에서 다시 살았다. 우리는 못 박히심 십자가에서 끝났고 부활의 싹을 트신 그분 안에서 온전히 하나다. 우리는 들비둘기로, 집비둘기로 산다. 세상에서 고결하고 교회생활로 하나다.

우리는 이 많은 제물들을 대체 어디서 구하는가? 그리스도 예수가 우리 제물들이 되신다. "주 예수께서 세상에 오실 때 말씀하시기를, 하나님은 이제 율법의 제사와 율법의 예물을 원치 않으시고 나를 위하여 한 몸을 [제물 되도록] 예비하셨도다"(히10:5). 예수께서 오신 것은 바로 이 모든 제물이 되시기 위함이다. 주님의 십자가는 단순히 우리의 죄를 속하신 암염소로 끝난 것이 아니라, 하나님과 화목하게 하신 암소, 우리를 하나님께 선물로 드린 수양, 그리고 성령의 보호와 임재를 보장하신 비둘기가 되신 것이다. 그리스도께서 부러진 옛 언약을 성취하러 오셨고, 더 나아가 새로운 언약을 세우러 오셨다. 첫 언약을 성취하시고 폐하시고, 이제 둘째 새 언약을 온 인류를 위해 세우셨다. 그것은 우리 노력의 언약이 아니라 생명의 언약이요, 새 영의 언약이고, 은혜의 언약이다.

아브라함이 낮에 이 많은 제물을 드렸다는 것은 무엇을 뜻하는가? 하나님과의 관계가 더욱 돈독해졌음을 말한다. 그렇다면 우리는 어떻게 이 많은 제물을 드릴 수 있다는 말인가? 그리스도 예수께서 당신 한 몸에 이 모든 제물을 담고 오늘 우리에게 오셨다. 그래서 우리는 주 예수님을 이렇게 다양한 제사와 제물로 누릴 수 있는 것이다.

오늘 이 다섯 가지 제사를 받으시고 하나님께서 아브라함에게 주신 두 가지, 씨와 땅의 약속이 아브라함 인생의 현실로 오게 된다. 우리는 주 예수님의 십자가에서 용서받았고 하나님께 선물이 되었고 하나님과 화목하게 되었다. 그것으로 전부가 아니라 생활 속에서 산비둘기이신 하나님의 성령이 우리를 지키시고, 집비둘기이신 그리스도의 영이 우리 안에 거하고 계신 것이다.

창15:11 "솔개가 그 사체 위에 내릴 때에는 아브람이 쫓았더라"

솔개가 그 제물 위에 내릴 때 아브람이 쫓았다. 솔개는 악한 영이다. 제물이 손상되지 않도록 쫓아낸 것은 믿음을 지킨 것이다. 우리의 제물이신 그리스도를 누릴 때에도 솔개 같은 불신, 의심, 완고함이 다가온다. 그러나 아브라함의 자손들인 우리는 주 예수의 이름을 불러 이를 쫓고, 그리스도의 십자가를 붙든다.

히브리어 '쫓다(Nashab)'는 '불어 날리다'라는 뜻으로, 큰 음성으로 내쫓는 것을 의미한다. 그러므로 사탄이 다가올 때 우리는 담대한 고백으로 쫓아내야 한다. 제물이신 그리스도를 잃지 말아야 한다. 솔개는 여러 새들처럼 제물 위에 내려 우리의 누림을 방해하는 사탄을 가리킨다. 70인역에는 "아브라함이 제물 위에 앉았다"라고 기록한다. 이는 제물을 지키고 소유하는 태도를 알려 준다.

오늘도 우리 삶에 불신과 염려의 솔개가 날아오지만, 주 예수의 이름을 불러 쫓자. 믿음의 손을 저어 우리의 풍성한 누림을 지키자. 내적 생명 되신 그리스도께서 우리 마음과 환경 속에서 솔개를 몰아내신다. 우리는 새를 쫓고, 주 예수님도 친히 강하게 쫓으신다. 주 예수님은 언약의 예비된 제물이시며, 중보와 생명이 되신다. 할렐루야!

주 예수님, 나를 위해 예비된 제물로 오심을 감사합니다 어린 양으로, 화목제와 속죄제와 번제의 제물로 당신을 누리게 하소서 불신과 절망이 솔개처럼 날아올 때 성령께서 강하게 역사하사 내 안에서 쫓아내소서 차갑던 마음이 뜨겁게 사랑으로 불타게 하소서 주 예수여, 날마다 당신의 언약과 생명이 나에게 성탄처럼 새롭게 임하게 하소서 아멘

"생명의 둘째 밤"

창15:12 "해질 때에 아브람이 깊이 잠든 중에 캄캄함이 임하므로 심히 두려워하더니"

창15:13 "여호와께서 아브람에게 이르시되 너는 정녕히 알라 네 자손이 이방에서 객이 되어 그들을 섬기겠고 사백 년 동안 괴롭힘을 당하리라"

창15장 후반부에서, 하나님은 둘째 날 밤, 깊은 잠에 든 아브라함에게 두려워하지 않도록 네 가지 말씀을 더해 주셨다.

첫째, 아브라함의 새로운 신분에 대한 말씀이다. 아브라함은 단순히 가나안 땅에 거하는 자가 아니라, 이 땅에서 이방인으로 살고 하늘나라에 속한 백성으로 부름받았다. 그는 나그네이지만, 그 나그네됨이 곧 하나님의 백성됨의 증거이다. 그러므로 이 땅에 사는 동안 아브라함과 그의 후손은 세상에서 사람들을 섬기는 존재로 살아가야 한다. 이는 훗날 그리스도 안에서 교회가 세상 가운데 제사장 나라로 부름받는 모형이 된다. 첫 언약은 실패했으나, 그리스도 안에서 세워진 새 언약 교회는 그 사명을 성취한다. 그러므로 우리의 괴로움조차 축복이다. 연단을 통해 하나님은 우리를 섬김의 사람으로 세우신다. "에클레시아" 곧 교회는 불러낸 백성이다. 우리는 세상에서 불러내어 하나님의 소유가 된 백성이다.

둘째, 그 섬김의 길에 반드시 고난이 따른다는 사실을 알려주셨다. 이스라엘은 애굽에서 400년 동안 고통을 겪었고, 마침내 하나님은 그들을 괴롭힌 대적들을 심판하시고, 보응하시며, 그 손에 부요함을 안겨 주셨다. 이는 믿는 자의 삶에도 동일하게 적용된다. 섬김은 희생을 포함하지만, 하나님은 결코 그 섬김을 헛되이 하지 않으시고 반드시 의의 열매와 풍성한 은혜로 보상하신다.

셋째, 아브라함 자신이 이 땅에서 오랜 세월 동안 하나님을 신뢰하며 살다가, 마침내 평안히 하나님께로 돌아갈 것을 약속하셨다. 이는 단순히 한 사람의 죽음을 말하는 것이 아니라, 믿음 안에서 영적 생명의 길을 마치고 안식에 들어가는 복된 약속이다. 아브라함은 믿음으로 살다가 믿음으로 하나님께 돌아가는 사람의 전형이 되었다.

넷째, 아브라함의 후손들이 마침내 하나님의 나라를 세울 것이라는 약속이다. 그가 이 땅에서 흘린 땀과 수고가 결코 헛되지 않고, 반드시 하나님의 나라를 이루는 기초가 된다는 말씀이다. 그의 믿음의 길은 한 개인의 여정을 넘어, 후손들의 왕국 건설로 이어진다. 이는 곧 그리스도 안에서 완성될 하나님 나라의 그림자요 예표이다.

아브라함처럼 우리도 두려움과 흑암을 경험한다. 그러나 하나님은 "정녕히 알라" 하신다. 말씀과 성령을 확실히 붙드는 것이 평강과 빛과 안식으로 들어가는 길이다. 아직 온전히 땅을 얻지 못했기에 나그네로 사나, "사백 년"의 연단은 그리스도의 고난을 예표한다. 그가 채찍에 맞으심으로 우리는 나음을 얻었고, 환난 속에서도 자유와 희년을 누린다. 연단조차 우리로 그리스도만을 누리게 한다.

창15:14 "그 섬기는 나라를 내가 징치할지며 그 후에 네 자손이 큰 재물을 이끌고 나오리라"

하나님은 아브라함의 후손을 괴롭히는 나라를 심판하시겠다고 약속하셨다. 아브라함이 나그네로 살며 겪는 고난은 하나님의 심판 아래 있다. 그리스도께서도 친히 우리의 고난을 체휼하셨고, 우리의 대적을 멸하신다. 하나님은 아브라함의 하나님이 되어 그를 지키셨듯, 우리도 지키신다.

또한 하나님은 "큰 재물을 이끌고 나오리라" 하셨다. 이는 풍성하게 하시겠다는 약속이다. 우리는 주 예수를 믿어 풍성해졌고, 더 풍성해지고 있으며, 장차 충만히 풍성해질 것이다. 모든 것이 그리스도의 통치 안에 있다. 만물이 그로 말미암았고, 그로 말미암아 유지되며, 그에게 돌아간다. 나그네 길 끝에 우리가 얻게 될 가장 큰 재물은 곧 그리스도 자신이다.

창15:15 "너는 장수하다가 평안히 조상에게로 돌아가 장사될 것이요"

아브라함에게 장수와 평안이 약속되었다. 이는 단순히 육신의 수명만이 아니라, 믿음 안에서의 긴 영적 생명을 뜻한다. 육신의 삶은 길어도 불신으로 채워지면 짧다. 그러나 믿음 안에서 사는 삶은 길고 풍성하다. 그는 조상에게로 돌아간다. 성경의 족보는 아브라함을 넘어 노아, 아담, 그리고 하나님께로 올라간다(눅3장). 결국 우리의 진짜 조상은 하나님 아버지이시다. 그러므로 "조상에게 돌아간다"는 것은 곧 하나님께로 돌아감을 뜻한다.

믿음의 조상 아브라함은 결국 하나님께 돌아갔다. 우리 또한 그리스도 안에서 길을 완주하고, 믿음의 선조들과 함께, 무엇보다 참 "믿음의 조상"이신 주 예수와 하나 되어, 어린양의 신부 새 예루살렘으로 완성될 것이다. 그때는 내가 사라지고, 그리스도와 연합된 교회만 남는다. 이것은 우리의 노력이 아니라 내 안에 오신 그리스도의 역사요, 하나님이 주신 약속이다.

아모리의 죄악이 가득 차기 전까지는 하나님이 오래 참으시지만, 때가 차면 심판하시고 기업을 주신다. 이 사건은 이미 그리스도 안에서 성취되었다. 우리가 주님을 믿을 때, 우리 속의 아모리와 가나안은 심판을 받았고, 우리는 하나님의 믿음의 백성으로 새로 태어난 것이다.

이스라엘이 즉시 땅을 차지하지 못한 데에는 이유가 있다. 첫째, 시련을 통과하며 은혜를 배우고 변화되어야 하기 때문이다. 둘째, 성장해야 하기 때문이다. 셋째, 가나안 족속의 죄가 아직 관영하지 않았기 때문이다. 아모리는 노아의 증손자이며, 함의 저주 아래에 속한 족속이다. 그들은 율법 아래 멸망할 자들이지만 하나님은 그 죄악이 차도록 인내하신다. 이는 긍휼의 하나님을 드러낸다.

우리도 본래 아모리와 같았다. 하나님과 원수 되었던 우리를 그리스도께서 구속하셨다. 마태복음의 가나안 여인처럼, 우리는 개와 같으나 믿음으로 주님의 부스러기를 구했다. 그러나 주님은 부스러기만이 아니라 모든 것을 주셨고, 우리의 믿음을 칭찬하셨다. 그 순간 우리는 새 생명으로 태어나 참된 이스라엘이 되었다. 할렐루야! 창15장 16절은 하나님의 긍휼과 사랑, 은혜와 새로 나게 하는 생명을 증거한다.

창15:17 "해가 져서 어두울 때에 연기 나는 화로가 보이며 타는 횃불이 쪼갠 고기 사이로 지나더라."

네 가지 약속의 말씀이 끝나자 아브라함 앞에 놀라운 사건이 일어났다. 하늘로부터 화로가 내려와 그 속에서 불이 나오더니, 낮에 쪼개 놓은 제물들 사이를 지나간 것이다. 성경에서 불은 믿지 않는 자에게는 심판의 불이요, 믿는 자에게는 사랑의 불이다. 믿음의 아브라함에게 임한 불은 사랑의 불이었다. 그 사랑은 죽음같이 강하고 불길같이 일어나 아무리 많은 물도 끌 수 없는 불이다(아8:6-7). 이 사랑의 불길이 제물 사이를 지나며 언약이 맺어진 것이다.

특별히 "횃불이 지나가더라"라는 말의 '지나가다'는 단어에서 "히브리"라는 말이 나왔다. 히브리인은 곧 "지나가는 자"요, "건너는 자"라는 뜻이다. 그리스도의 불길이 우리를 통과했기에 우리는 참 히브리인이 된 것이다. 우리는 제물이신 그리스도의 쪼개짐 안에서 이미 끝났고, 이제는 횃불 되신 주의 영으로 살리심을 받는다.

언약은 쌍방이 제물 사이를 지나야 하지만, 아브라함은 지나지 않았다. 오직 하나님의 불만이 지나가셨다. 이는 하나님께서 친히 언약을 책임지시겠다는 표적이다. 노아에게는 무지개를 주셨듯, 아브라함에게는 불이 제물 사이를 지나가며 표적으로 주어졌다.

토기 화로는 그리스도의 인성이고, 하늘의 불은 그리스드의 신성이다. 성육신과 십자가와 부활을 거치며 그리스도는 사랑과 고난의 화로가 되셨고, 불타는 횃불로 세상에 오셨다. 그분은 사랑의 용광로로 우리를 제련하시고, 죄악과 저주를 불사르시며, 우리를 새 사람으로 만드신다.

그리스도 안에서 하나님과 우리는 언약을 맺었다. 그리스도는 제물이시고, 중보자시며, 보증이시다. 언약을 언약답게 지키는 분도 그리스도 자신이다. 오순절 불의 영이 제물 사이를 지나간 것처럼, 오늘도 주의 영은 우리 안에 머무시며 영원한 언약을 확증하신다. 사랑의 불은 제물 위를 지나가며 제물을 받으심을 의미한다. 주 예수님의 인생은 끓는 화로처럼 긍휼과 사랑으로 가득했으며, 십자가에서 자신을 불태우셨다. 그 불길은 지금도 우리의 절망을 소망으로, 불신을 믿음으로 데우신다.

히브리서 8:6은 이렇게 말한다. "그러나 이제 그가 더 아름다운 직분을 얻으셨으니, 더 좋은 언약의 중보시라. 그 위에 더 좋은 약속이 제정되었느니라." 그리스도는 우리와 하나님 사이에서 늘 은혜를 붓고 계신 사랑의 불이다. 그러므로 어떤 상황 속에서도 우리는 그 불을 누려야 한다.

창15:18 "그 날에 여호와께서 아브람과 더불어 언약을 세워 이르시되 내가 이 땅을 애굽 강에서부터 그 큰 강 유브라데까지 네 자손에게 주노니."

언약의 성립에는 반드시 죽음의 제물이 필요했다. 그래서 하나님은 아브라함에게 다섯 제물을 준비하라 하셨고, 불이 그것들을 지나갔다. 하나님이 친히 언약을 세우셨기에 반드시 이루어진다. 십자가는 단순히 죄 용서만이 아니다. 첫 언약을 종결하시고, 새 언약을 세우기 위한 죽음이었다(히 10:9). 그리스도 안에서 우리는 이미 구원과 화목, 그리고 새로운 언약의 생명을 얻었다. 이 언약은 땅을 약속한다. "애굽 강에서부터 유브라데까지"라는 경계는 그리스도 안에서 새 땅을 의미한다. 우리는 이 땅의 흙이 아니라, 하늘의 땅, 곧 그리스도 자신을 소유한 자들이다.

아브라함의 후손이 가나안 족속들을 정복했듯, 아브라함의 참 후손이신 그리스도는 우리 안의 모든 가나안 곧 죄와 기질을 이미 이기셨다. "환란을 당하나 담대하라 내가 세상을 이기었노라"(요16:33). 승리한 그리스도가 내 안에 계시고, 그분이 나를 정복하여 그리스도의 사람으로 세우신다. 할렐루야!

사랑의 주 예수님, 저를 위해 쪼개지신 제물이 되시고, 불타는 횃불이 되어 저를 지나가 주심을 감사합니다 언약을 친히 책임지시는 하나님, 저의 믿음과 순종이 부족할 때에도 그리스도의 사랑의 불이 저를 붙드시니 감사합니다 주여, 제 안의 가나안과 죄악을 불살라 주시고, 언약의 새 땅 곧 주님 자신을 제 몫으로 누리게 하소서 환난 중에도 담대하게, 이미 이기신 주님을 바라보며, 영원한 언약 안에서 살아가게 하소서 아멘

창세기 16장의 그리스도

"생명의 두 여인"

창16:1 "아브람의 아내 사래는 생산치 못하였고, 그에게 한 여종이 있으니 애굽 사람이요 이름은 하갈이라."

창15장이 우리에게 내적인 그리스도를 체험하는 장이라면, 창16장은 외적인 면에서 그리스도를 체험하는 장이다. 주인공은 여종 하갈이다. 애굽 출신으로 아브라함의 집 노예로 섬기다가, 그 여주인 사라가 남편 아브라함에게 하갈을 주자 첩이 되었다. 그리고 이 하갈이 아브라함의 아들을 갖게 되고, 여주인 사라를 무시하고 방자히 행하다가 고초와 어려움을 겪고, 광야로 피신해 온 상황에서 하나님의 사자를 만나는 이야기가 창16장이다.

아브라함은 애굽에서 데려온 종 하갈을 사라에게서 받아 이스마엘을 낳는다. 표면적으로 보면 하갈에게 놀라운 상승의 축복이 임했고, 그로 인해 또 다른 민족이 태어났다. 이것은 긍휼과 은혜를 입은 우리가 본래 신분에 맞지 않게 하나님께로부터 큰 것을 받은 것과 같다. 그러나 여기서 배워야 할 것은, 우리 본성은 본래 감사하지 못하는 요소를 품고 있음을 아는 것이다.

아브라함이 하갈을 취한 것은 단순히 불순종으로 볼 수 없다. "네 몸에서 씨를 주리라" 하셨기에, 아브라함은 자신이 최선을 다하면 약속이 이루어진다고 생각했다. 창15장에서는 하나님이 분명히 "네 몸에서 씨를 주리라"(창15:4)고 하셨으므로, 아브라함은 자기 몸에서 씨가 날 것이라 믿고 육체적 차원에서 순종한 것이다. 그러나 그때는 아직 사라에 대한 언급은 없었다. 그러므로 창16장의 사건은 아브라함의 불신앙이라기보다, 약속이 점점 더 좁혀져 가는 계시의 중간 과정 속에서 나온 불완전한 순종의 한 부분이다. 그리고 창17장에서야 하나님께서 "사라가 네 아들을 낳으리니 그 이름을 이삭이라 하라"(창17:19) 하시며 약속의 통로가 사라임을 밝히신다. 하갈과 이스마엘 사건은, 우리의 신앙이 때로 육체적 차원의 순종으로 드러나더라도, 그것조차 하나님이 허락하신 역사 과정 속에 있다는 것을 계시한다.

사라는 생산치 못하였다. 우리도 한때는 신앙이 부진하고 영적 침체 가운데 있다. 율법으로 노력하면 겉으로는 뭔가 이루어진 듯 보이지만, 그것은 이스마엘의 길일 뿐이다. 많은 교회가 은혜 대신 자기 힘으로 계명을 지키려 애쓰며, 이스마엘 교회가 되어 버린다. 그러나 참된 생명, 참된 언약, 참된 이삭이신 그리스도는 보이지 않는 믿음과 은혜로만 임한다. 오늘 우리의 삶에 아무 열매가 없어도 낙심하지 말자. 이스마엘의 한계를 깨닫고 자신을 신뢰하지 말고, 은혜를 구하면 반드시 때가 차서 우리 안에 그리스도가 자라날 것이다. 우리의 절망이 깊을수록 그리스도에 대한 소망은 더욱 분명해지고, 더 큰 선물을 받게 된다.

애굽은 세상의 상징이다. 우리가 애굽에서 얻은 재능, 지식, 육체적 힘은 일정 기간 쓰임 받을 수 있다. 그러나 진정한 교회의 몸은 오직 그리스도 자체로 세워진다. 하갈은 율법의 언약을, 이스마엘은 육체의 열매를 상징한다. 사라와 이삭이 하나이듯, 하갈과 이스마엘도 하나이다. 율법은 늘 우리의 육체를 요구하지만, 영의 법은 생명의 역사로 우리 영을 필요로 한다. 우리가 영으로 그리스도 안에 거하고 기도로 성령의 기름에 적셔질 때, 우리 안의 생명이 역사하여 사랑·기쁨·평강 등 영의 열매를 맺게 한다.

바울은 갈4:22-24에서 창세기를 풀어주었다. "아브라함에게 두 아들이 있으니, 계집종에게서는 육체를 따라 났고, 자유하는 여자에게서는 약속으로 말미암아 났느니라. 이것은 비유니, 이 여자들은 두 언약이라."

하갈은 옛 언약, 곧 시내산의 율법을 의미하고, 사라는 새 언약, 곧 은혜를 가리킨다. 옛 언약은 계명을 인간의 힘으로 지키려는 것이며, 이는 종의 길이다. 그러나 새 언약은 그리스도의 피로 세워져 우리에게 영원한 구속과 생명을 공급한다. 사라는 바랄 수 없는 중에 약속의 말씀을 믿음으로 이삭을 얻었듯, 우리도 바랄 수 없는 처지에서 믿음으로 은혜를 취하여 그리스도의 모든 풍성을 누리게 된다. 우리의 육신적 노력은 하갈과 이스마엘일 뿐이다. 내 노력, 내 열심, 내 자랑은 아무리 오래 쌓여도 참된 생명을 만들지 못한다. 그리스도의 긍휼만이 참된 열매를 낳는다. 나는 나 자신의 믿음조차 신뢰할 수 없고, 오직 내 안의 그리스도만을 믿을 뿐이다. 이것이 신앙의 안식이다.

왜 하나님은 사라가 하갈을 권하는 상황을 허락하셨는가? 첫째, 율법의 한계를 깨닫게 하기 위함이다(롬8:3). 인간의 육체로는 계명을 온전히 이룰 수 없다. 둘째, 율법과 우리의 수고가 그리스도께 인도하는 교사 역할을 하기 위함이다. 그리스도를 직접 체험하기 위해 먼저 율법의 무력함을 맛보게 하신다. 아브람이 십 년간 기다렸으나 때가 더 필요했던 것처럼, 우리도 그 과정을 통과한다.

결국 우리 육체의 요소는 사라의 종이다. 애굽에서 얻은 것들이 그리스도의 종으로 사용되지만, 몸을 세우는 것은 오직 은혜와 생명이다. 가인의 삯은 라멕, 함의 삯은 가나안, 하갈의 삯은 율법이다. 그러나 사라라는 은혜의 선물은 영원한 생명이다. "죄의 삯은 사망이요, 하나님의 은사는 그리스도 예수 안에 있는 영생"(롬6:23). 신앙은 삯이 아니라 선물이다. 우리는 날마다 그리스도를 거저먹고 마시는 것이다.

하갈이 잉태한 것은 겉으로 기쁜 일이었으나, 그녀는 본분을 잃고 교만해졌다. 이는 우리가 육체를 신뢰하면 본성적으로 새 언약을 경시하는 교만한 신자가 됨을 계시한다. 우리가 육체를 신뢰하며 율법을 지키는 신앙에 머물면, 본성적으로 새 언약을 경시하는 교만한 그리스도인이 됨을 계시한다. 육체에 속한 그리스도인은 새 언약의 피, 은혜, 생명, 영 등을 우습게 여긴다. 그러나 사라에게 영적 권위가 있듯, 은혜 안에서 십자가를 적용하며 영으로 거할 때 비로소 참된 권위와 평강이 세워진다. 우리에게 이런 거역의 본성이 있음은 오직 여호와께서 샘물을 통해 계시하셔야 깨닫게 된다. 이 문제를 다룸에 있어 우리는 여호와 하나님의 계시와 판단을 구한다. 모든 문제에도 하나님의 판단을 의뢰한다.

오 사랑의 주 예수님, 내 육체의 열심과 율법의 노력은 하갈과 이스마엘에 불과하오니, 저를 긍휼히 여기소서 새 언약의 은혜, 당신의 피로 세워진 언약 안에 날마다 거하게 하소서저의 자랑과 노력 대신, 내 안에 살아 계신 그리스도를 믿고 의지하는 안식을 배우게 하소서 교만한 본성을 십자가에 못 박고, 오직 은혜 안에 서서 평강과 참된 권위를 누리게 하소서

“생명의 질문”

창16:7 “여호와의 사자가 광야의 샘 곁, 곧 술 길 샘물 곁에서 그를 만나”

우리가 육체를 신뢰하는 어리석은 그리스도인임을 깨닫는 것도 광야의 샘물에서 일어난다. 여호와의 사자는 우리가 육체의 그리스도인이었을 때 늘 말씀하시던 그리스도이시며, 생명의 물도 말씀이신 그리스도이시다. 광야의 단계, 즉 내 자신으로 살다가 결국 패배와 절망 가운데 있을 때, 그리스도는 긍휼히 여기시며 우리의 상태와 방법을 알게 하신다. 그리스도가 가득한 성경이 곧 샘이요, 우리 안의 그리스도가 곧 샘물이시다.

광야로 나온 하갈은 마음이 사망 가운데 있었다. 근심과 걱정, 염려와 절망이 가득하여 어디로 가야 할지 알지 못했다. 그러나 창16장의 결론은 아름다운 복음을 보여 준다. 아무 공로 없는 여종 하갈일지라도 하나님의 사자가 찾아와 약속과 축복과 소망을 주어 마음과 인생을 다시 소성케 하신다. 하갈은 주 예수 그리스도, 하나님의 사자를 만나 부활을 경험한 것이다.

주 예수께서 2천 년 전에 부활하셨는데, 그분의 십자가의 죽음과 부활은 모든 시간과 인생의 기준점이다. 그 부활은 과거에도 효력을 미쳤고 미래에도 영향을 미친다. 오늘 우리의 마음이 사망에 눌릴 때, 주 예수의 부활의 능력이 역사하여 우리를 다시 살아나게 하신다. 우리는 부활을 기뻐하며 축하한다. 그런데 그리스도의 부활의 진정한 의미는 무엇인가? 본래 하나님의 본체이신 그분이 죽음에서 살아난 것이 그 자체로 놀라운 일이겠으나, 만물을 지으신 그분이 죽음을 이기신 사건은 더 깊은 의미가 있다. 그것은 곧 그리스도가 부활하셨기에 우리도 함께 부활했다는 것이다. 또한 전에는 그분 자신을 위해 사셨지만 이제는 우리를 위해 살아 계신다는 것이다. 4천 년 전 하갈을 찾아오셨던 그리스도는 지금도 수많은 ‘하갈’들을 찾아와 그들의 마음을 격려하고 계신다.

하갈이 울다가 우물을 만나고 하나님의 사자를 발견한 것은, 자기 열심으로는 우물을 팔 수 없고 '발견하는' 것밖에 없는 상태를 보여 준다. 그러나 사라에게서 태어난 이삭은 어떤 환경에서도 우물을 판다. 우리 안의 그리스도 생명은 우리를 절망에 남겨 두지 않고 언제나 새로운 우물을 파게 하신다. 우리는 율법의 종이 아니라 새 언약의 자유 안에 있기 때문이다. 그러므로 내 상태와 상관없이 언제든 그리스도께 나아가 내 안의 생명 되신 샘물을 마실 수 있다. 율법 아래서는 목마르고 울어야 우물을 발견하지만, 은혜와 생명 안에서는 그리스도를 부를 때마다 내 안에서 생수의 강이 솟아난다. 말씀을 누릴 때마다 영원한 생명수로 적셔지고, 기도로 구할 때마다 그리스도가 솟으시며, 찬송할 때 넘치시고, 교통할 때 흘러간다.

하갈의 근심은 자신만이 아니라 태중의 아이의 미래에 대한 두려움이었다. 그러나 그 순간 하나님의 사자는 하갈에게 축복의 약속을 주신다. 그녀의 자손이 창대하여 셀 수 없이 많아질 것이며 강대한 민족을 이룰 것이라는 것이다. 지금은 아들 하나이지만, 이스마엘은 후에 열두 아들을 낳아 한 민족을 이룬다. 하나님의 사랑과 풍성이 바로 여기에 드러난다.

이 약속으로 하갈은 다시 용기를 얻어 주인에게 돌아갈 수 있었다. 이처럼 우리도 부활의 주님이 돌보고 계신다. 우리는 만나는 모든 사람에게 생명수이신 그리스도를 흘려보내는 자인가, 아니면 메마른 땅으로 남아 있는가? 메마른 돌과 같은 나 자신을 회개하며, 십자가 나무의 지팡이에 맞아 그리스도의 생명을 흘려보내기를 소망한다.

창16:8 "이르되 사래의 여종 하갈아 네가 어디서 왔으며 어디로 가느냐"

여호와의 사자가 하갈에게 묻는다. "네가 어디서 왔으며 어디로 가느냐?" 그리스도의 이 물음은 참으로 심오하다. 나는 어디서 왔는가? 나는 육체인가,

영인가? 육체로도 하나님의 피조물이요, 복음으로는 그리스도 안에서 새 언약을 가진 하나님의 자녀이다. 우리가 십자가에서 무엇이 끝났는지를 아는 것은 매우 중요하다. 또한 우리의 방향은 어디인가?

여호와의 사자가 하갈에게 묻는 것은 그가 정말 몰라서 묻는 것이 아니다. 이미 질문 속에 답이 들어 있다. "사래의 여종 하갈아!" 곧, 사래에게서 왔고, 아브라함의 집에서 왔으며, 여종의 신분이었고, 이름이 하갈이라는 것까지 이미 알고 계신다. 따라서 "어디서 왔느냐"는 질문은 단순한 위치 확인이 아니라 본질적 기원을 묻는 것이다. 하갈이 본래 있어야 할 자리는 믿음의 집, 하나님의 사람의 집이었다.

주 예수 그리스도께서 고난과 절망 속에 있는 우리에게도 동일하게 물으신다. "너는 어디서 왔느냐?" 우리의 대답은 분명하다. 우리는 그리스도에게서 왔다. 하나님께로부터 시작하여 이 세상에 태어난 존재이다. 그리스도 예수 안에서 예정되었고, 그리스도 예수 안에서 태어났으며, 그분 안에서 창조된 자이다(골1:16). 동시에 이 질문은 우리가 죄악과 교만과 불신, 불순종에서 왔음을 깨닫게 한다. 그러므로 우리의 대답은 이렇게 이어져야 한다. "저는 본래 믿음의 집에 속했는데, 교만과 죄악에서 떠나왔습니다. 하나님, 제가 회개합니다."

하갈은 종의 신분에서 첩으로 격상되었고, 심지어 아브라함의 씨를 가진 여인이 되었다. 그러나 그 신분의 상승은 그녀를 교만하게 만들었다. 우리도 은혜 안에서 신분이 높아졌을수록 더욱 겸손해야 한다. 그리스도를 더 깊이 먹고 마시고, 진리 안에 자라나서 겸손하신 주님의 성품이 우리 안에 강하게 조성되어야 한다.

또 여호와의 사자는 하갈에게 묻는다. "너는 어디로 가느냐?" 애굽으로 돌아가야 하는가? 그러나 애굽은 종의 자리요, 사망의 자리이다. 하갈은 되돌아가자니 용기가 없고, 앞을 향해 나아가자니 희망이 없다. 주님은 환란 중에 있는 우리에게도 동일하게 묻는다. "어디로 가느냐?" 답은 이미 주어져 있다. 다윗의 고백처럼, 여호와는 우리의 피난처이시니 하나님께 피해야 한다. 여호와의 사자의 질문은 하갈이 다시 믿음의 집으로 돌아가 순종과 인내의 삶을 살아야 함을 가르친다. 환란 중에는 하나님의 약속 안으로 피해야 한다. 믿음의 집에서 견디며 살아내는 것이 우리의 신분이다. 세상에서 얻은 성품은 이 과정에서 다듬어져야 한다. 징계와 인내가 필요하다. 말씀 속에서 우리는 새롭게 조성된다.

창16:9 "여호와의 사자가 그에게 이르되 네 여주인에게로 돌아가서 그 수하에 복종하라"

여호와의 사자는 하갈에게 주인에게 돌아가 복종하라고 명하신다. 만약 여기에서 끝난다면, 이는 단순히 율법적 요구로 보일 수 있다. 그러나 창16장의 맥락은 단순한 복종의 요구에 머물지 않는다. 이 장은 오히려 하나님께서 비참하고 곤고한 여종 하갈에게 사자를 보내어 축복을 선포하신 사건이다. 돌아감과 복종은 심판이 아니라 은혜의 길이다. 하갈이 돌아가야 할 자리는 아브라함의 집이다. 아브라함은 믿음을, 사라는 은혜를 상징한다. 믿음과 은혜 속에서, 그리고 내 노력까지도 주 앞에 다루어지는 자리에서 우리는 살아야 한다. 결국 답은 분명하다. 우리는 그리스도에게서 왔고, 그리스도에게로 가야 한다. "하나님이 그들로 하여금 이 비밀의 영광이 이방인 가운데 얼마나 풍성한지를 알게 하려 하심이라. 이 비밀은 너희 안에 계신 그리스도시니 곧 영광의 소망이니라"(골1:27). 우리도 돌아가자. 다시 그리스도의 집으로, 그리스도의 몸으로, 믿음과 은혜의 자리로 돌아가자.

오 주 예수님, 광야에서 울고 있는 당신의 종들을 살피시고, 위로하시고, 축복의 말씀을 내려주시며, 죽은 것처럼 엎드러졌으나 생명을 주시고 일으키시고 돌이키게 하시고, 본래 속한 믿음의 집으로 돌아가게 하소서 소망으로 세우시고, 약속하신 대로 축복하소서 놀라거나 두려워하지 않게 하시고, 나의 여호와이신 당신만 의지하게 하소서 주의 생명이 오늘도 우리 안에 가득하게 하소서

"생명의 살핌"

창16:10-12 "여호와의 사자가 하갈에게 이르되 내가 네 씨를 크게 번성하리라… 그 이름을 이스마엘이라 하라… 여호와가 들으셨음이니라 들나귀 같이 되겠고…모든 이에 대항하여 살리라."

아무 공로 없는 "애굽 출신 여종" 하갈은 광야 샘 곁에서 여호와의 사자, 곧 그리스도를 만나 네 가지 약속을 받고 회복된다. 그녀가 믿음의 집, 아브라함의 가문과 연관이 있기에 이 복을 받는다. 믿음이 약해도 믿음의 집과 연결된 자는 결국 은혜를 입는다. 우리 모두가 아브라함의 집에 연관이 있음을 감사해야 한다.

첫째, 씨가 크게 번성할 것이라는 약속이다. 하갈은 자신과 아이의 생존조차 염려했으나, 하나님은 후손이 창대하게 번성할 것을 말씀하신다. 실제로 이스마엘은 한 아들로 시작했지만, 후에 열두 아들을 낳아 민족을 이루었다. 이스마엘은 믿는 자 안에 여전히 남아 있는 육신을 가리킨다. 하나님은 믿음 안에서조차 우리의 육신을 버리지 않으시고, 돌보시며 다스리신다.

둘째, 아들에게 "이스마엘"이라는 이름을 직접 선물하였다. 하나님은 자신의 이름 "엘"을 그 아이에게 직접 주셨다. '이스마엘'은 "하나님이 들으셨다"는 뜻이다. 곧 고통을 들으시는 하나님이다. 하나님은 여종의 탄식을 들으셨고, 그 신음을 외면하지 않으셨다. 주 예수 그리스도께서는 우리의 참 이스마엘로 오셔서, 죄의 신음을 친히 들으시고 대속하셨다. 우리가 육신적 신앙 가운데 있었을 때도 주님은 우리의 기도를 들으셨다. 그러니 오늘도 담대히, 평안히 그분께 기도하자.

셋째, 들나귀처럼 자유하게 될 것을 말씀하셨다. 하갈은 여종이었으나 그 아들은 자유의 약속을 받았다. 여종의 아들은 종이 되어야 하지만, 하나님은 그를 풀어 주실 것이라 하신다. 이는 육신적 신앙 안에서도 자유를 경험하게 되는 하나님의 긍휼을 보여 준다.

넷째, 모든 사람과 겨루며 강성할 것이라는 약속이다. 경쟁 속에서도 자신 위치를 차지하게 될 것이라는 말씀이다. 실제로 이스마엘의 후손은 여러 민족 속에서 자리를 잡고 확장되었다. 그러나 동시에 이는 율법적 신앙의 한계를 드러낸다. 인간적 노력과 육신의 열심은 외적으로 강해 보이나, 결국은 다툼과 갈등을 낳을 수밖에 없다. 화목과 평강은 오직 은혜와 약속 안에 있는 이삭에게서만 온다.

여호와의 사자는 "내가"라고 말씀하셨다. 이 여호와의 사자는 바로 그리스도 자신이시다. 그리스도이신 하나님께서 친히 이스마엘의 씨를 번성하게 하신다고 말씀하신다. 이는 하나님의 긍휼이다. 육신적 열심으로 낳은 아들일지라도 하나님은 축복하시고, 은혜의 손길을 거두지 않으신다. 그러나 동시에 하나님은 참 언약이 오직 사라와 이삭 안에서 성취됨을 밝히신다. 이스마엘의 축복은 은혜의 여정 속에서 "과정"일 뿐, 궁극은 아니다. 하나님은 이스마엘의 신앙에 머물게 하지 않으시고, 결국 이삭의 신앙으로 이끌어 가신다.

하갈이 누구인가? 세계적 영웅인가? 당시 인류 역사에 지대하게 기여한 고대 인물인가? 아니면 끊임없이 모든 사람을 돕고, 겸손하게 하나님을 섬긴 믿음의 사람인가? 신분이 높은 고귀한 사람이었는가? 전혀 아니다. 지금 한쪽에는 지극히 높은 하나님의 사자가 있고, 다른 한쪽에는 지극히 낮고 천한 애굽의 여종이 있다. 이 만남과 대면이 창16장에 있는 것이다. 이것이 바로 하나님과 우리의 만남이요, 대면이다. 하갈의 교만과 실패에도 불구하고, 하나님은 찾아오셨다. 이것이 은혜다. 믿음이 있을 때만 살피시는 것이 아니라, 믿음이 무너졌을 때도 하나님은 긍휼로 우리를 만나 주신다. "아브라함의 집으로, 여주인 사라에게로 돌아가라" 하신 말씀은 곧 "믿음으로, 은혜로 돌아가라"는 뜻이다. 하나님의 사자가 애굽 여종에게 나타난 것 자체가 복음이다. 하갈을 만나 주신 하나님께서 우리를 만나지 않으시겠는가?

우리는 단순히 자유로운 들나귀로 머물러서는 안 된다. 이스마엘은 경쟁과 갈등의 삶을 살았지만, 하나님은 우리를 이삭의 길, 곧 은혜와 약속의 길로 인도하신다. 들나귀보다 양이 되기를, 형제와 다투는 자가 아니라 형제를 섬기는 자가 되기를 소망해야 한다. 결국 들나귀는 번제 제물인 어린 양으로 대속된다. 우리도 육신적 신앙을 넘어 그리스도 안에서 새 언약의 양으로 살아야 한다. 주 예수님은 우리에게 오신 여호와의 사자요, 약속이요, 생명이시다. 하갈에게 약속을 주셨던 그 주님이 오늘도 우리를 만나 주신다. 연약함 속에서도 위로하시고 격려하시며 축복의 말씀으로 새 힘을 주신다.

창16:13 "하갈이 자기에게 이르신 여호와의 이름을 나를 살피시는 하나님('엘-로이')이라 하였으니 이는 내가 어떻게 여기서 나를 살피시는 하나님을 뵈었는고 함이라"

하갈은 난국 속에서 '엘-로이,' 곧 살피시는 하나님을 만났다. 아브라함만 돌보시는 하나님이 아니라, 애굽 여종 하갈까지 돌보시는 하나님이다. 창16장은 우리가 하갈 같은 상태에 있을 때도 긍휼로 돌보시는 하나님을 계시한다. 믿음이 약한 자라도 위로하시고 일으키시는 하나님을 보라. 얼마나 감사한가! 하갈이 만난 여호와의 사자는 곧 그리스도이시다. 그분은 잠시 방문하시는 분이 아니라, 지금 우리 안에 내주하시는 분이다. 하갈이 광야에서 만난 샘물은 지금도 우리에게 흐르고 있다. 주 예수님은 우리의 소망이시며 위로이시며 생명이시다.

우리는 창세기를 통해 하나님의 이름들이 확장되는 것을 본다. 창14장에서 멜기세덱은 엘 엘욘(El Elyon), 지극히 높으신 하나님을 계시했다. 창16장에서 하갈은 엘-로이(El Roi), 즉 감찰하시는 하나님을 만났다. 이어 창17장에서는 '엘 샤다이(El Shaddai),' 즉 품에 안고 전부를 주시는 전능하신 하나님이 계시된다.

창21:33에서는 '엘 올람(El Olam),' 영원하신 하나님이 나타나며, 창31:13에서는 '엘 벧엘(El Bethel),' 하나님의 집을 가지신 하나님이 계시된다. 창33:20에서는 '엘 엘로헤 이스라엘(El Elohe Israel),' 이스라엘의 하나님이 선포됨을 본다. 성경은 이렇게 하나님의 이름을 통해 그분의 성품과 그분이 누구를 위하시는지를 점점 더 풍성히 계시한다.

창16:14 "이러므로 그 샘을 브엘라헤로이라 불렀으며 그것은 가데스와 베렛 사이에 있더라"

하갈은 그 샘을 브엘-라헤-로이라 불렀다. 그 뜻은 "우물-생명-비전"이다. 곧 부활 생명의 우물이다. 하갈은 사망 가운데서 여호와의 사자를 만나 생명으로 나온 것이다. 그리스도의 부활은 단순히 죽음을 이기신 사건이 아니라, 우리에게 새로운 생명을 주시기 위한 것이다. 그러므로 브엘라헤로이는 우리에게 오늘도 생명의 샘물이신 주 예수를 가리킨다.

샘을 우물이라 부른 것도 의미가 깊다. 샘물은 흘러가는 물이지만, 우물은 그 샘을 붙잡아 자기의 소유로 삼은 물이다. 하갈은 광야에서 샘물을 만나고, 약속과 소망을 받고, 그 샘을 우물로 붙잡았다. 우리도 흘러가는 은혜를 잠깐 경험하는 데 그치지 말고, 믿음으로 간증의 돌을 쌓아 생명의 우물로 삼아야 한다. 가정과 일터와 교회가 바로 그리스도의 우물이 되어야 한다. 이 우물은 가데스와 베렛 사이에 있다. 가데스는 거룩, 베렛은 환호를 뜻한다. 곧 그리스도는 우리의 거룩이시며, 우리의 찬송이시다.

창16:15 "하갈이 아브람의 아들을 낳으매 아브람이 하갈이 낳은 그 아들을 이름하여 이스마엘이라 하였더라"

주의 사자가 그녀를 찾아주셨을 때 소망이 생겼다. 이는 그녀가 하나님을 찾은 것이 아니라, 하나님이 그녀를 찾아주신 사건이다. 골짜기까지 내려오신 그리스도는 얼마나 감사한 분인가! 염소 같은 하갈을 양처럼 품어주시고, 약속의 어깨 위에 태우시는 주님이시다. 아브라함은 육신으로 이스마엘을 낳았지만, 하나님은 그의 이름 속에 "하나님이 들으신다"라는 의미를 주셨다. 육신의 수고와 신음까지도 하나님이 들으신다는 것을 알게 하셨다. 우리가 믿음이 약할 때도, 하나님은 우리의 기도를 들으시며 우리를 살피신다.

창16:16 "하갈이 아브람에게 이스마엘을 낳았을 때에 아브람이 팔십육 세였더라"

아브라함이 86세에 이스마엘이 태어났다. 아브라함이 70세에 여정을 시작하여 100세에 이삭을 낳기까지의 정확한 중간 지점, 30년 여정 가운데 딱 절반 시점에서 이 사건이 일어난 것이다. 하나님은 우리의 믿음이 약해지는 순간도 아신다. 그러나 동시에 회복의 방법도 준비해 두신다. 이스마엘이 태어난 후에도 장자의 상속자인 이삭이 태어나기까지 14년을 더 기다려야 했다. 우리에게도 여전히 믿음의 여정이 필요하다. 들나귀 같은 옛 본성을 양으로 대속하실 구주의 형상이 이루어지기까지, 우리의 길은 계속된다.

오 주 예수님, 곤고한 저에게 샘물이 되어 주셔서 감사합니다 제 안의 근심의 돌들을 치워 주시고, 그 자리에 믿음의 돌을 쌓아 간증의 우물로 삼게 하소서 가정과 교회와 일터에서 제가 생명의 우물이 되게 하시고, 많은 이들이 이 물을 마시게 하소서 주님이 우물이시니 저도 주님 안에서 우물이 되기를 원합니다 오늘도 번성의 약속을 신뢰하며, 거룩과 찬송 안에서 주 예수님을 찬양합니다 오 주 예수여, 주 예수여, 주 예수여!

창세기 17장의 그리스도

"생명의 99세"

창17:1 "아브람이 구십구 세 때에 여호와께서 아브람에게 나타나서 그에게 이르시되 나는 전능한 하나님(El Shadday)이라 너는 내 앞에서 행하여 완전하라."

창17장은 아브라함의 믿음의 여정에서 중요한 전환점이다. 바로 앞 창16장과 17장 사이에는 무려 13년의 공백이 있다. 이 13년 동안 하나님은 침묵하신 것처럼 보이지만, 사실 하나님은 아브라함을 버리신 것이 아니었다. 언제나 함께 계셨다. 하나님은 그분의 때를 기다리셨고, 아브라함의 인내가 무르익고, 그의 모든 인간적 시도가 종착점에 이르렀을 때 다시 나타나셔서 새로운 언약과 새로운 이름, 새로운 축복을 갱신해 주신 것이다.

아브라함이 99세가 되었을 때 하나님은 그에게 나타나셨다. 성경에서 99세라는 숫자는 단순한 나이를 가리키는 것이 아니라, 인간의 능력이 완전히 끊어진 상태를 상징한다. 로마서 4장 19절에서 바울은 아브라함을 가리켜 "그 몸이 죽은 것 같고 사라의 태가 죽은 것 같음을 알고도 믿음이 약하지 아니하였다"고 증언한다. 곧 아브라함의 몸은 더 이상 생명을 낳을 수 없는 상태였다는 것이다.

아브라함에게 아들이 전혀 없었던 것도 아니다. 이미 이스마엘이 있었다. 그러나 이스마엘은 86세의 아브라함이 아직 건강하고, 자신의 힘으로 낳은 아들이었다. 육신의 산물이었다. 하나님은 이스마엘을 약속의 씨로 인정하지 않으셨다. 이제 99세, 자기 힘으로는 아무것도 할 수 없는 절망의 자리에서야 하나님께서 다시 나타나셔서 말씀하신다. "나는 전능한 하나님이라. 내가 아들을 주겠다."

여기서 우리는 중요한 진리를 본다. 하나님의 약속은 인간의 능력이 끊어진 자리에서만 드러난다. 내 힘이 여전히 남아 있을 때는 내가 주도하려 하지만, 완전히 무력해졌을 때 하나님은 그 무력 위에 은혜를 세우신다. 그래서 아브라함이 99세 되었을 때 하나님은 그에게 나타나셨다. 우리의 영적 여정 속에서도 우리는 반드시 "99세"라는 영적 순간을 만나야 한다. 더 이상 내 힘으로는 할 수 없고, 오직 은혜와 약속만이 남는 자리에서 하나님은 친히 나타나신다.

이때 하나님은 자신을 새로운 이름으로 계시하셨다. "나는 전능한 하나님(엘 샤다이)이라." 여기서 "샤다이"라는 히브리어는 "전능"이라는 의미만이 아니라, "가슴"이라는 어원을 가진다. 다시 말해 "샤다이"는 모든 것을 공급하는 풍성한 가슴을 의미한다. 그러므로 엘 샤다이는 "모든 것을 공급하시는 하나님"이다. 하나님은 아브라함에게 말씀하신다. "나는 천지를 창조하신 지극히 높으신 하나님만이 아니라, 너를 품고 먹이고 입히는 가슴의 하나님이다. 나는 너에게 젖을 먹이는 어머니의 가슴처럼, 따뜻한 아버지의 품처럼, 모든 것을 공급하는 하나님이다."

우리가 창1장에서 만난 하나님은 천지를 창조하신 창조주였다. 창17장에 이르러 하나님은 가까이 임하셨다. 이제는 "가슴의 하나님", 곧 공급하시는 하나님으로 자신을 계시하신다. 우리는 하나님을 단지 멀리 계신 높으신 분으로만 아는 것이 아니라, 내 삶 깊이 다가와 모든 필요를 채우시는 분으로 체험해야 한다. 나는 이런 하나님을 어떻게 체험할 수 있을까? 지극히 높으신 하나님이 아니라 나에게 언제나 다가오셔서 따뜻한 가슴으로 나를 안아 주시고 모든 풍성을 제공하는 이 놀라운 하나님을 나는 어떻게 체험할 수 있을까? 우리에게 놀라운 복음이 있다! 주 예수 그리스도가 바로 그 엘 샤다이 하나님이시다. 그분은 2천 년 전 육신을 입고 오셔서 모든 것을 고치시고, 가르치시고, 영원한 생명을 주시고, 지금도 우리에게 모든 것을 공급하신다. 그리스도 예수 안에서 이미 받았다. 우리가 주 예수의 이름을 믿었을 때, 주 예수께서 우리의 심령에 피만 뿌린 것이 아니라 우리 심령 안에 들어오셨다. 이 놀라운 하나님이시고 여호와이시며 우리의 구주이시고 세세에 찬송 받으실 하나님이신 주 예수님이 따뜻한 가슴을 우리에게 주고 계신다.

하나님은 아브라함에게 "너는 내 앞에서 행하여 완전하라"고 하셨다. 여기서 "행하다"는 단순히 걸으라는 말이다. "너는 내 앞에서 걸어가라. 내가 너를 보고 있다"는 것이다. 하나님은 뒤에서 아브라함을 지켜보시며, 무너질 때마다 붙들어 주시겠다는 뜻이다. 또한 "완전하라"는 말씀은 아브라함이 이미 완전하다는 뜻이 아니다. "네가 불완전하니 내가 너를 온전하게 만들겠다"는 약속이다. 우리의 믿음은 언제나 부족하다. 그러나 하나님은 우리를 온전케 하시기 위해 오신다. 그리스도 안에서 하나님은 우리의 인격을, 성품을, 믿음을 온전케 하신다.

우리가 만나는 사람들, 일하는 동료들, 함께 사는 가족들 모두 불완전하다. 그러나 그들 역시 하나님의 긍휼 안에 있다. 그래서 우리는 사람의 부족함만 보는 것이 아니라, 그 뒤에 역사하시는 하나님의 손길을 믿음으로 바라본다.

오 주 예수님, 나의 하나님, 우리에게 모든 것을 늘 공급하시는 엘 샤다이 하나님, 당신을 주 그리스도 안에서 만나게 하시고 모든 일에 감사하게 하소서

"생명의 개명"

창17:5 "이제 후로는 네 이름을 아브람이라 하지 아니하고 아브라함이라 하리니 이는 내가 너로 열국의 아비가 되게 함이니라."

하나님은 여기에서 아브라함을 더욱 놀라운 축복으로 전진시키신다. 이름이 바뀌는 복이다. 아브람(Abram)에서 아브라함(Abraham)으로 바꾸시고 아내 사래(Sarai)의 이름도 사라(Sarah)로 바꾸어 주신다. 만민에게 그리스도의 사랑과 긍휼을 나타낼 넓은 주님의 그릇이 되어야 함을 가르쳐 주신다. 아브라함의 이름에는 "ㅎ" 소리가 들어가는데, 이는 영어의 "h"이고 히브리어의 "ה"이다. 하나님의 이름 야훼("יהוה")에는 "ה"가 두 번 들어간다. 하나님은 그분의 이름 속에 있는 "ה"를 아브람의 이름에 넣어 결합시켜 주신 것이다. 이 "ה"는 성경에서 생명을 상징한다. 참 생명이신 주 예수님이 우리 안에 오셨다는 것 자체가 우리의 이름이 바뀌어진 것을 뜻한다. 하나님의 영적인 생명, 하나님의 영적인 기운과 하나님의 영 자체가 우리 본질 안으로 들어온 것, 이것이 창17장에서 이름이 바뀐 의미이다. 이런 면에서 우리의 이름은 진실로 바뀌었다. 그리스도의 생명이 들어와 이름이 바뀌었다는 것은, 이름이 곧 존재를 뜻하기에 우리의 본질이 바뀌었음을 의미한다. 그러므로 우리는 이를 믿음으로 취해야 한다.

아브람은 "높은 아버지"라는 뜻이고, 아브라함은 "많은 사람의 아버지"라는 뜻이다. 이제 그는 단순히 높은 아버지가 아니라 수많은 생경을 낳는 아버지가 된 것이다. 사래는 "나의 공주"라는 이름으로, 집안에서 귀히 높임 받는 여인을 뜻한다. 그러나 하나님이 그 이름을 사라로 바꾸어 주셨을 때, 그녀는 이제 한 가정의 귀부인이 아니라 만인의 어머니, 모든 사람의 어머니가 된 것이다.

이제 우리는 영적인 이름 바꾸기를 우리 삶에도 적용해야 한다. 우리의 이름은 세상 안에서 얻는 이름이 아니라, 하나님 안에서 본질이 이루어지도록 지어진 이름이다. 단 한 사람도 예외가 없다. 이것이 바로 그리스도인의 이름 바꾸기이다. 아브라함의 이름을 바꾸어 주신 하나님은 그리스도 예수 안에서 우리를 아브라함과 사라처럼, 많은 사람의 아비와 어미로 사용하신다.

아브라함은 믿음을, 사라는 은혜를, 이삭은 생명 되신 그리스도를 나타낸다. 사라가 아직 "사래"였을 때 신앙의 초점은 "나의 은혜"에 있었다. 내가 은혜를 받는가, 받지 못하는가가 우선이었다. 물론 이는 매우 귀하고 중요한 단계이다. 늘 은혜 아래 거하며 나의 은혜를 누리는 "사래"의 신앙은 값지다. 그러나 그 은혜가 나에게 머무는 데 그치지 않고, 모든 이에게 흘러가고, 모든 일에 풍성히 나타나는 "사라"의 신앙은 더욱 영광스럽다. 이제 그리스도 안에서 우리의 눈이 밝아져 아브라함과 사라로 살게 되기를, 곧 믿음과 은혜로 살며 마침내 생명 되신 그리스도, 이삭을 낳는 삶에 이르기를 소망한다. 할렐루야!

창17:6 "내가 너로 심히 번성하게 하리니 내가 네게서 민족들이 나게 하며 왕들이 네게로부터 나오리라"

하나님께서 아브라함을 심히 번성케 하셨듯, 그리스도 안에서 우리의 존재도 교회로 확장된다. "네게서 민족들이 나오리라"는 말씀은 복음이 온 열방 가운데 전파되어 각 민족이 믿음의 자손으로 태어남을 보여 준다. 로마서 5장 17절은 한 사람 아담의 범죄로 사탄이 왕 노릇하며 우리를 종으로 삼았으나, 이제 은혜와 의의 선물을 넘치게 받은 자들이 한 분 예수 그리스도로 말미암아 생명 안에서 왕 노릇한다는 약속을 증언한다.

주 예수 그리스도는 만왕의 왕이시며, 그분 안에서 우리도 왕 같은 제사장으로 세워졌다. 그러므로 우리는 죄와 사망을 다스리며, 장차 그리스도와 함께 영원히 왕 노릇한다. 결국 아브라함에게 주신 약속은 그리스도 안에서 성취되어, 모든 민족과 왕들이 어린 양 보좌 앞에 경배하는 영광으로 완성된다.

창17:7 "내가 내 언약을 나와 너 및 네 대대 후손 사이에 세워서 영원한 언약을 삼고 너와 네 후손의 하나님이 되리라"

하나님은 아브라함의 이름을 주시며 그 이름을 이루시겠다는 언약을 주셨다. 여기서 "언약을 세운다"가 아니라 "언약을 준다"는 표현이 중요하다. 창15장에서 하나님은 언약을 객관적으로 세우셨고, 17장에 와서는 이미 세워진 언약을 아브라함에게 주셨다. 즉, 언약이 하나님과 인간 사이 어딘가에 머무는 것이 아니라, 이제 아브라함에게, 그의 후손에게 직접 주어진 것이다. 언약은 마음에 오고, 나중에는 할례라는 표를 통해 몸과 생활, 환경까지 임한다.

하나님은 예수 그리스도를 하나님과 우리 사이의 언약으로 세우셨다. 그러나 이제 그 언약은 단지 중간에 머무는 것이 아니라, 우리에게 주어진 것이다. 그래서 하나님은 말씀하신다. "내가 너와 네 후손의 하나님이 되리라." 언약의 중심은 언약 자체가 아니라, 언약의 대상인 우리이다. 하나님은 친히 우리의 하나님이 되시며, 우리 편에 서신다.

창15장에서 별처럼 많은 자손의 약속을 주셨다면, 이제 창17장에서는 그 자손에게도 언약을 이어 주시겠다고 하신다. 아직 자녀도 없는 아브라함에게 하나님은 언약을 더욱 확장하여, 이삭과 그의 후손뿐 아니라, 참 후손 예수 그리스도 안에서 태어날 모든 자손들과도 영원한 언약을 맺으시겠다고 약속하신다. "주 예수를 믿으라 그리하면 너와 네 집이 구원을 얻으리라"는 말씀은 바로 이 언약의 확장을 보여 준다. 나와 내 집, 내 자녀와 후손이 모두 언약 안에 있다는 사실은 놀랍고 감사한 복이다. 우리만이 언약의 대상이 아니요, 우리가 주 예수를 믿기에 우리의 자녀도 언약의 대상이다. 하나님의 언약 안에 이미 들어와 있다. 얼마나 놀랍고 감사한 복인가? 이를 믿음으로 취하자! 그리스도 예수가 언약이시고, 언약의 피를 우리에게 주셨기에 우리 믿음의 형제들도, 사랑하는 가족들도 그리고 우리의 후손들도 언약의 대상이며, 하나님이 돌보시는 대상이라는 것이다. 또한 7절의 언약은 "영원한 언약"이다. 5년, 10년의 유효기간이 아니라 영원한 약속이다. 주 예수 그리스도의 피로 세워진 이 언약은 시간의 제한을 초월한다. 하나님은 우리를 잠시 보호하시지 않고, 영원히 보호하신다. 변치 않으시려 영원한 언약을 세우신 것이다.

창17장에서 주목할 점은 하나님께서 계속해서 "내가 너로… 내가 네게서… 내가 내 언약을… 내가 너와 네 후손에게…"(6-8절)라고 말씀하신다는 사실이다. 즉, 하나님이 우리를 향하고 계신 것이다. 언약은 본래 쌍방 간의 약속이다. 그래서 "하나님은 우리에게, 우리는 하나님께"라고 해야 옳다. 그러나 창17장에서는 하나님께서 일방적으로 선언하신다. "내가 이루겠다." 이것이 언약의 본질이며 은혜이다. 하나님이 친히 이루신다는 사실이 언약의 가장 중요한 특질이다. 그러므로 우리는 언약을 말할 때마다, 하나님이 이루신다는 이 사실을 머리와 마음에 깊이 새겨야 한다. 주 예수 그리스도는 하나님과 우리 사이의 중재자일 뿐 아니라 언약 자체이다. 이제 언약은 멀리 있는 것이 아니라, 우리 마음과 삶 속에 이미 들어와 우리 것이 되었다.

창17:8 "내가 너와 네 후손에게 너의 우거하는 이 땅 곧 가나안 일경으로 주어 영원한 기업이 되게 하고 나는 그들의 하나님이 되리라."

하나님은 아브라함에게 놀라운 약속을 주신다. 단지 땅을 소유하는 수준이 아니라, 그 땅이 영원한 기업이 되리라고 하신다. 창15장에서도 땅의 약속이 있었지만, 17장에서는 그것을 한층 더 확장하여 대대손손 결코 빼앗기지 않을 기업으로 언약하신다. 세상 땅은 사고 팔 수 있고 언제든 잃을 수 있다. 그러나 하나님이 주시는 땅은 영원하다.

그렇다면 참된 기업은 무엇인가? "여호와가 나의 기업이니…" (시16:5). 곧 그리스도 자신이 우리의 영원한 기업이시다. 그분은 빼앗길 수 없고, 변할 수 없으며, 이미 우리 안에 침투하여 거하시는 분이다. 씨(후손)는 생명이신 그리스도, 땅은 풍성이신 그리스도, 성전은 진리이신 그리스도, 언약궤는 비밀이신 그리스도를 가리킨다. 결국 하나님께서 약속하신 땅은 다름 아닌 그리스도의 충만이다.

창17:9 "너는 내 언약을 지키고 네 후손도 대대로 지키라."

여기서 "지킨다"는 단순히 무언가를 행하는 의미가 아니라, 보물을 간직하듯 마음 깊이 품는다는 뜻이다. 언약은 우리의 행위가 아니라, 우리의 가슴에 보관해야 할 보화이다. 우리가 약해져 영적 99세의 때를 맞이할지라도, 성령께서 우리 안에서 언약을 다시 새기시며 믿음을 더해 주신다. 제자들이 "믿음을 더하소서"라고 간구했을 때, 주님은 겨자씨 한 알 믿음만 있어도 산을 옮길 수 있다고 말씀하셨다. 이는 작은 믿음이라도 주께서 크게 역사하신다는 약속이다. 그러므로 염려하지 말자. 우리의 작은 믿음도, 주님 손에 있으면 반드시 크고 놀라운 일을 이룬다. 하나님은 언약을 주셨고, 우리는 그것을 마음 깊이 간직하는 자로 부르심 받았다.

사랑의 주 예수님, 아브람을 아브라함으로, 사래를 사라로 바꾸신 주님, 우리의 이름과 본질도 새롭게 하여 주심을 감사합니다 그리스도의 생명을 우리 안에 넣어 주셔서, 믿음과 은혜로 많은 생명을 낳는 자 되게 하소서

"생명의 할례"

창17:10-11 "너희 중 남자는 다 할례를 받으라. 이것이 나와 너희와 너희 후손 사이에 지킬 내 언약이니라. 너희는 포피를 베어라. 이것이 나와 너희 사이의 언약의 표징이니라."

하나님은 아브라함과 그에게 속한 모든 남자들에게 할례를 명하셨다. 이는 단순한 표식이 아니라, "너는 나의 백성이다"라는 선언이다. 가슴의 하나님께서 친히 몸에 언약의 흔적을 새겨 주신 것이다. 아브라함의 존재 전체가 할례를 받아야 했다. 곧 마음의 할례, 영의 할례, 그리고 삶 전체의 표식을 의미한다. 대화에도, 식사에도, 근무에도 하나님의 백성의 표식을 인식하고 생활해야 한다. 할례는 두 가지 의미를 담는다. 첫째, 자신의 육체를 신뢰하지 않는 것, 둘째, 하나님의 언약만을 신뢰하는 것이다. 우리 스스로는 믿을 수 없다. 그러나 그리스도는 반드시 믿을 수 있다. 아브라함이 받은 언약을 오늘 우리는 어떻게 받는가? 주 예수 그리스도를 영접하는 것으로 다 받는 것이다. 그분이 언약이시며, 언약을 이루시는 분이시다.

아브라함의 집에서 외국인 종들까지도 할례를 받았다. 이는 우리의 기술과 재능조차도 언약의 표 아래 쓰임받아야 함을 가리킨다. 남성이 할례를 받는 것은 인간의 강함이 잘려 나가고 그리스도의 강함으로 대치됨을 상징한다. "육신의 할례가 참 할례가 아니고 오직 마음에 한 할례가 참 할례니라"(롬2:28). 우리는 그리스도의 영으로 참 할례자가 되었다.

할례는 상처를 내는 행위이다. 인생의 상처도 이와 같다. 수술로 남은 흔적, 관계의 깨어짐으로 생긴 아픔, 마음속 깊은 상처들—이 모든 흔적은 단지 아픔이 아니라 하나님 백성의 표로 바뀔 수 있다. 돌칼의 자국이 은혜의 자국이 되는 것이다. 주 예수의 십자가를 적용할 때, 우리의 상처는 더 이상 저주의 흔적이 아니라 언약의 표징으로 변화된다. 그때 우리는 풍성한 하나님을 경험한다.

온 인류 가운데 가장 크고 깊은 상처는 주 예수 그리스도의 십자가의 상처이다. 그분의 상처 안에서 우리도 표식을 받았다. 할례는 곧 십자가를 가리킨다. 우리는 그리스도와 연합하여 그분의 상처를 함께 지닌 자로서 하나님의 선택된 백성이 되었다. 그러므로 할례는 단순히 고대의 육체적 행위가 아니라, 오늘 우리에게는 그리스도의 십자가 흔적으로 나타나는 언약의 표다.

"무할례자"(ἀκροβυστία)는 덮여 있는 자라는 뜻이다. 그러나 우리는 그리스도의 영에 속한 할례를 받았으므로 덮인 마음이 벗겨지고 굳은 마음도 제하여졌다. 더 이상 교만과 자학 사이를 왕래하지 않는다. 이제는 그리스도의 은혜가 역사하고 생명이 솟으며 감사가 넘친다. 우리는 날마다 이 언약을 마음 깊이 간직하고, 그리스도와 교통하며 살아가야 한다.

창17:19 "하나님이 이르시되 아니라 네 아내 사라가 네게 아들을 낳으리니 너는 그 이름을 이삭이라 하라 내가 그와 내 언약을 세우리니 그의 후손에게 영원한 언약이 되리라"

계시란 곧 그리스도에 관한 것이다. 그 어떤 것도 그리스도가 아니면 계시가 아니다. 계시는 이상한 환상이나 음성을 듣는 것이 아니라, 성경을 통해 그리스도 자신을 더 분명하게 알게 되는 일이다. 창세기에서 아브라함에게 주신 약속은 각 장마다 점점 더 구체적이고 선명하게 드러난다. 이것을 계시의 점진성이라 한다. 신앙은 곧 그리스도를 점점 더 깊이 알아가는 것이다.

아브라함이 백 세에 이삭을 낳지만, 17장에서 하나님은 99세의 아브라함에게 다시 찾아오셔서 약속을 확인하신다. 성경에서의 99세는 인간 능력이 완전히 끝난 상태를 상징한다. 롬4:19도 아브라함이 "백 세가 되어 그의 몸이 죽은 것 같고 사라의 태도 죽은 것 같음을 알고도 믿음이 약하지 아니하였다"고 기록한다. 이스마엘이 이미 있었지만, 그는 아브라함이 아직 건강할 때 자기 힘으로 낳은 아들이었다. 그러나 하나님은 인간의 힘이 완전히 끊어진 자리에서만, 참된 약속을 주신다. 무능의 자리에서 하나님의 은혜가 가장 크게 드러난다.

18절에서 아브라함은 소망을 잃고 이스마엘이나 잘 되기를 구했으나, 하나님은 더 크고 놀라운 계획을 말씀하신다. 전혀 불가능해 보이는 상태에서 새로운 아들을 주시겠다는 것이다. 그 아들을 통해 민족이 나오고, 왕들이 나오며, 결국 예수 그리스도가 오실 것이다. 이것이 하나님의 계시이며, 우리가 상상하는 것 이상으로 더 큰 비전을 품고 계심을 보여 준다.

*** 아브라함에게 주신 자손의 약속은 각 장마다 점진적으로 계시된다**

- 창12장: "너로 큰 민족을 이루리라." (그리스도는 축복의 존재)
- 창15장: "네 몸에서 나리라, 엘리에셀이 아니니다." (그리스도가 우리 안에 태어난다)
- 창16장: "이스마엘은 약속의 자손이 아니니다." (인간의 노력은 배제됨)
- 창17장: "사라에게서 이삭이 난다." (자유의 성령으로 주어지는 아들)
- 창18장: "내년 이맘때, 생명의 때에 사라에게서 나리라." (그리스도는 생명으로 태어난다)

이 약속은 곧 그리스도이시며, 하늘의 별과 같이 많은 자손을 낳으실 분이 그리스도이다. 따라서 창각 장은 우리 안에서 그리스도가 점진적으로 드러나는 과정을 보여 준다.

특히 창17장은 처음으로 자손의 이름을 밝히신다. "이삭", 그 뜻은 기쁨이다. 그리스도는 우리 참 이삭이시며, 우리에게 먼저 기쁨으로 체험되신다. 우리가 주님을 영접할 때의 기쁨은 바로 이 계시의 성취이다. 사라는 처음에 확신하지 못했으나, 하나님은 약속을 주셨고 믿음을 붙들게 하셨다. 우리 안에도 그리스도는 이미 오셨고, 구체적이고 확실한 믿음을 주신다. 이삭은 자유하는 여자에게서 낳았다. 이는 그리스도가 우리에게 자유의 생명으로 오심을 의미한다. 창 17장은 할례를 통해 우리의 육체적 성향과 노력으로 하나님의 뜻을 이루려는 시도를 잘라내고, 성령의 역사로 그리스도가 친히 행하시는 삶으로 인도한다.

*** 복음서에도 이 점진적 계시를 보여 준다**

- 막7장: 귀먹고 어눌한 자를 고치심 → 그리스도의 음성을 듣게 하심.
- 막8장: 벳새다 맹인을 고치심 → 그리스도의 풍성을 보게 하심.
- 막10장: 여리고 소경 바디매오를 고치심 → 새 예루살렘을 보게 하심.

하나님은 우리의 귀를 열어 말씀을 듣게 하시고, 눈을 열어 풍성을 보게 하시며, 마침내 영광의 새 예루살렘을 바라보게 하신다. 결국 기독교는 "내 방식의 종교 생활"이 아니라, 그리스도를 점점 더 알아가는 것이다. 우리의 한 가지 소원은 날마다 내 주 예수 그리스도를 더 알아가는 것이다. 그분이 우리의 기쁨이요, 우리의 생명이시다. 할렐루야!

오 주 예수님, 육신을 신뢰하고 추구하고 자랑한 죄를 용서하소서 그리스도의 영을 더 적용하시어 영의 할례를 우리에게 베푸셨음을 깨닫게 하소서 우리가 이미 잘려지고 처리받은 자임을 알게 하시고, 우리 마음에도 우리 육체에도 그리스도의 표시가 나타나게 하소서

"생명의 믿음들"

창17장에서 우리는 하나님을 믿는 세 가지 유형을 볼 수 있다. 첫째, 아브라함이 99세까지 잘 살아온 것이다. 하나님은 분명 아브라함을 99세가 되도록 보호하시고 지키셨다. 이 땅에서 건강하게 장수하는 것은 분명 하나님의 은혜다. 그러나 성경은 단지 아브라함이 오래 살았다는 사실을 기록하는 책이 아니다. 신앙의 목적은 단순히 건강하고 장수하는 데 있지 않다. 하나님을 신뢰하는 자들을 하나님은 버리지 않으시고 보호하시며 축복하시지만, 그것이 신앙의 궁극적 목표는 아니다. 우리가 예수님을 믿는 것은 이 땅에서 잘 살아가기 위한 것이 아니라, 더 큰 약속과 목적을 향해 부름 받은 것이다.

둘째, 아브라함이 이스마엘을 낳은 것이다. 그는 아직 건강할 때, 85세 무렵 자신의 힘으로 얻은 아들 이스마엘을 하나님 앞에 아뢰며 "이스마엘이나 하나님 앞에 살기를 원하나이다"(17:18)라 고백한다. 이는 곧 '내 노력으로 얻은 것들이 잘되기를 원한다'는 신앙이다. 오늘날 많은 성도들도 이런 믿음 안에 있다. 우리가 수고하여 얻은 재능, 직장, 사업, 학위, 지위, 재물 등이 잘 보존되고 축복받기를 구하는 것이다. 하나님은 이런 기도에도 응답하시며, 실제로 이스마엘에게도 "그를 크게 생육하고 번성하게 하겠다"(17:20)고 축복하셨다. 우리의 수고와 성취조차도 하나님은 축복하신다. 그러나 여기서 머무르지 않는다.

셋째, 하나님은 아브라함에게 이삭을 약속하신다. 이는 전혀 인간의 힘으로는 불가능한 때, 죽은 것 같은 99세의 몸에 하나님이 역사하여 주시는 약속이다. 이스마엘이 이미 있음에도 하나님은 새로운 아들을 약속하신다. 이는 우리의 신앙이 단지 장수와 축복, 우리의 노력의 보존을 위한 것이 아님을 분명히 보여 준다. 하나님은 우리가 상상하지 못했던 새로운 생명을 우리 안에 태어나게 하신다. 그 생명은 곧 예수 그리스도이시다.

* 그리스도 안에 드러나는 궁극적 목적

아브라함에게 약속된 그 씨는 마태복음 1:1에서 분명히 계시된다. "아브라함의 자손, 다윗의 자손 예수 그리스도의 세계라." 하나님께서 아브라함에게 반드시 태어나야 한다고 말씀하신 그 존재는 바로 예수 그리스도였다. 그러므로 우리의 인생도 동일하다. 우리는 반드시 한 존재를 만나게 되어 있다. 그것이 바로 주 예수 그리스도다. 그분은 우리 삶을 지키시고, 우리가 힘으로 얻은 '이스마엘' 같은 성취들조차도 축복하시며, 동시에 새로운 생명을 우리 안에 주시는 분이다. 우리는 그분 안에서 죄 사함과 구속을 얻고, 부활과 영원한 생명을 선물로 받는다.

만약 아브라함의 목적이 단지 한 민족을 이루는 것이라면 이미 엘리에셀이나 이스마엘로 충분했을 것이다. 그러나 하나님은 99세 된 아브라함에게 새로운 비전과 새로운 씨를 약속하셨다. 이는 하나님의 목적이 우리의 성취 확장이나 번성이 아니라, 전혀 새로운 생명을 주시려는 데 있음을 보여 준다.

아브라함의 몸은 죽은 것 같이 되었지만, 하나님의 능력이 그에게 임하여 실제로 자손을 낳게 하셨다. 우리가 주 예수 그리스도를 부활이요 생명으로 고백한다. 이 고백을 하는 순간 우리는 단순히 공기를 호흡하는 것이 아니다. 예수 그리스도의 부활의 생명이 지금 우리의 호흡 가운데 충만히 임해 있음을 아는가? 우리는 예수 그리스도의 부활을 믿는다. 그리고 부활하신 주 예수께서 지금도 우리와 함께 계심을 반드시 기억해야 한다. "볼지어다 내가 세상 끝날까지 너희와 항상 함께 있으리라"(마28:20) 하신 그 말씀은 멀리 떨어진 동행이 아니라, 바로 우리의 심령 안에 거하신다는 뜻이다. 온 세상에서 우리와 가장 가까이 계신 분이 예수님이시다.

그분은 가장 가까이 계시며 우리를 보호하시고, 변호하시며, 우리를 위하여 친히 서 계신다. 때로는 우리가 부끄러워 얼굴을 들 수 없을 정도로 세상 사람들이 손가락질할지라도, 단 한 분 예수 그리스도만은 그 손가락질을 막아 내신다. 그분은 때로 우리를 꾸짖으실 수는 있어도, 만인이 우리를 꾸짖을 때 앞서 나서서 우리를 지키시는 분이다. 바로 그 예수님의 부활의 능력과 생명이 온 땅에 충만하다.

지금 우리가 있는 자리와 우리의 가정 위에도 부활의 생명이 가득하고, 부활의 능력이 충만하다. 그러므로 우리는 그 부활의 생명과 능력을 사용해야 한다. 마음에 근심과 염려와 절망이 몰려올 때, 지금도 흐르고 있는 부활의 생명을 취해야 한다. 우리의 일터와 가정, 학교와 모든 생활 가운데, 우리가 영적으로 99세가 되어 아무 힘이 없을 때에도, 우리를 다시 소생시키는 부활의 생명과 능력이 역사하고 있다. 우리가 살아 움직이는 것은 단순히 우리의 힘이 아니다. 바로 예수님의 부활의 생명과 능력과 기운이 우리 안에서 살아 움직이는 것이다.

여기서 부활은 죽음을 통하여 우리를 새롭게 창조하시는 것이고, 생명은 항상 살아 있는 것을 뜻한다. 그러므로 예수님은 부활이시고 동시에 생명이시다. 지금 이 순간에도 그리스도의 부활의 생명이 소망 없이 죽은 것 같은 우리의 가정과 모든 영역에서 우리를 회복시키고 계신다. 주 예수 그리스도께서 만물을 새롭게 하시며, 모든 것을 하나님의 축복으로 다시 세우실 것이다.

그러므로 주님이 단순히 부활하셨다는 사실만 믿는 데 머물지 말고, 지금도 그분의 부활과 생명과 기운과 능력이 우리의 삶 속에서 역사하심을 굳게 붙들자. 죽은 것같이 된 아브라함이 99세에도 알지 못한 하나님의 역사를 경험했듯, 우리도 오늘 그리스도의 은혜와 사랑과 생명이 언제나 충만하기를 주님의 이름으로 축복한다.

거룩한 영이시여! 우리 이름을 바꾸셔서 모든 이를 위한 믿음이 되게 하시고, 많은 생명을 낳는 아브라함 되게 하소서 은혜가 우리의 심사와 행사에 넘쳐 모든 곳에 흘러가는 사람 되게 하소서 오 주 예수여

"생명의 잔치"

창18:1 "여호와께서 마므레의 상수리나무들이 있는 곳에서 아브라함에게 나타나시니라. 날이 뜨거울 때에 그가 장막 문에 앉아 있다가."

창18장은 두 부분으로 구성된다. 첫 이야기는 아브라함이 세 천사, 즉 삼의일체 하나님으로 나타나신 거룩하신 신성의 존재들과 함께 이야기하며 식사하는 장면이다. 그리고 후반부는 아브라함이 조카 롯이 살고 있는 소돔성의 백성들과 조카 롯의 구원을 위해서 하나님께 중보하는 이야기다. 전반은 하나님과의 잔치요, 후반은 하나님 앞의 중보다. 믿음의 여정이 이 장에 이르면, 한쪽에서는 하나님과 교제하며 잔치하고, 다른 한쪽에서는 세상을 위해 중보하는 생명의 자리로 들어간다. 아브라함은 인생의 중요한 순간마다 상수리나무 아래에 있었다. 세겜에서 제단을 쌓았고(창12:6), 롯과 헤어진 뒤 헤브론 마므레 상수리나무 아래 제단을 쌓았으며(창13:18), 롯이 사로잡혔다는 소식을 듣고 구출을 결심한 것도 그곳이었다(창14:13).

상수리나무는 성경에 31회나 등장하며, 그 크고 견고한 성질은 그리스도의 확고하고 강력한 속성을 상징한다. 상수리나무는 예배와 교통의 자리이자, 열기를 피하는 쉼의 자리이며, 손님을 대접하는 섬김의 자리이다. '마므레'는 "확고함"을 뜻한다. 이는 아브라함의 믿음이 확고한 믿음 위에 세워졌음을 나타낸다. 날이 뜨거울 때 손님을 맞이한 아브라함의 사랑은 안식을 베푸는 사랑이었다. 그는 낯선 나그네도 사랑하고, 조카 롯도 사랑했다. 마므레 상수리 아래에서 그는 하나님 안에 안식하며, 타인에게도 안식을 나누었다

창18:2 "눈을 들어 본즉 사람 셋이 맞은편에 서 있는지라."

아브라함이 만난 세 사람은 그리스도와 그 안에 충만히 거하시는 삼위 하나

님이시다. 그리스도는 단지 2천 년 전에만 계신 분이 아니라, 창세 전부터 만물과 시간을 지으시고, 모든 세대 속에 나타나신 영원한 실재이시다. 여호와께서 아브라함에게 나타나셨다는 것은 곧 그리스도께서 나타나셨다는 뜻이다. 여호와는 "주"이시며, 우리는 그분을 "주 예수"라 고백한다. 아브라함의 후덕함은 할례 이후에 드러난다. 참된 할례를 받은 사람은 교만하지 않고, 자신을 신뢰하지 않는다. 아브라함은 눈을 들어 주위를 바라보았다. 그는 장막 안에 있으면서도 장막 밖으로 나아가 사랑으로 이웃을 맞이했다. 우리도 이처럼 교회 안에 머물되 세상을 향해 나아가야 한다.

아브라함의 환대는 그리스도의 풍성을 나타낸다. 그는 떡 세 스아(약 22리터)의 고운 가루로 손님 셋을 대접했다. 세 스아의 떡은 성육신, 죽음, 부활의 세 단계를 거치신 생명의 떡, 곧 그리스도를 예표한다. 아브라함의 풍성한 나눔은 그리스도의 베풂을 보여 준다. 창18장의 후반부에서 아브라함은 소돔을 위해 국가적 규모의 중보를 드린다. 이것이 그의 사랑의 분량이다. 아브라함의 마음은 하나님의 마음이 되었고, 그의 자손으로 오신 그리스도는 하나님의 자비와 아브라함의 자비를 함께 품고 우리를 구원하신다.

창18:3 "이르되 내 주여, 내가 주께 은혜를 입었사오면 원하건대 종을 떠나 지나가지 마시옵고."

그리스도와 매일 잔치하는 것이 곧 기도이다. 우리는 주께서 그냥 지나가지 않도록 붙들어야 한다. 우리가 입은 은혜가 얼마나 크고 놀라운지를 아는 것이 참된 기도의 시작이다. 많이 사함 받은 자가 많이 사랑하며, 그만큼 은혜를 깊이 느낀다. 우리의 죄 사함은 하루의 일부가 아니라 일생 전체요, 온 우주의 탕감이다. 그리스도께서 나와 나의 세계를 새롭게 하셨으니, 어찌 그분을 흘려보낼 수 있겠는가. 하나님은 날마다 우리 앞을 지나가신다. 일터와 가정, 일상의 모든 환경 속에서 우리에게 다가오시는 분이 바로 그리스도이시다. 그분을 섬기도록 구하면, 그리스도께서 흘러오시고 공급하신다. 우리의 생활이 그리스도께 맡겨진다면, 우리의 매일은 곧 그리스도와의 교통의 시간이 된다. 기도는 단순한 언어가 아니라, 그리스도의 영을 마시는 시간이다. 그리스도의 이름을 부르며 나아갈 때, 내 영과 그리스도의 영이 하나로 교통한다. 기도는 우리 안에 계신 그리스도와의 대화이며, 그분이 우리 안에서 더 확장되시도록 하는 시간이다. 기도는 또한 회개의 시간이다. 그리스도 안에 있지 못한 것을 돌이키고, 다시 주께로 향하는 것이다.

기도는 생명의 그리스도께서 우리 안에서 기도하게 하시는 것이며, 그분의 영으로 채워지고 그분과 연합되는 체험이다. 이것이 생명의 기도이다. 간구는 다윗처럼 하나님께 걱정과 염려, 감사를 토로하는 것이다. 자신과 이웃, 교회를 위해 구체적으로 간청하는 것이다. 우리 안에 그리스도의 영이 충만할수록, 우리는 그분의 선물을 더 풍성히 체험한다.

창18:4 "물을 조금 가져오게 하사 당신들의 발을 씻으시고 나무 아래에서 쉬소서."

창18장은 아브라함의 두 가지 선행을 보여 준다. 하나는 하나님을 향한 대접의 선행이며, 다른 하나는 소돔을 위한 중보의 선행이다. 이 두 면은 구분되지만 서로 연결된다. 생명의 잔치가 생명의 중보로 이어지는 것이다. 발을 씻는 것은 잠시 머무는 안식의 행위이다. 그리스도는 아브라함이 되셔서 우리를 맞이하시고, 우리 발을 씻기시며 쉼을 주신다. 발은 복음의 상징이다. 말씀의 물로 씻김을 받을 때 복음의 발은 새 힘을 얻는다. 복음의 발이 그분 안에서 쉼을 얻을 때, 복음은 더 멀리 달려간다.

창18:5-8 "내가 떡을 조금 가져오리니… 기름지고 좋은 송아지를 잡아 하인에게 주니 그가 급히 요리한지라."

아브라함은 "떡을 조금 가져오리니"라 했으나, 세 스아의 고운 가루는 실제로 한 가마니 분량의 큰 양이었다. 풍성함과 겸손이 함께 있었다. 그는 자신을 '종'이라 부르며, 그리스도의 성품을 드러냈다. 세 스아의 떡은 생명의 떡이신 그리스도를 상징한다. 우리가 그리스도와 잔치한다는 것은 그분 자신을 먹고 마신다는 뜻이다. 기름지고 좋은 송아지는 화목제의 음식이 되신 그리스도 자신을 예표한다. 그리스도는 잔치의 주인이시며 동시에 잔치의 음식이 되신다. 우리가 그분을 먹고 마실 때, 그분은 우리 안에 생명으로 임하신다. 아브라함이 손님을 섬기듯, 우리도 믿음으로 그리스도를 '요리하여' 제공하는 종들이다. 주 예수님은 우리의 여호와이시며, 우리의 아브라함이시며, 우리의 나그네이시고, 우리의 떡과 송아지, 곧 우리의 생명이시다. 할렐루야.

오 주 예수님, 나의 빛이시여, 우리를 할례 받게 하시고 십자가를 모든 일에 적용하게 하소서 육체를 자랑하거나 신뢰하지 않게 하시고, 더 사랑하고 섬기는 그릇이 되게 하소서 아브라함처럼 돌보시는 은혜를 감사하며, 곤고할 때마다 그리스도의 나무와 그늘과 음식 안에서 안식을 찾게 하소서 우리를 상수리나무처럼 사용하사, 아브라함의 자리에서 풍성한 생명의 음식을 나누게 하소서 오 주 예수님

'생명의 교제'

창18:7 "아브라함이 또 가축 떼 있는 곳으로 달려가서 기름지고 좋은 송아지를 잡아 하인에게 주니 그가 급히 요리한지라."

우리는 어떻게 하나님과 잔치를 하는가? 그 길은 오직 송아지이신 그리스도를 통해서이다. 아브라함의 사랑의 규모는 이제 송아지의 크기이다. 우리 또한 그리스도를 단지 개인적으로 누리는 데 머물지 않고, 많은 이들에게 제공되는 분량으로 누려야 한다. 아브라함이 대접한 살진 송아지는 그의 후손들이 먹을 영원한 양식 되신 그리스도를 예표한다. 그리스도는 기름지고 좋은 송아지이시며, 이는 부드럽고 순종적인 그리스도를 가리킨다. 우리는 매일 심판과 저주가 아닌 부드럽고 자상한 주 예수의 음성을 듣고, 그분의 말씀 안에서 감동하며 그분을 먹고 마셔야 한다. 살진 송아지는 화목을 위한 음식이다. 우리는 그리스도를 화목제로 먹고 마신다.

아브라함의 자상한 환대는 바로 그리스도의 마음을 드러낸다. 아브라함의 후손이신 주 예수 그리스도께서 우리 나그네 된 인생을 이처럼 자상하게 맞이하신다. 그분은 지친 우리를 부르시며, "와서 내 장막에서 쉬라" 하신다. 아브라함도 이토록 섬세했는데, 그 아브라함의 실제이신 그리스도께서 얼마나 더 자상하시겠는가! 세상의 모든 따뜻함을 합해도 주 예수님의 자상하심에 비할 수 없다.

창18:8 "아브라함이 엉긴 젖과 우유와 하인이 요리한 송아지를 가져다가 그들 앞에 차려 놓고 나무 아래에 모셔 서매 그들이 먹으니라."

이 구절은 실제적인 선행의 표지이다. 아브라함이 하나님의 사자와 함께 먹고 마셨듯이, 우리도 영적으로 그리스도와 함께 먹고 마셔야 한다. 그리스도는 잔치의 주인이시며 동시에 음식이 되신다. 떡으로서의 그리스도, 말씀의 기초를 주시는 분, 송아지로서의 그리스도, 화목과 교제를 이루시는 분, 우유와 치즈로서의 그리스도, 부드럽고 신선한 영양을 공급하시는 분이시다. 우리는 이 모든 항목에서 그리스도를 누려야 한다. 오래된 말씀에서도, 갓 짜낸 젖 같은 말씀에서도, 또 풍성한 고기와 같은 깊은 계시 속에서도 그리스도를 먹는 기쁨이 있어야 한다. 그때에야 참된 선행이 흘러나온다.

"하인"이 요리했다는 것은 주 예수께서 종의 형체로 오셔서 친히 자신을 양식으로 내어 주신 것을 의미한다. 또한 주님은 우리를 당신의 하인으로 사용하시어 가정과 교회와 세상에 그리스도의 양식을 전하게 하신다. 얼마나 감사한가! 우리도 그렇게 쓰임 받기를 원한다. 그리스도는 구속의 중보자이시며 동시에 교제의 음식이 되신다. 창18장은 전반에 음식과 교제가 있고, 후반에 약속과 중보가 있다. 교제의 음식이 준비된 자만이 중보의 기도에 들어갈 수 있다. 그리스도를 여러 음식의 모습으로 누릴 때, 그 안에서 중보의 생명과 기도의 생명이 솟아난다.

창18:9-10 "그들이 아브라함에게 이르되 네 아내 사라가 어디 있느냐… 내년 이맘때(생명의 때)에 내가 반드시 네게로 돌아오리니 네 아내 사라에게 아들이 있으리라."

사라는 장막 안에 있었다. 힘없는 여인이었지만, 권능의 약속을 받은 은혜의 사람이었다. 사라의 이름은 자유를 의미하며, 그녀는 스스로 능력은 없으나 하나님의 약속을 소유했다. 우리도 그리스도 안에서 자유케 되었고, 사라처럼 은혜의 약속을 받은 자들이다. '이맘때'라는 말은 원문으로 "생명의 때"이다. 하나님은 생명의 때를 두시고 오신다. 그분은 아브라함과 늘 함께 계셨으나, 이삭의 탄생은 곧 그리스도의 탄생, 즉 생명이 우리 안에서 태어나는 때를 예표한다. 하나님은 이미 우리 안에 오셨으나, 우리는 날마다 그리스도의 생명의 때를 새롭게 맞이해야 한다. 그리스도가 생명으로 우리 안에서 태어나고 자라나는 체험이 바로 그것이다. 말씀을 누리는 자에게 생명의 때는 반드시 찾아온다.

사라 안에서 이삭이 주어지고, 이삭 안에서 우리가 하나님의 자녀로 태어난다. 은혜 안에서 그리스도가 주어지고, 그리스도 안에서 우리가 하나님의 생명을 가진다. 우리는 양자도, 단순히 양자의 영도 아닌, "아들 됨의 영"(πνεῦμα υἱοθεσίας)을 소유한 자이다. 이것이 생명의 경륜의 완성이다. 누구든지 하나님을 만난 자는 반드시 그리스도가 그 안에 생명으로 태어나는 생명의 때를 경험한다. 그리스도와 먹고 마시는 사람은 반드시 이 생명의 약속을 체험하게 된다. 주 예수님은 우리의 음식이시요, 친구이시며, 생명이시다. 할렐루야.

하늘에서 오시고 이 땅의 소망되신 주 예수님, 당신을 더 사랑하기 원합니다 우리 마음을 사로잡으시고, 그리스도 당신과 더 깊은 교제 안에 머물게 하소서 만인을 섬길 때마다 그들 안에서 당신을 보고, 날마다 그리스도와 풍성한 잔치를 갖게 하소서 각양 음식으로 주 예수를 누리며, 하나님의 사랑이 우리 마음에 부어지게 하소서 우리를 더욱 풍성하게 하시어 공급하고 섬기는 데 후덕하게 하소서 부드러운 우유로 당신을 마시게 하시고, 엉긴 치즈로 당신을 맛보게 하소서 생명이 자라게 하시고, 화목의 풍성으로 모든 이와 그리스도를 나누게 하소서 우리를 순종케 하시고, 생명 안에서 통제하시며 세심히 주관하소서 오 주 예수여, 주 예수여, 주 예수여

“생명의 확신”

창18:11-12 “아브라함과 사라는 나이가 많아 늙었고 사라에게는 생리가 끊어졌는지라. 사라가 속으로 웃고 이르되, 내가 노쇠하였고 내 주인도 늙었으니 내게 무슨 즐거움이 있으리요.”

“그가 백 세나 되어 자기 몸이 죽은 것 같고 사라의 태가 죽은 것 같음을 알고도 믿음이 약하여지지 아니하고, 믿음이 없어 하나님의 약속을 의심하지 않고 믿음으로 견고하여져서 하나님께 영광을 돌리며, 약속하신 그것을 또한 능히 이루실 줄을 확신하였으니.”(롬4:19-21)

창18장은 아브라함이 아흔아홉, 사라가 여든아홉 살 되었을 때의 장면을 보여 준다. 나이와 생리의 한계가 분명히 닫힌 상태에서 하나님의 약속은 여전히 그들을 향해 흐른다. 그런데 이 장에서 아브라함과 사라는 후손을 주신다는 말씀을 듣고 웃는다. 그러나 로마서에서는 “믿음이 약하여지지 아니하였다”고 증언한다. 이는 모순이 아니라, 생명의 믿음이 어떻게 자라나는지를 보여 준다. 창세기의 웃음은 불신의 흔적 같으나, 로마서는 그 웃음을 통과한 뒤의 믿음, 생명 안에서 단단히 세워진 믿음을 말한다.

하나님의 사자가 직접 아브라함의 집을 찾아와 그들의 믿음을 강화하였다. 믿음은 스스로 자라지 않는다. 주 예수 그리스도께서 친히 오셔서 강화하실 때 비로소 강해진다. 우리는 흔들리고 약하지만, 그리스도께서 우리 안에 오셔서 말씀하시고 만지실 때 새 힘을 얻는다. 매일의 기도와 말씀이 그리스도와 연결된 전류가 되어 우리 영혼을 깨운다. 밤새 충전선이 전기를 공급하듯, 우리 영은 밤새 그리스도께 붙들려 있다. 아침마다 사탄의 기만에 속지 말고, 주 안에서 위로와 격려를 새로이 발견하자. 믿음은 스스로 세워지는 것이 아니라, 우리 안에 거하시는 그리스도께서 짓고 계신 집이다.

여호와께서 “사라가 왜 웃느냐?” 하시며 그 웃음을 드러내신 것은 단순한 꾸짖음이 아니라 불신의 치료이다. 하나님은 아브라함에게 사라의 속마음을 그대로 전하시며, 불신의 뿌리를 드러내어 고치신다. 그분은 우리의 믿음을 진맥하시고, 병든 마음을 치유하신다. 우리의 믿음이 약해지지 않는 이유는 하나님께서 날마다 말씀으로 우리의 속사람을 다루시기 때문이다. 믿음은 우리의 결심이 아니라, 그리스도의 손길 아래 매일 새로워지는 생명의 반응이다.

아브라함의 믿음은 한 번에 완성된 것이 아니라, 장마다 자라났다. 창12장에서는 부르심으로 시작한 나그네의 믿음, 13장에서는 상실 속에서 자라난 믿음, 14장에서는 전쟁을 통한 승리의 믿음, 15장에서는 언약의 믿음, 16장에서는 인간의 노력으로 실패한 믿음, 17장에서는 육체를 처리한 믿음, 그리고 18장에서는 약속을 붙드는 믿음으로 자라났다. 믿음은 후퇴하는 것처럼 보이지만, 사실은 계속 성장하는 생명이다. 약함이 드러날수록 믿음은 더 깊어지고 단단해진다.

사라의 웃음은 단순한 불신이 아니라, 믿음의 씨가 움트는 자리였다. 이제 그녀는 아브라함의 믿음에 기대는 차원을 넘어, 자기 안에 씨를 주실 하나님을 직접 믿는 단계로 들어간다. 이 믿음은 생명의 때에 대한 믿음이다. 지금까지 믿지 못했더라도, 이제 약속을 듣고 믿으면 된다. 그때가 곧 생명의 때이다. 믿음은 다시 시작될 수 있으며, 그 시작은 항상 말씀에서 비롯된다.

우리 안에 그리스도가 거하신다. 그분이 우리의 은혜이시며, 믿음이시며, 생명이시다. 믿음은 추상적 확신이 아니라, 그리스도 자신이 우리 안에서 살아 움직이는 생명 현상이다. 우리의 약함이 드러날수록 그리스도의 생명은 더욱 충만히 드러난다. 아브라함이 그랬듯, 우리의 믿음은 하나님의 손 안에서 계속 자라난다. 할렐루야.

"생명의 때"

창18:14 "여호와께 무엇이 어렵겠느냐. 내가 지정한 때, 곧 생명의 때에 네게 돌아오리니 사라에게 아들이 있으리라."

사라는 하나님을 알고 돌보심을 믿었으나, 자신을 통해 직접 일하시는 하나님은 아직 믿지 못했다. 여호와는 그 불신의 자리로 친히 오셔서 그녀의 믿음을 새롭게 하신다. 하나님은 우리의 불신을 꾸짖으시되 정죄가 아니라 사랑으로 회복시키신다. "왜 나의 은혜와 복을 믿지 못하느냐"는 그분의 부드러운 책망이다. 오직 의인은 하나님이 단계적으로 펼치시는 믿음 안에서 산다.

우리도 스스로 만든 믿음을 신뢰하지 않는다. 우리의 계획과 기대는 무너져도, 그 안에서 여전히 그리스도 예수의 믿음이 선다. 나는 내 믿음을 믿는 자가 아니라, 그리스도의 믿음을 믿는 자이다. 인간의 힘으로는 하나님의 약속을 붙들 수 없지만, 하나님은 친히 오셔서 불신을 만지고 교정하시며 믿게 하신다. 사라가 나이 많고 경수가 끊어졌으나 하나님은 "여호와께 무엇이 어렵겠느냐" 하셨다. 여기 복음이 있다. 내가 약할수록 하나님은 강하시며, 그리스도가 내 안에 조성되는 일은 오직 하나님께 가능하다.

사라는 자신의 노력으로는 불가능하다고 생각했기에 웃었다. 그러나 하나님은 그 웃음을 믿음의 웃음으로 바꾸셨다. 하나님이 이루신다는 확신이 곧 복음이다. 또 하나의 복음은 "생명의 때"가 있다는 것이다. 하나님은 우리의 불신을 이기시며 반드시 약속을 이루신다. 사람은 "네가 안 믿으니 주지 않겠다"고 하지만, 주님은 "네가 안 믿으니 주어 믿게 하겠다"고 말씀하신다. 그분은 우리의 불신을 다스리시며 믿음으로 이끄신다. 우리의 불신과 주의 은혜가 마주칠 때마다 은혜가 이긴다.

"생명의 때"는 하나님이 우리 안에 오셔서 생명으로 일하시는 때이다. 사라가 믿은 것도 바로 그 때였다. 이삭이 그녀에게 태어났듯, 그리스도가 우리 안에 태어나신다. 아브라함과 사라는 무력했으나, 그 무력함 속에서 하나님은 일하셨다. 그리스도의 탄생은 전적으로 은혜의 사건이다. 우리가 힘이 없을 대, 하나님은 더 일하신다. 값없이, 거저 은혜로, 그리스도가 우리 안에 태어나신다. 생명의 때란, 생명으로 그리스도를 체험하고, 생명 안에서 사는 때이다.

하나님은 아브라함과 사라에게 점진적으로 계시를 주셨다. 후손을 약속하시고(창12:2), 그 후손이 아브라함의 몸에서 날 것이라 하셨으며(창15:4), 하갈이 아닌 자유한 여인 사라에게서 태어날 것을 밝히셨다(창17:19). 그리고 마침내 "생명의 때에 여호와가 돌아오신다"(창18:14)고 하셨다. 창17장은 아브라함의 믿음을, 창18장은 사라의 믿음을 강화하신다. 여호와가 생명의 때에 돌아온다는 것은 곧 그분 자신이 인자, 사람의 아들로 오심을 예표한다. 생명의 때에 주 예수님이 우리에게 오셨고, 은혜의 하나님이 친히 우리 안에 오셨다.

그리스도는 우리의 불신과 허물을 징계하시려 오신 것이 아니라, 그 징계를 대신 받으시고 하나님의 사랑을 나타내시기 위해 오셨다. 우리를 정죄하시려는 것이 아니라, 믿음을 선물하시고 강화하시려 오셨다. 그러므로 그분은 믿음의 창시자이시며(히12:2), 우리가 약할수록 더욱 그리스도께 나아가야 한다. 그분은 상한 갈대를 꺾지 않으시고, 꺼져가는 등불을 끄지 않으시며, 진리로 공의를 세우시는 분이시다(사42:3). 그분은 넘어지는 자를 다시 세우시고, 불신의 자리에서 우리를 담대하게 일으키신다.

돌아오시는 하나님은 이미 돌보고 계신 하나님이 새롭게 내주하시는 하나님으로 나타나심을 뜻한다. 이는 첫 언약의 하나님이 새 언약의 하나님으로 우리 안에 내주하시기 위해 성육신과 십자가, 부활을 거쳐 다시 오신 것을 가리킨다. 사라에게서 태어나는 아들은 자유의 여인에게서 태어난 자유의 아들이다. 이는 그리스도가 우리 안에 자유의 영으로 오셔서 율법과 만유의 속박에서 우리를 해방하심을 보여 준다.

아브라함은 믿음을 낳는 그리스도를, 사라는 자유를 낳는 그리스도를, 이삭은 우리 안에 새 자아로 태어나신 그리스도를 가리킨다. 이 세 방면이 곧 예수 그리스도의 생명사역이다. 하나님은 우리 안에서 그리스도를 새로 나게 하시며, 우리 존재 전체를 새롭게 하신다. 우리의 영이 자유의 영으로 다시 살아나, 그리스도의 영을 따라 사는 하나님의 아들이 되게 하신다. 사라는 하갈과 달리 약속을 미리 가진 여인이었다. 우리도 약속의 영을 받아 하나님의 자녀로 태어났고, 그 축복의 실체는 보배이신 그리스도이다. 여호와가 돌아와 이삭을 낳으신 것은, 곧 우리 안에 새로 태어나시는 그리스도 예수를 예표한다. "이제는 내가 사는 것이 아니요 오직 내 안에 그리스도께서 사시는 것이라"(갈2:20). 여호와 자신이 우리 안에 태어나신 것이다. 창21장에서는 그 아들이 씨가 되어 다른 아들들을 낳는다 하셨다. 이삭 안에서 그리스도가, 그리스도 안에서 우리가 자손으로 태어나는 것이다.

창18:15 "사라가 두려워서 부인하여 이르되 내가 웃지 아니하였나이다 이르시되 아니라 네가 웃었느니라"

사라는 웃었지만, 하나님의 벌에 대한 공포심에 웃지 않았다고 둘러댄다. 하나님은 우리 내면을 아시므로 사라가 웃었다고 말씀하시며, 우리 불신을 점검하신다. 우리가 불신으로 웃었기에, 하나님을 두려워하여 진실을 고백 못한다. 벌을 받을까 봐 두려운 것이다. 옛사람의 두려움은 하나님을 회피하는 죄와, 불신을 애써 감추려는 죄를 낳는다. 그러나 여기 하나님은 사라의 불신에 벌을 주시려고 확인하시는 분이 아니시다. 사라의 불신을 믿음으로 바꾸시려고 물으시는 것이다. 우리가 하나님에 대해 외적으로 알고 믿지만, 내면에는 정작 믿지 못하는 불신이 숨어 있다. 또 심지어 하나님에 대한 공포감으로 인해 불신을 정직하게 인정하지도 않는다. 그러나 하나님은 우리 불신도, 거짓도, 약함도, 공포도 다 알고 계시고, 약속의 자녀에게 그렇게 쉽게 진노하는 분이 아닌 사랑의 하나님임을 보여주신다. 하나님은 약속의 자녀들에게 무궁한 인자하심으로 대하시며, 불신과 실수를 교정해 주신다. 하나님에 대한 부정적인 공포는 오히려 불신의 죄 위에 거짓의 죄도 더하게 되고, 나아가 하나님을 피하는 죄까지도 짓게 된다. 이것은 생명으로 처리되어야 한다. 생명의 때는 아들을 낳게 하고, 믿음도 서게 하며, 이삭 이름의 뜻처럼 "기쁨"도 얻는다.

새 언약 아래서 우리는 사라처럼 종종 불신하게 되겠지만, 주 예수를 무서워 말고 스스럼없이 인자하신 구주께 평안으로 나아가자. 더 교제하자. 미리 우리 부족함과 믿음 약함을 인정하자. 불신만 인정할 뿐 아니라 동시에 주 예수의 은혜를 마음으로 신뢰하며, 입으로 시인하자. 다시 말하는데, 주 예수가 무궁히 은혜로우심을 믿자. 그는 나의 하나님이시므로, 우리가 웃었다고 고백하자. 따뜻하게 위로하시며 여전히 우리를 부르시며 믿음을 세워 주신다. 비웃음을 참 웃음으로 바꾸어 주신다. 그것이 하나님의 맹세요 약속이다. 진정 그리스도 안에서 냉소는 미소가 될 것이다. 주 예수님은 우리 자유요, 웃음이요, 생명이시다. 할렐루야!

창18:19 "내가 그로 그 자식과 권속에게 명하여 여호와의 도를 지켜 의와 공도를 행하게 하려고 그를 택하였나니, 이는 나 여호와가 아브라함에게 대하여 말한 일을 이루려 함이니라."

아브라함은 하나님과 긴 대화를 나눈 사람이다. 이는 우리가 주 예수 그리스도와 날마다 깊이 교통해야 함을 보여 준다. 하나님께서 아브라함을 택하신 이유는, 그가 자녀와 권속에게 여호와의 길을 가르칠 것을 아셨기 대문이다. 하나님의 선택은 단순한 은혜일 뿐 아니라, 그 은혜가 다음 세대에 전해지도록 하는 목적을 가진다.

성경에서 "의"는 단순한 도덕이 아니라 "믿음"을 뜻한다. 하나님 앞에서 옳다는 것은 믿는 것이다. 아무리 선한 행위를 해도 믿지 않으면 옳지 않다. 반대로 죄가 주홍같이 붉을지라도 주 예수를 믿는다면, 하나님은 그것을 의로 여기신다. 그러므로 하나님이 아브라함을 택하신 것은 그와 그의 후손이 믿음의 사람, 곧 의인이 되게 하려는 것이다.

또한 하나님은 "아브라함에게 대하여 말한 일을 이루려 함이니라"고 하신다. 그분의 선택은 먼저 주신 약속을 이루기 위함이다. 하나님은 아브라함에게 "너를 축복하고, 번성케 하며, 큰 민족이 되게 하리라"고 말씀하셨고, 그 말씀을 성취하시려 그를 부르셨다. 우리의 선택도 같다. 하나님은 우리를 세상에 보내어 고난을 주시려 하신 것이 아니라, 창세 전부터 예정하신 축복과 은혜, 긍휼을 이루시려 하신 것이다. 그러므로 믿음으로 그분의 약속에 아멘으로 응답하며, 말씀의 성취를 이루는 자가 되자.

오 주 예수님, 나의 믿음이 되신 주여, 우리 가정과 세대가 여호와의 길을 따르게 하소서 믿음으로 의를 세우며 주의 뜻을 이루게 하소서 말씀하신 일을 우리 안에 완성하소서 오 주 예수여, 오늘도 우리를 통해 일하소서

“생명의 중보”

창18:19 “내가 그로 그 자식과 권속에게 명하여 여호와의 도를 지켜 의와 공도를 행하게 하려고 그를 택하였나니, 이는 나 여호와가 아브라함에게 대하여 말한 일을 이루려 함이니라.”

하나님은 아브라함을 택하신 이유를 분명히 밝히신다. 그는 단지 축복받은 사람이 아니라, 하나님의 길을 전수할 사람으로 선택되었다. 하나님은 아브라함이 자녀와 권속들에게 여호와의 도를 지키라 명할 것을 아시고 그를 택하셨다. 선택에는 언제나 목적이 따른다. 아브라함의 선택은 은혜로 시작되었다(창12:1). 그러나 창18장에서 하나님은 그 선택의 목적을 드러내신다. 그것은 믿음의 가문을 세우는 것이다. 하나님은 아브라함이 받은 믿음의 길을 자녀들과 후손에게 가르치게 하신다.

“의와 공도” 중 ‘의’는 단순한 도덕이 아니라 “믿음”을 뜻한다. 하나님 앞에서 옳다는 것은 행동이 아니라 믿음이다. 아무리 선한 일을 해도 믿지 않으면 옳지 않으며, 반대로 죄가 붉을지라도 주 예수를 믿는다면 하나님은 그것을 의로 여기신다. 그러므로 의인은 도덕적으로 완전한 자가 아니라, 믿음으로 사는 자이다. 하나님이 아브라함을 택하신 이유는 그와 그의 후손이 믿는 자가 되게 하기 위함이며, 그 선택은 단지 개인의 구원으로 끝나지 않는다. “이는 나 여호와가 아브라함에게 대하여 말한 일을 이루려 함이니라.” 즉, 하나님의 선택은 약속의 성취를 위한 것이다. 하나님은 먼저 말씀하시고, 그 말씀을 이루시기 위해 사람을 택하신다. 하나님이 우리를 세상에 보내신 이유도 같다. 고난을 경험하게 하려는 것이 아니라, 그분이 창세 전부터 계획하신 축복과 은혜, 긍휼을 이루려는 것이다. 우리가 믿음으로 “아멘” 할 때, 하나님의 말씀이 우리 안에서 성취된다. 아브라함처럼 믿음으로 응답하며, 여호와의 길을 자녀들에게 가르치는 세대가 되자.

창18:20-21 "소돔과 고모라의 부르짖음이 크고 죄악이 심히 무거우니, 내가 이제 내려가서 그 모든 행한 것이 과연 내게 들린 부르짖음과 같은지 보려 하노라."

하나님은 소돔과 고모라의 죄악을 직접 확인하시려 내려가신다. 그러나 그 방문의 목적은 심판이 아니라 사랑이다. 하나님은 직접 보시며 사랑을 나타내시고, 회개의 기회를 주시며, 아브라함을 중보의 자리에 세우신다. 하나님은 굳이 알릴 필요가 없음에도 아브라함에게 이 일을 말씀하신다. 이는 그를 친구로 여기시며 하나님의 일에 참여시키기 위함이다(창18:17). 하나님의 일에 함께하는 것, 그것이 가장 큰 영광이다. 복음을 전하고 중보하는 일은 바로 그 영광의 사역이다.

아브라함은 하나님께 가까이 나아가 의인과 악인이 함께 멸망하는 것이 공의로운가를 묻는다. 그는 한 걸음씩 담대히 나아가며, 오십 명, 사십오 명, 사십 명, 삼십 명, 이십 명, 십 명까지 여섯 번 간청한다. 이것이 참된 중보자의 태도이다. 하나님은 그 간구를 들으시며 "그들을 위하여(בַּעֲבוּר, 바아브루)" 곧 "그들을 통하여" 용서하시겠다고 응답하신다. 아브라함은 "의인 때문에" 구원을 구했지만, 하나님은 "의인을 통하여" 구원하신다고 하신다. 하나님의 구원은 단순한 면죄가 아니라 변화를 통한 구원이다. 하나님은 믿음의 사람들을 통하여 세상을 새롭게 하신다. 오늘도 세상이 멸망하지 않는 이유는, 하나님께서 믿음의 사람들 안에 소망을 두시기 때문이다.

창18:23 "아브라함이 가까이 나아가 이르되 주께서 의인을 악인과 함께 멸하려 하시나이까"

이 말씀에서 우리는 아브라함의 중보자로서의 태도를 볼 수 있다. 하나님께 가까이 나아가 어떤 복을 주시겠냐고 묻는 것이 아니라 중보하는 일에 있어서 더 가까이 나아가는 것이다. 우리의 신앙이 어느 면에서 적극적이어야 하는지를 보여 준다. “주께서 의인을 악인과 함께 멸하려 하시나이까”라고 한 번 이야기한다. 그리고 두 번째, 24절에서 “그 성 중에 의인 오십 명이 있을지라도 주께서 그곳을 멸하시고 그 오십 의인을 위하여 용서하지 아니하시리이까”라고 또 이야기한다. 세 번째, “주께서 이같이 하사 의인을 악인과 함께 죽이심은 부당하오며”, 네 번째, “의인과 악인을 같이 하심도 부당하니이다”, 다섯 번째, “세상을 심판하시는 이가 정의를 행하실 것이 아니니이까”(25절) 라고 아브라함은 하나님 앞에 다섯 번 연속해서 끈질기게, 그리고 집요하게 구원을 베푸시도록 묻는다. 이것이 중보다. 하나님은 사실 우리가 이런 중보자가 되기를 원하신다. 그러므로 타인에 대하여, 가족에 대하여, 이웃에 대하여, 지체에 대하여 중보할 때, 우리는 강한 영으로 하나님 앞에 담대히 하나님의 사랑과 긍휼, 그리고 하나님의 역사하심을 구해야 한다. 하나님은 우리가 아브라함의 담대한 믿음으로 하나님 앞으로 나아오는 것을 기다리고 계신다.

하나님께서 오십 명이 있으면 소돔 성읍을 멸하지 않겠다고 하시고, 그러자 아브라함은 “사십오 명은 어떻습니까?”, “사십 명을 찾으시면 어찌 하시겠습니까?”, “삼십 명, 이십 명, 십 명을 찾으시면 어찌 하시겠습니까?” 하고 여섯 번을 하나님께 구한다. 여섯 번을 하나님 앞에 담대하게 요청한다. 그런데 여기에서 성경 원문에 보면 아브라함과 하나님이 소돔에 대한 시각이 다른 것을 알 수 있다. 아브라함이 하나님께 구할 때, 의인 십 명, 이십 명, 삼십 명이 있으면 그 의인을 위하여(למען; lema‘an)” 소돔을 구하실 수 있는지의 여부를 묻는다. 그런데 하나님은 답을 하실 때 “통하여”(בעבורם; ba‘avuram)라고 하신다. 즉 “의인을 통하여 구원하리라” 하신다. 다시 말해서, 의인 오십 명이 있기 때문에 구원하는 것이 아니라, 의인 오십 명을 통하여 나머지 백성들이 나아질 것에 소망을 두고 그 도성을 재앙에서 아껴두고 구원하신다는 뜻이다. 그래서 하나님은 오십 명을 통하여, 사십오 명을 통하여, 사십 명을 통하여, 삼십 명을 통하여, 이십 명을 통하여, 십 명을 통하여 멸망시키지 않겠다고 말씀하시는 것이다.

오늘날 하나님이 죄악의 세상을 관용하고 계신 것은 믿음의 사람들에 대해 소망을 두고 계시기 때문이다. 믿음의 사람들 때문에 멸망시키지 않는 것이 아니고, 믿음의 사람들이 그 도성을 바꿀 수 있다고 하나님은 믿으시기 때문에 멸망시키지 않는다는 것이다. 소돔의 백성에 대해서도 하나님이 이렇게 오래 참으시고 긍휼히 여기셨거늘, 믿음의 백성인 우리들에 대해서는 얼마나 더 긍휼로 대하시겠는가? 우리는 소돔의 백성들이 아니요, 아브라함에 속한 믿음의 사람들이다. 주 예수를 믿는 생명의 지체들인 우리에게 소돔의 기질은 있으나, 주 예수를 믿을 때 우리의 소돔이라는 도시는 멸망당했고, 소돔의 백성으로서 우리는 주 예수 그리스도와 함께 십자가에 못 박혔기 때문이다.

아브라함은 십 명에서 질문을 멈춘다. 그는 첫째, 소돔 안에 열 명의 믿음의 가족이 있을 것이라 기대했다. 둘째, 하나님께서 믿음의 공동체를 세우려 하심을 깨달았다. 셋째, 아직 오지 않은 "한 사람"을 기다리고 있었다. 구약은 그 질문을 남겨 두었다—"한 사람만 있으면 멸망하지 않겠습니까?" 아브라함은 그 질문을 보류한다. 하나님은 마침내 예수 그리스도 안에서 그 답을 주셨다. 주 예수님이 바로 그 한 사람, 의인 중의 의인이시다. 그분 한 분으로 인해 인류는 멸망하지 않았다. 우리는 그 한 분을 통하여 살게 되었다. "한 사람이 순종하심으로 많은 사람이 의인이 되리라"(롬5:19). 주 예수 그리스도는 우리의 중보자이시며, 우리의 아브라함이시며, 소돔을 위해 오신 그 한 분이시다.

아브라함이 열 명에서 멈춘 이유에는 신앙적 통찰이 있다. 그는 롯의 가족을 포함해 소돔에 열 명의 의인이 있을 것이라 여겼고, 하나님께서 의인을 통하여 구원하신다는 원리를 깨달았다. 또한 아직 오지 않은, 모든 인류를 대신할 '한 의인'을 기다리고 있었기에 그 이상의 간구를 하지 않았다. 그 여섯 번째 간구 이후, 하나님께서 말씀을 마치시고 떠나신 것은 구약의 중보가 그 시점에서 완결되지 못함을 의미한다. 온전한 중보, 즉 일곱 번째 구원은 새 언약 안에서 성취된다. 옛 언약은 열 명의 의인조차 세우지 못했으나, 새 언약은 한 분의인 예수 그리스도 안에서 완전해졌다. "한 사람의 범죄로 말미암아 사망이 왕 노릇하였은즉, 한 분 예수 그리스도를 통하여 생명 안에서 왕 노릇하리로다"(롬5:17). 아브라함은 약속의 후손, 아직 오지 않은 그리스도를 이미 알고 있었다. 그러므로 한 사람을 구할 수 없었고, 하나님은 그 한 사람을 예비하셨다. 이제 우리는 그리스도 안에서 담대히 말할 수 있다. "주여, 그 한 사람이 있기에 이 땅을 멸하지 않으시리이다." 그 한 분이신 예수 그리스도가 우리 안에, 우리 가정과 교회와 세대 안에 계시기에 하나님은 오늘도 우리를 보존하시고, 약속하신 복을 이루신다. 아브라함의 미완의 간구는 새 언약에서 완전한 응답으로 이어졌다. 그분이 오셨고, 지금 우리 안에 계신다. 할렐루야.

오 사랑의 하나님 나의 주 예수님, 한 분 의인이신 당신을 찬양합니다. 우리의 중보가 멈출 때에도 당신은 끝까지 간구하셨고, 십자가에서 완전한 구원을 이루셨나이다. 우리 안에 계신 한 사람, 그리스도로 인해 오늘도 세상이 보존됨을 믿습니다. 우리 가정과 교회 안에 그 한 분의 생명을 채워 주소서. 주 예수여.

창세기 19장의 그리스도

“생명의 구원”

창19:16 “롯이 지체하매, 그 사람들이 그의 손과 그 아내의 손과 두 딸의 손을 잡아 인도하여 성 밖에 두니 여호와께서 그에게 자비를 더하심이었더라”

창19장은 우리가 받은 구원의 또 다른 면을 드러낸다. 아브라함의 구원은 부르심과 믿음의 구원이고, 롯의 구원은 긍휼과 붙드심의 구원이다. 하나님은 아브라함 안에서 우리를 믿음의 후손으로 부르셨고, 동시에 롯 안에서 연약한 자를 긍휼로 건지신다. 위 한 구절은 창19장의 복음이다. 구원은 인간의 결단보다 하나님의 손이 먼저다. 믿음이 느리고 판단이 흐릿해도, 하나님의 손이 우리를 끌어내신다. “여호와께서 자비를 더하심이었더라.” 구원은 오직 하나님의 자비 때문이다. 구원은 강한 믿음의 결과가 아니라 하나님의 자비의 역사이다. 그러므로 아브라함과 롯은 한 사람 안에 공존한다. 아브라함으로서 우리는 새 예루살렘을 짓는 믿음의 백성으로, 롯으로서 우리는 여전히 세상 속에서 흔들리지만 구원받은 자로 살아간다.

두 천사가 소돔에 이르러 롯의 집에 들어간다. 세 분이 아브라함에게 나타났을 때는 교제와 약속이 있었으나, 이제는 심판과 구원이 동시에 임한다. 소돔 사람들은 “우리가 그들을 상관하리라”(창19:5) 하며 천사에게 달려든다. 이는 단순한 육적 범죄가 아니라 하나님의 사자, 곧 그리스도를 모독한 영적 대적이다. 세상은 지금도 그리스도를 욕되게 여기며, 교회를 밀치고 문을 부수려 한다. 그러나 하나님은 그 문을 닫으시고 롯을 안으로 끌어들이신다. 이것이 은혜이다. 롯은 문 밖으로 나가 "내 형제들아 이런 악을 행하지 말라"(19:7) 외친다. 그는 소돔 전체를 향해 홀로 맞서고 있다. 인자의 날이 롯의 날과 같다고 하셨다(눅17:28-30). 주 예수께서도 세상과 맞서셨고, 가족을 건지시려 하셨다.

자비의 단어는 내장 깊이 배어나오는 긍휼을 뜻한다. 이것이 하나님의 마음이다. 롯은 스스로 나올 힘이 없었다. 그는 여전히 머뭇거리고, 판단이 흐렸으며, 믿음이 약했다. 그러나 하나님은 자비로 그의 손을 직접 붙잡으셨다. 그분의 자비는 롯을 향해 내려온 하나님의 즉각적 구원의 손길이었다. 그리고 그 손이 이끄신 자리에서 인자하심이 다시 나타난다(창19:19). 자비로 시작된 구원은 인자로 완성된다.

천사들은 롯에게 말한다. "도망하여 생명을 보존하라. 돌아보지 말라. 산으로 도망하라"(19:17). "뒤를 돌아보지 말라"는 명령은 단순히 시선을 금하는 말이 아니라, 옛 생명으로 돌아가지 말라는 영적 선언이다. 불신의 도시를 그리워하지 말고, 하늘의 도성을 향하라는 초대이다. 그러나 롯은 또다시 말한다. "내가 산까지 갈 수 없나이다. 저 작은 성읍 소알로 도망하게 하소서"(19:19-20). 하나님은 그 약함을 아신다. 롯이 산까지 오를 힘이 없음을 보시고, "이 일에도 네 소원을 들었은즉 그 성읍을 멸하지 아니하리라"고 하신다. 이것이 하나님의 은혜(헨)와 긍휼(헤세드)의 조화이다. 하나님은 약한 자의 속도를 아신다. 롯의 믿음이 소알만큼 작을지라도, 그 안에 생명을 보존하신다.

소알('작은 것')은 롯의 믿음이 닿을 수 있는 한계였다. 그는 가장 큰 도시에서 가장 작은 도시로 도망했다. 그러나 하나님은 그 작은 곳에서도 생명을 살리신다. "내 생명이 보존되리이다." 약한 믿음이라도 그리스도께 피하면 살아난다. 그러나 믿음은 소알에 머물지 않는다. 소알은 중간 단계일 뿐, 결국 우리는 산으로 올라가야 한다. "산으로 도망하라"는 명령은 그리스도께 향하라는 부르심이다. 믿음의 산은 교회요, 그리스도의 생명이다.

창19:19 "주의 종이 주께 은혜(헨)를 입었고, 주께서 큰 인자(헤세드)를 내게 베푸사 내 생명을 구원하시오나 내가 도망하여 산에까지 갈 수 없나이다"

이 구절은 성경에서 '헤세드'가 최초로 등장하는 자리이다. 롯은 심판의 한가운데서 "은혜(헨)"와 "인자(헤세드)"를 동시에 경험한다. 이는 단순한 감정적 자비가 아니라, 죽음의 자리에서 생명을 건져내는 언약적 사랑이다. 하나님은 불타는 소돔 한가운데서 롯을 붙드시고, 그의 더딤과 연약함을 덮으신다. 헤세드는 인간의 자격과 속도를 초월하는 하나님의 사랑의 끈이며, 생명을 끝까지 보호하시는 언약의 울타리이다.

히브리어 חסד(헤세드)는 '사랑하다'는 하싸드에서 비롯되었다. 이 단어에는 하나님의 열심, 친절, 인자, 자비, 은총, 질투, 긍휼의 의미가 함께 녹아 있다. 문자적으로는 세 글자로 이루어진다. 'ח(헤트)'는 생명, 'ס(싸메크)'는 보호의 울타리, 'ד(달렛)'은 문을 뜻한다. 곧, 헤세드는 하나님이 생명을 주시고, 보호의 성막을 세워, 언약의 문 안으로 들이시는 사랑을 뜻한다. 롯은 바로 그 문 안으로 들어온 자이다. 반면 헨(חן)은 '생명(ח)'과 '영원함(ן)'의 결합으로, 영원한 은혜의 호의를 나타낸다. 인간이 받을 수 있는 시작의 은총이 헨이라면, 그 은총을 끝까지 유지하며 지키는 힘이 바로 헤세드이다. 하나님은 롯에게 헨으로 찾아오시고, 헤세드로 머무르신다. 이것이 생명의 복음의 구조이다.

히4:16은 이 두 단어를 신약적으로 재현한다. "그러므로 우리는 긍휼(헤세드)을 받고 때를 따라 돕는 은혜(헨)를 얻기 위하여 은혜의 보좌 앞에 담대히 나아갈 것이니라." 롯이 도망하지 못해도 손을 잡으신 주님의 행위가 바로 이 구절의 예표이다. "때를 따라 돕는 은혜"가 헨이라면, "긍휼을 받고"가 헤세드이다. 즉, 헤세드는 한순간의 구원이 아니라 끝까지 우리를 지키는 지속적 생명 사랑이다.

놀랍게도 창19장은 하나님의 구원을 이루는 세 가지 사랑의 언어, 헨(은혜), 헤믈라(자비), 헤세드(인자)가 함께 드러나는 장이다. 먼저 헤믈라(חֶמְלָה)는 롯을 향한 즉각적이고 감정적인 긍휼이다. “여호와께서 그에게 자비를 더하셨기 때문”(창19:16)이라는 구절처럼, 하나님은 머뭇거리는 롯을 보시고 직접 손을 잡아 이끌어내신다. 이 자비는 인간의 응답 이전에 먼저 움직이시는 즉각적 구원의 사랑이다. 그다음 헨(חֵן)은 하나님께 받은 은혜의 호의로, 연약한 자에게 허락된 접근의 문이다. 롯이 “주의 종이 주께 은혜를 입었고”(19:19)라 고백할 때, 이는 자신이 자격이 있어서가 아니라 하나님의 호의로 살아남았음을 인정하는 것이다.

마지막으로 헤세드(חֶסֶד)는 그 자비와 은혜가 지속되어 생명을 끝까지 보호하는 언약적 사랑이다. “주께서 큰 인자(헤세드)를 내게 베푸사 내 생명을 구원하시오나”라는 고백처럼, 헤세드는 심판을 넘어 생명을 지키는 하나님의 끈질긴 신실함이다. 즉, 헨은 구원의 문을 여는 은혜, 헤믈라는 그 문으로 이끄는 손길, 헤세드는 그 문 안에서 끝까지 지키는 사랑이다. 하나님은 창19장에서 이 세 가지 사랑으로 롯을 건지셨고, 오늘도 우리를 그리스도 안에서 그렇게 구원하신다.

창19:20 “보소서 저 성읍은 도망하기에 가깝고 작기도 하오니 나를 그곳으로 도망하게 하소서. 내 생명이 보존되리이다”

롯은 여전히 불안하고, 산까지 올라갈 믿음이 없다고 고백한다. 그러나 하나님은 그 작은 곳을 허락하신다. 산까지 오르지 못하는 롯에게 작은 동네 소알을 내어주신 것도 헤세드의 표현이다. 하나님은 우리의 한계를 아시고, 믿음의 크기만큼 피난처를 마련하신다. 헤세드는 바로 그 “작은 소알”과 같은 공간이다. 완전한 믿음에 이르지 못한 자라도, 그 안에 생명이 보존된다. 요1:14의 선언이 이 헤세드의 궁극적 실현이다. “말씀이 육신이 되어 우리 가운데 거하시매 우리가 그의 영광을 보니, 아버지의 독생자의 영광이요, 은혜(Charis)와 진리가 충만하더라." 구약의 헤세드는 신약의 카리스(Charis)로 이어진다. 언약의 하나님이 사람으로 오셔서, 우리 안에 장막을 치신 사건이 헤세드의 완성이다. 헤세드는 더 이상 멀리서 내려오는 긍휼이 아니라, 우리 안에 내주하는 생명 그 자체가 되었다.

창19장에서 헤세드는 단순히 "하나님의 자비"가 아니라, 찾아온 구원이며, 심판 속에서 건져낸 생명의 능력이다. 불 가운데서도 꺼지지 않는 사랑, 멸망 중에도 작게 남겨진 피난처, 바로 그것이 헤세드이다. 하나님은 심판의 날에도 자비를 잃지 않으신다. 우리의 연약함과 지체함 속에서도, 그분의 손은 끝까지 생명을 붙드신다. 구원은 인간의 결단이 아니라, 헤세드의 손이 잡아 이끄는 생명의 역사이다. 우리가 소돔에서 나온 이유는 단 하나, 하나님의 헤세드가 우리를 찾아왔기 때문이다.

창19:26 "롯의 아내는 뒤를 돌아보았으므로 소금 기둥이 되었더라"

이는 단순한 미련이 아니라 옛 생명으로의 회귀이다. 구원은 받았으나 마음은 여전히 세상에 있었다. 그녀의 심장은 소돔에 묶여 있었고, 결국 생명을 잃었다. 그러나 아브라함은 여호와 앞에 서서 소돔의 연기가 솟는 것을 바라본다(19:27-28). 그는 멸망 속에서도 하나님의 공의와 긍휼을 본다.

하나님이 롯을 구하신 이유는 네 가지이다. 첫째, "하나님이 아브라함을 생각하사 롯을 내보내셨더라"(19:29). 믿음의 사람의 중보가 약한 자를 살린다. 둘째, 롯은 불법한 세상 속에서 고통당하는 의인이었다(벧후2:7). 셋째, 그의 심령이 날마다 상했기 때문이다(벧후2:8). 하나님은 의인의 고통을 보시고 구원하신다. 넷째, 그리스도의 혈통을 잇기 위함이다. 롯의 후손 중 룻이 태어나 보아스와 결합하고, 그 계보에서 다윗과 그리스도가 이어진다. 잿더미 속에서도 하나님의 생명은 끊어지지 않는다.

주께서 말씀하셨다. "가버나움아 네가 하늘에까지 높아지겠느냐? 음부에까지 낮아지리라. 네게서 행한 모든 권능을 소돔에서 행하였더라면 그 성이 오늘까지 있었으리라"(마11:23). "심판 날에 소돔 땅이 너보다 견디기 쉬우리라"(11:24). 소돔의 죄보다 더 큰 죄는 복음을 거절하는 불신이다. 세상의 타락은 하나님의 은혜로 사함받을 수 있으나, 주 예수를 거절하는 죄는 생명의 문을 닫는 죄이다. 소돔은 무지로 죄를 지었으나, 가버나움은 진리를 보고도 믿지 않았다. 복음을 들었으면서도 순종하지 않는 완고한 마음이 가장 큰 심판을 받는다.

창19장은 약한 의인에게 주신 하나님의 극진한 긍휼의 장이다. 롯은 산까지 오르지 못했으나 손잡아 이끄시는 주께 붙들렸다. 그는 완전하지 않았으나 끝내 버려지지 않았다. 하나님은 믿음이 강한 아브라함을 통해 일하시고, 믿음이 약한 롯을 통해 은혜를 드러내신다. 이 두 사람 안에 하나님의 생명 구원이 함께 있다. 우리가 연약해도 그리스도께서 우리 안에 계시기에, 우리는 여전히 구원받은 자이다.

오 주 예수님, 우리의 믿음이 작을지라도 당신은 붙드시는 자비의 하나님이십니다 뒤를 돌아보지 않고, 세상의 불신을 떠나 작은 소알의 믿음을 넘어 하늘의 산으로 오르게 하소서 복음을 거절하지 않고 당신의 은혜에 순종하게 하시며, 그리스도 안에서 완전한 구원과 생명의 영광을 누리게 하소서 오 주 예수여, 주 예수여, 주 예수여

“생명의 자손”

창19:33 “그들이 그 밤에도 아비에게 술을 마시게 하고, 큰딸이 들어가서 아비와 동침하니라. 그는 딸이 눕고 일어나는 것을 알지 못하였더라.”

롯은 왜 술을 마셨을까? 그는 아마도 모든 것을 잃은 자로서 과거의 기억을 잊고 싶었을 것이다. 사람은 종종 슬픔을 술로 달래려 하지만, 참 포도주이신 그리스도만이 우리의 슬픔을 근원적으로 덮으시고 세상을 잊게 하신다. 롯의 딸들은 “여인의 씨가 승리를 가져올 것”이라는 하나님의 약속을 아는 자들이었다. 그들은 그 씨를 얻고자 했다. 그러나 믿는 남자를 볼 수 없었고, 아비 외에는 신앙의 남자가 없다고 여겼다. 그들의 소망은 믿음에서 시작되었으나, 방법은 죄악되고 인간적이었다. 이는 우리가 하나님의 약속을 알고도 어리석은 수단을 택할 때 어떤 결과가 따르는지를 보여 준다. 그러나 그 실패를 역전시키는 분이 계시니, 바로 우리 주 예수 그리스도이시다.

롯의 딸들이 아버지와 동침하는 죄악된 선택을 한 이유는, 소돔에서 나왔으나 여전히 소돔의 사고방식을 버리지 못했기 때문이다. 결혼의 길이 끊어질 것을 두려워하며 인간적 생존을 택했다. 술을 사용한 것은 그 증거이다. 롯은 술에 취해 죄를 인식하지 못했고, 인간의 연약함은 그 자리에서 범죄로 바뀌었다. 그러나 모압과 암몬은 단순한 실패의 흔적이 아니라, 재앙 중에도 건짐을 받은 생명의 표지이다. 그들은 모든 것을 잃고도 남은 자들이며, 하나님은 그 절망의 자리에서도 구속의 씨를 보존하신다. 인간의 죄악 속에서도 하나님은 생명을 잇고자 하셨다. 롯의 딸들은 어머니가 소금 기둥이 되는 것을 보고, 불신자와 함께 살면 다시 심판받으리라 여겼다. 그러나 그들의 행동은 믿음의 이름으로 행한 인간적 생존의 종교였다. 그들은 생존은 얻었으나, 생명의 의미는 아직 깨닫지 못했다.

동굴은 인간 본성이 드러나는 장소이자 동시에 그리스도 안의 피난처를 상징한다. 롯의 딸들이 행한 일은 하나님의 뜻 앞에서 드러나는 인간의 한계를 보여 준다. 믿음이 눈앞의 생존으로 타락할 때, 신앙은 어두운 동굴로 숨어 버린다. 그러나 하나님은 그 어둠 속에서도 생명의 경륜을 이루신다. 모압을 택하시고, 그 후손 룻을 통하여 다윗과 그리스도를 낳게 하셨다. 인간의 죄가 끊은 길 위에, 하나님은 은혜의 길을 새롭게 내셨다.

"여인의 씨"가 세상을 구원한다는 최초의 약속(창3:15)은 여기서 다시 빛난다. 롯의 딸들의 어리석은 소망도 결국 그 씨를 향한 왜곡된 기다림이었다. 하나님은 그들의 죄를 의로 여기지 않으셨으나, 그들의 절박한 믿음의 흔적을 잊지 않으셨다. 인간의 뜻은 실패로 끝났으나, 하나님의 은혜는 그 실패를 룻과 다윗, 그리고 예수 그리스도 안에서 새롭게 하셨다.

그리스도는 모압과 암몬의 이름 안에까지 들어오신 분이시다. 모압은 "내 아비의 아들", 암몬은 "내 백성의 아들"이라는 뜻을 가진다. 이는 동시에 우리의 수치와 그리스도의 정체성을 드러낸다. 그분은 참 아버지의 아들이시며, 우리 백성의 아들로 오셨다. 우리의 부끄러움을 짊어지시고, 십자가에서 그것을 끝내셨다.

모압과 암몬은 약속의 땅을 사모하지 않는 관습적 신앙의 상징이다. 또 신앙과 죄악의 모순적 혼합이 정체성인 민족이다. 우리들의 신앙이 바로 그러하다. 모압처럼 형식적 신앙이요, 암몬처럼 본성과 세상 방식으로 믿음을 유지하는 자들이다. 그들은 여호와의 총회에 오랫동안 들어오지 못하는 저주를 받았으나(신23:3), 하나님은 그 견책 안에서도 롯의 후손인 룻을 통하여 구원과 구속의 문을 여셨다. 생명은 혈통을 넘고, 은혜는 관습을 깨뜨린다. "그러나 그 후에 내가 암몬 자손의 포로를 돌아가게 하리라"(렘49:6). 수치의 민족 안에서도 하나님은 구속의 일을 중단하지 않으신다. 롯의 딸들의 비극은 우리의 모습이다. 우리는 신앙의 껍질 안에서 종교적 본능으로 살고 있지만, 하나님은 그 속에서도 생명의 길을 여신다. 그들의 가련함은 우리의 가련함이요, 그들의 미련함은 우리의 미련함이다. 하나님은 그런 인간의 한계를 드러내시되, 그 한계를 넘어 그리스도 안에서 새로운 시작을 이루신다.

모든 것을 잃은 롯의 가정에 모압과 암몬을 주시고 인생을 잇게 하신 하나님의 긍휼, 그것이 곧 우리의 소망이다. 하나님은 인간의 수치 위에서조차 그리스도의 생명을 낳으신다. 우리는 그 은혜 안에서 생명의 자손이 태어났다. 우리는 바로 여인 룻처럼 새롭게 태어나야 한다. 인간의 절망 속에 피어난 생명, 그것이 바로 하나님의 헤세드, 곧 언약적 사랑의 완성이다. 할렐루야.

오 주 예수님, 우리의 수치를 덮으신 은혜의 주님, 소돔의 자리에서도 생명의 씨를 잇게 하신 주를 찬양합니다 우리의 연약함과 잘못 속에서도 주의 헤세드가 멈추지 않게 하소서 모압과 암몬의 부끄러움 속에서도 구속의 길을 여신 주여, 오늘 우리 안에 룻의 믿음을 세우소서 오 주 예수여, 아멘

창세기 20장의 그리스도

"생명의 은혜"

20:1 "아브라함이 거기서 남방으로 이사하여 가데스와 술 사이 그랄에 우거하며"

아브라함은 약속의 땅에서 더 남쪽으로 내려갔다. 남방은 따뜻하고 생활하기 좋은 지역이지만 동시에 이방의 경계선과 맞닿아 있는 자리이다. 그가 머문 곳은 가데스와 술 사이의 그랄이었다. 가데스는 '거룩'이라는 뜻을 지니고, 술(Shur)은 '경계의 광야'를 의미한다. 아브라함의 위치는 영적으로 말하면 거룩의 가장자리이자 세상의 경계에 가까운 자리였다. 믿음의 사람이라도 한순간에 중심에만 서 있는 것이 아니라, 때때로 거룩의 변두리에서 흔들리는 시기를 지나게 된다. 그러나 이 지역 또한 장차 아브라함의 후손에게 주어질 땅이 될 것이며, 지금의 여정은 그 땅을 밟게 하시는 하나님의 훈련 과정이었다.

그가 머문 그랄이라는 이름은 '나그네로 머물다', '임시로 체류하다'라는 뜻을 가지고 있다. 이것은 아브라함의 삶이 육체적으로 안정되지 못하고, 영적으로도 계속되는 순례의 길 위에 있음을 보여주는 표지이다. 그는 약속을 받았으나 아직 완성된 땅을 소유하지 못했고, 하나님을 따라 걷는 동안 이 땅에서는 언제나 머무르는 자, 이동하는 자, 죽을 때까지 순례하는 자로 살아야 했다. 우리도 마찬가지이다. 인생에서 언제 안정이 완전히 찾아올까 기다리지만, 실제로는 늘 떠도는 것 같고 정착하지 못한 것처럼 느껴지기도 한다. 그러나 영 안에서 우리는 모두 순례자이며, 이 땅에서는 나그네이고, 우리의 참된 본향을 향해 걷는 자들이다. 아브라함이 그랄에서 보여 준 삶은 바로 본향을 향해 가는 모든 믿음의 사람의 영적 초상이다.

아브라함은 다시 장막을 걷고 길을 떠난다. 소돔 근처의 땅은 한때 에덴 같았지만 심판 이후 연기와 재가 가득하여 사람이 살기 어려운 자리로 변했다. 그러나 그의 이동은 환경 때문이 아니라, 하나님이 그의 걸음을 이끄시는 순례의 규칙에 따른 것이다. 인생의 여정도 이곳저곳 떠도는 것 같아 보이나, 아브라함의 여정처럼 모든 이동에는 뜻이 있고, 모든 환경은 훈련이며, 모든 사건은 은혜의 자리가 된다. 그러므로 순례자는 어떤 상황도 감사로 받아들인다.

그가 이주한 그랄은 풍성한 땅이며 미래에 이스라엘의 영토가 될 자리이다. 지금은 블레셋이 살고 있으나 믿음은 미래를 먼저 밟는다. 이곳에서 아브라함은 아비멜렉을 만난다. 아비멜렉의 이름은 "나의 아버지는 왕"이라는 뜻이며, 아브라함은 이 이름을 들을 때 참 아버지이자 참 왕이신 하나님을 떠올렸어야 했다. 그러나 약속을 붙들지 못한 두려움이 아브라함을 흔들었고, 그 두려움이 은혜의 상징인 사라를 잃을 뻔한 위기로 이어진다.

20:2 "아브라함이 그의 아내 사라에 대하여 말하기를 그는 나의 누이라 하였으므로…"

아브라함이 거룩과 세상의 경계선에 서 있을 때(가데스와 술 사이), 그의 내면도 흔들렸다. 그는 사라를 향해 또다시 "그는 내 누이다"라고 말했다. 이것은 순간적 판단이 아니라 오래된 습관이었다(창20:13). 두려움이 깊어지면 사람은 본래의 약한 자리로 되돌아가게 된다. 아브라함은 약속의 하나님보다 사람을 더 의식했고, 위험을 피하려는 인간적 방편이 은혜를 가리게 했다. 사라를 '누이'라 부르는 말은 단순한 용어 선택이 아니라, 영적으로 사라는 은혜를 나타낸다. 왜냐하면 죽은 몸을 가졌던 그녀는 은혜로 생산과 활용이 허락되었기 때문이다. 아브라함이 사라를 아내가 아닌 자매라고 말한 것은 은혜(사라)의 위치를 낮추는 행동이었다. 믿음(아브라함)이 은혜를 높이 붙들지 않으면 은혜는 언제든 잃어버릴 위험에 처한다. 아브라함은 이미 창12장에서 같은 실수를 했었고, 하나님은 그 이후 20년의 세월 동안 그를 훈련하셨지만, 오래된 두려움은 여전히 남아 있었다.

20:3 "그 밤에 하나님이 아비멜렉에게 꿈에 나타나…"

사라가 아비멜렉의 궁에 들어간 바로 그날 밤, 하나님께서 개입하셨다. 하나님은 아브라함에게 나타나시지 않고 오히려 이방 왕에게 직접 나타나셔서 "너는 죽을 줄 알라… 그 여인은 남자의 아내임이라"(창20:3 요약)고 말씀하셨다. 이 하나님의 개입은 곧 세 가지 의미를 드러낸다. 첫째, 하나님은 약속의 여자를 직접 지키시는 분이다. 아브라함의 실수로 사라가 위험 속으로 들어갔지만, 하나님은 사람보다 먼저 그 위험을 보셨고 스스로 막으셨다. 둘째, 은혜(사라)는 궁극적으로 하나님이 보존하시는 영역이다. 우리가 은혜를 붙들지 못해도 은혜는 하나님이 지키신다. 셋째, 하나님의 약속은 인간의 실패보다 더 크다. 인간의 부족함은 약속을 깨뜨릴 수 없고, 하나님의 예정은 인간의 넘어짐보다 더 강하게 흐른다. 그날 밤 하나님은 아비멜렉에게만 나타나신 것이 아니라, 아브라함의 믿음을 보호하시고 사라의 존귀를 회복시키시는 하나님의 은혜의 밤을 여신 것이었다.

이때 아비멜렉이 말한다. "내가 온전한 마음과 깨끗한 손으로 이렇게 하였나이다"(창20:5)

놀랍게도 이방 왕 아비멜렉은 온전한 마음을 지닌 자로 등장한다. 신자보다 더 인격적인 자들이 세상에도 있으며, 성도는 교만하지 말아야 하고 더 밝고 깊은 생명으로 자라야 한다. 반면 아브라함은 그랄에 여호와 경외가 없다고 판단하며 두려움 속에서 사라를 '자매'라 낮추어 부르지만, 정작 여호와 경외를

놓친 사람은 아브라함 자신이었다. 아브라함이 자신의 행동을 설명할 때 고백한다. "이곳에는 하나님을 경외함이 전혀 없는 줄 생각하였음이라"(창20:11) 그러나 두려움의 원인은 환경이 아니라 약속을 제대로 붙들지 못한 그의 마음에 있었다. 약속을 약하게 붙들면 은혜(사라)를 가볍게 여기게 되고, 은혜를 은혜라고 고백하지 않으면 은혜는 잃어버린다. 고백은 은혜를 붙드는 손이다.

아브라함은 창12장에서 바로에게, 창20장에서 아비멜렉에게 두 번이나 아내를 잃을 뻔했다. 약함은 여전하지만 두 사건 사이에는 20년 가까운 세월의 훈련이 있었다. 창12장에서는 사라가 바로에게 완전히 넘어갔지만, 창20장에서는 빼앗기기 직전까지 갔어도 하나님이 개입하셔서 잃지 않게 하신다. 성도는 완전해서 의인이 아니라, 믿음의 길을 걷고 있기 때문에 의인이고 성장하는 사람이다. 하나님은 99세의 아브라함조차 여전히 "아들"처럼 수습하신다. 우리의 약함도 같은 은혜 아래 있다.

아브라함과 사라의 혼인은 그리스도와 우리의 혼인을 예표한다. 성도는 세상의 기근 속에서도, 약속의 땅 안에서도 그리스도의 신부됨을 잃을 수 있음을 배운다. 믿음은 은혜와 함께 살아야 하며, 은혜는 믿음과 동행해야 한다. 우리의 믿음이 흔들려 은혜를 붙들지 못해도 회복은 하나님에게서 온다. 이 회복의 목적은 결국 약속의 아들, 곧 그리스도의 예표인 이삭을 낳게 하기 위함이다. 모든 회복은 그리스도를 낳게 하기 위한 길이다. 하나님은 아브라함과 사라와 아비멜렉 모두를 축복하신다. 모두 징계를 받을 상황이었지만, 하나님은 선하신 지혜로 모두를 회복의 자리로 이끄신다. 아브라함은 용서받고 사라를 되찾고 재물도 얻고, 사라는 수치를 당하지 않고 약속의 어머니가 되며, 아비멜렉의 집은 다시 태가 열리고 그 후손은 이삭과 화목하게 살아간다. 아비멜렉은 의로워 보이나 사라를 가질 수 없다. 은혜는 믿음의 사람에게 속한다. 믿음 없는 은혜도, 은혜 없는 믿음도 온전하지 않다. 하나님은 우리 안에서 믿음을 자라게 하시고 은혜를 잃지 않게 하신다.

창20장은 단순한 실수나 도덕적 실패의 기록이 아니다. 우리는 이 장을 깊이 묵상할 때, 그 사건들 너머에서 하나님의 손에 이끌린 믿음의 순례를 보게 된다. 아브라함의 이동은 실패가 아니라 생명의 길이며, 그의 방황은 심판이 아니라 하나님께서 정하신 믿음의 규칙이다. 그의 약함 역시 믿음이 무너진 것이 아니라 성장을 위한 과정으로 드러난다. 이렇게 보는 시선은 단순한 성경 지식이나 주해로 얻어지는 것이 아니라, 아브라함의 믿음 속으로 직접 걸어 들어가는 사람에게 열리는 영적 눈이다. 많은 독자들은 창20장을 "또 거짓말한 사건" 정도로 읽지만, 우리는 그 너머에서 약속을 지키기 위해 약한 사람을 끝까지 수습하시는 하나님의 세밀한 손길을 보게 된다. 이것은 생명 안에서만 가능한 안목이다.

또한 우리는 이 장을 통해 믿음과 은혜의 관계를 정확히 보게 된다. 사라는 은혜의 예표이며, 아브라함은 믿음의 예표이다. 믿음은 은혜를 붙들어야 하고, 은혜는 고백될 때 유지되며, 믿음 없는 은혜도, 은혜 없는 믿음도 온전하지 않다는 사실을 배우게 된다. 아브라함이 사라를 잃을 뻔한 사건은 단순한 혼인의 위기가 아니라, 믿음이 은혜를 놓치는 순간 어떤 일이 일어나는지 보여주는 깊은 신학적 계시다. 창20장은 이 진리를 가장 생명적이고 실제적인 방식으로 드러낸다.

마침내 우리는 창20장의 결론에서 생명사의 가장 중심적인 흐름을 보게 된다. 곧, "모든 회복의 목적은 그리스도"라는 진리이다. "모든 회복은 그리스도를 낳게 하기 위함이다"라는 말은 창20장 전체를 관통하는 핵심 계시이며, 성경 전체를 꿰뚫는 생명사의 원리를 보여 준다. 이 장에 나타난 아브라함의 회복, 사라의 회복, 아비멜렉의 회복, 태의 회복, 관계의 회복, 땅의 회복, 재물의 회복, 믿음의 회복은 모두 한 방향으로 흐른다. 그리고 회복 이상으로 성장이 있다. 그것은 바로 이삭이 태어나게 하기 위한 길, 곧 그리스도의 예표가 드러나게 하기 위한 길이다. 이삭이 나오는 장면은 단순한 후손의 출생이 아니라,

하나님이 생명을 이어 가시는 방식이며, 회복의 최종 목적이다. 그러므로 결론은 분명하다. 모든 회복은 그리스도 때문이며, 모든 회복은 그리스도를 낳기 위한 길이다. 그리스도는 우리의 은혜요 의요 생명이시다. 할렐루야!

주 예수님, 두려움 많은 우리를 은혜로 붙들어 주소서 약속을 잃지 않는 밝은 믿음을 주옵소서 환경보다 주님의 신실하심을 더 크게 보게 하소서 우리의 가정과 마음에 회복을 이루소서 우리 안에서 약속의 생명이 자라게 하소서 주 예수여

“생명의 시련”

창20:11-12 “아브라함이 가로되 이곳에서는 하나님을 두려워함이 없으니 내 아내를 인하여 사람이 나를 죽일까 생각하였음이요 또 그는 실로 나의 이복 누이로서 내 처가 되었음이니라”

나는 아브라함이다. 하나님이 나를 부르셨고, 나에게 약속을 주셨고, 내 이름까지 바꾸어 주셨다. 그러나 약속을 받은 나라고 해서 언제나 흔들림 없이 걷는 것은 아니었다. 나는 가나안 땅을 순례하며 여러 땅을 옮겨 다녔고, 그 길에서 하나님을 알았지만, 동시에 내 안에 깊이 남아 있는 두려움과 약함도 보았다. 그리고 이 그랄 땅에서 내 약함은 다시 드러났다.

나는 그랄로 내려올 때, 이곳 사람들이 하나님을 경외하지 않을 것이라 생각했고, 그 두려움 때문에 사라에게 또다시 “자매라고 하라”고 말했다. 사실 이것은 오래된 습관이었고, 젊었을 때부터 나는 사라에게 늘 그렇게 말해 왔다(창20:13). 그녀는 나의 아내였지만, 사람들의 눈을 의식하며 그녀를 “이복누이”라 부르며 관계를 흐리게 만들었다. 나는 하나님보다 사람을 더 두려워했고, 하나님께 대한 확신이 흔들리면 내 삶은 그 두려움의 길로 쉽게 흘러갔다.

가정의 가장으로서 나는 집 경제를 책임져야 했기에 소출이 많다는 그랄로 내려갔다. 더 나은 생활을 기대했다. 그러나 이내 곧 위기는 찾아왔다. 아내를 지켜야 했고, 믿음의 길을 제시해야 했지만, 두려움이 앞서면 가정 전체가 흔들렸다. 가장의 작은 흔들림 하나가 곧바로 아내의 수치가 되고, 가정의 위기가 되었다는 사실을 이 사건에서 나는 철저히 배웠다. 가정을 책임지는 자의 마음이 약해지면, 그 약함은 곧바로 사랑하는 사람을 향한 위협으로 번져 간다는 것을 나는 눈으로 보았다.

내 약함은 결국 사라를 위험하게 만들었고, 이방 왕의 궁으로 들어가게 했다. 나는 남편이면서도 그녀를 지키지 못했고, 약속의 어머니가 될 여인을 내 손으로 내어 준 셈이 되었다. 이 사건은 나의 신앙이 얼마나 여전히 연약한지를 드러냈다. 나는 믿음의 조상이지만, 그래서 더욱 하나님 앞에서 나의 실상을 숨길 수 없었다. 믿음의 사람도 두려움 앞에서는 넘어질 수 있고, 약속을 붙들지 않으면 은혜조차 잃을 뻔한다는 사실을 나는 몸으로 배웠다.

그러나 내가 흔들렸을 때, 하나님은 흔들리지 않으셨다. 하나님은 밤에 아비멜렉에게 나타나셔서 사라를 지키셨고, 그 왕을 경고하셨으며, 나의 실수를 덮으셨다. 내가 사라를 보호하지 못했지만, 하나님께서 사라를 지키셨다. 그녀가 아비멜렉의 집에 있는 동안, 하나님은 단 한순간도 그녀를 잊지 않으셨고, 그 가정의 태까지 닫으시며 그분의 거룩한 손길을 보여주셨다. 나는 그때 깨달았다. 내가 믿음으로 살지 못해도, 하나님은 늘 은혜로 일하신다는 사실을.

아비멜렉은 나보다 더 의롭고 정직해 보였다. 그는 "온전한 마음과 깨끗한 손으로" 행동했다고 하나님께 말할 수 있었다(창20:5). 그러나 하나님은 나를 "선지자"라 부르셨고(창20:7), 내 기도를 통해 아비멜렉의 집을 회복시키셨다. 이 장면에서 나는 인간의 도덕보다 하나님의 선택, 그리고 약속이 더 크다는 것을 알게 되었다. 나의 의는 불완전했지만, 하나님은 약속을 따라 나를 붙들고 계셨다. 나는 도덕적 우월함으로 서 있는 사람이 아니라, 은혜로 서 있는 사람이라는 사실을 다시 배웠다.

아비멜렉이 사라를 돌려보내고, 은 천 개를 주어 그녀의 수치를 가려 주었을 때, 나는 하나님이 나의 실수까지도 회복의 길로 사용하신다는 사실을 보았다. 사라의 명예는 더욱 높아졌고, 내 가정은 다시 세워졌고, 아비멜렉의 가문은 기도로 회복되었다. 약함 속에서도 하나님은 모든 사람을 덮으셨고, 모든 가정을 회복시키셨고, 결국 약속의 길을 이어 가셨다.

나는 이 사건을 통해 내가 누구인지 다시 보게 되었다. 나는 믿음의 사람이지만 완전한 사람은 아니다. 두려움과 흔들림이 내 안에 있고, 오래된 습관이 여전히 남아 있으며, 약속을 잊고 사람을 두려워할 때가 많다. 그러나 이런 나를 하나님은 끝까지 견디시고 수습하시고 회복시키시는 분이시다. 그리고 이 모든 회복은 한 목적을 향하고 있다. 사라를 통해 태어날 이삭, 약속의 아들, 그리스도의 예표를 세우기 위한 길이다. 하나님은 나의 약함보다 약속을 더 크고 확실하게 여기시는 분이다. 그래서 나는 다시 일어서서 약속의 길을 걷는다. 하나님은 신실하시고, 나는 그 신실하심 안에서 자라는 사람이다.

주 예수님, 나의 생명이시여, 약속을 주신 하나님을 찬송합니다 내가 흔들리고 두려움 속에 무너질 때에도 당신은 나를 떠나지 않으시고 약속을 지키시는 분이심을 고백합니다 나의 약함을 넘어 역사하시는 은혜의 손길을 더 깊이 알게 하시고, 가정과 삶의 모든 자리에서 두려움이 아닌 믿음으로 서게 하소서 나를 붙드시는 당신의 신실하심 안에서 다시 일어서게 하시고, 약속의 길을 끝까지 걷게 하소서 오 주 예수여, 당신만을 의지합니다

“생명의 여인”

창20:16 “사라에게 이르되 내가 은 천개를 네 오라비에게 주어서 그것으로 너와 함께 한 여러 사람 앞에서 네 수치를 풀게 하였노니 네 일이 다 선히 해결되었느니라”

나는 사라이다. 이 세상 모든 신자는 다 아브라함이며 다 사라이다. 그리스도의 용사이므로 모두 남성이고 그리스도의 신부이므로 모두 여성이다. 나는 아브라함의 아내이지만 어느 순간부터 남편의 말과 태도 속에서 홀대를 느끼기 시작했다. 남편은 하나님보다 사람을 두려워했고, 두려움이 깊어질 때면 나를 “자매”라고 부르며 부부의 관계를 오누이처럼 만들어 버렸다. 이것은 한 번의 실수가 아니라 오랜 세월 지속된 습관적 말이었다(창20:13). 나는 연약한 여인이기에 이 작은 말 하나도 내 마음에 깊은 흔적을 남겼다. 그런데 놀랍게도, 나를 취하려 하던 블레셋 왕 아비멜렉은 의로운 태도를 가진 사람이었다. 그는 나를 해할 의도가 전혀 없었고, 이렇게 말하였다.

“내가 온전한 마음과 깨끗한 손으로 이렇게 하였나이다”(창20:5)

아비멜렉의 이 말은 오히려 아브라함보다 더 정직해 보였다. 그러나 그보다 더 큰 위로는 하나님이 밤에 꿈으로 아비멜렉에게 나타나셔서 나를 지키셨다는 사실이다(창20:3). 그 꿈은 나를 위해 개입하시는 하나님의 손길이었다. 오늘 우리는 꿈이 아니라 말씀으로 그 위로를 얻는다. 하나님은 나를 잊지 않으셨고, 아브라함의 두려움 속에서도 나를 보호하시는 분이셨다. 아비멜렉은 결국 내게 은 천 개를 주며 이렇게 선언했다. “그는 네게 눈 가리는 덮음이 될 것이니… 네가 완전히 깨끗하게 되었느니라”(창20:16)

이 말은 나의 수치를 덮는 회복의 선포이며, 내 명예를 회복시키는 은혜의 말씀이다. 나는 이방 왕에게 끌려가는 수치를 당했지만, 하나님은 그 수치를 의의 덮음으로 바꾸어 주셨다. 수치는 덮임이 되었고, 두려움은 위로가 되었으며, 연약함은 은혜의 자리가 되었다. 은 천 개는 단순한 보상이 아니라 엄청난 액수로서 하나님이 나를 우주적인 은혜로 정결하다 선언하신 표징이었다. 그리스도께서도 우리를 위해 하나님께 값을 내셨을 뿐 아니라, 우리에게도 수치를 덮는 우주보다 큰 은혜를 주신다. 이것이 구속의 덮음이다. 하나님은 나의 재물도 회복시키셨고, 나의 위상도 높이셨다. 또한 아브라함에게 직접 말씀하시며 나의 위치를 더욱 확증하셨다. "사라가 네게 이른 말을 다 들으라"(창21:12)

남편의 두려움과 그의 습관적 말 속에서 흔들렸던 나의 자리, 낮아졌던 나의 마음을 하나님은 다시 굳게 세우셨다. 나를 수치에서 건지셨고, 나를 이삭의 어머니로 세우셨으며, 나의 존재를 약속의 통로로 삼으셨다. 나는 연약한 여인이지만, 하나님은 나를 잊지 않으시고 나의 수치를 덮고 나의 미래를 여시며 생명의 길을 준비하신다.

주 예수님, 두려움 속에서도 나를 잊지 않으신 은혜를 찬양합니다. 사람의 말보다 주님의 음성을 더 믿게 하소서. 나의 수치를 덮으시는 은혜의 손을 날마다 체험하게 하옵소서. 연약함 속에서도 나를 회복시키시는 주님을 신뢰합니다. 나를 생명의 통로로 세우신 주님의 뜻을 이루게 하소서.

"생명의 아비멜렉"

창20:5 "그가 나더러 이는 내 누이라고 하지 아니하였나이까 그 여인도 그는 내 오라비라 하였사오니 나는 온전한 마음과 깨끗한 손으로 이렇게 하였나이다"

나는 블레셋 땅 그랄의 왕, 아비멜렉이다. 내 이름은 "나의 아버지는 왕"이라는 뜻을 가지지만, 이 사건을 통해 나는 비로소 누가 참된 왕이신지 깨닫게 된다. 어느 날 이방인 아브라함이 내 땅에 들어왔고 그는 자신의 아내 사라를 "자매"라고 소개했다. 나는 죄의 의도 없이 그녀를 취하려 하였고, 스스로는 온전한 마음으로 행동했다고 믿었다. 그래서 나중에 하나님께 이렇게 말할 수 있었다. "내가 온전한 마음과 깨끗한 손으로 이렇게 하였나이다"(창20:5). 그러나 그날 밤 하나님께서 꿈에 나타나셨고, 그분은 "그 여인을 돌려보내라, 그 남자는 선지자다"(창20:3, 7)라고 말씀하셨다. 그 순간 나는 내가 알고 있던 모든 신들의 이름이 아무 의미 없음을 깨달았다. 꿈에서 나타난 하나님은 거룩하고 전능하며, 사람의 마음 깊은 곳까지 살피시는 분이었다. 그 밤은 두려움의 밤이었지만 동시에 은혜의 밤이었다. 나는 죄를 짓지 않도록 나를 막으시는 하나님의 손길을 체험했고, 그분이 사라를 얼마나 깊이 보호하시는지도 알게 되었다.

다음 날 나는 아브라함을 불러 그에게 따졌다. 왜 나를 속였는지, 왜 나를 죄에 빠지게 할 뻔했는지 물었지만, 동시에 그의 신분을 인정하지 않을 수 없었다. 그는 단순한 유목민이 아니라 하나님과 특별히 연합된 사람이며, 그의 기도는 땅의 왕이 가진 권세보다 더 큰 권세를 지닌다는 사실을 받아들여야 했다. 나는 즉시 사라를 돌려보내고 양과 소와 종들을 주었으며, 그녀 오라비에게 은 천 개를 주었다. 단순한 보상이 아니라 사라의 명예를 회복시키고 그녀가 어떤 수치도 당하지 않았음을 공식적으로 선포하는 의미였다. 그 은은 그녀를 위한 '덮음'이 되었고, 하나님의 의롭다 하심을 상징하는 표징이 되었다.

나는 사라를 해치지 않았지만, 그 사건 자체가 그녀에게 큰 시련이 되었음을 알았다. 그래서 나는 재물로 덮어 주고, 땅의 왕으로서 가능한 모든 명예를 돌려주었다. 그리고 하나님은 내 집에 내리신 닫힌 태를 다시 여셨다. 아브라함이 나를 위해 기도했을 때 내 가문에 생명이 돌아왔고, 모든 여인의 태가 열리기 시작했다. 이 일을 통해 나는 나의 의보다 하나님의 거룩한 개입이 더 크며, 인간의 판단보다 하나님의 말씀과 언약이 더 참되며, 왕의 권세보다 하나님이 세우신 선지자의 기도가 더 강력하다는 것을 배웠다. 아브라함은 약점이 많은 사람이었고, 때로는 나보다도 더 의롭지 않아 보였지만, 그에게는 하나님이 주신 약속과 중보의 자리가 있었고 하나님은 그 약속을 따라 역사하셨다.

그날 나는 깨달았다. 참된 왕은 나의 아버지도, 나 자신도 아니라 아브라함의 하나님이시다. 그분 앞에서 나는 왕이 아니라 한낱 피조물이며, 그분의 말씀은 나라의 경계를 넘어 모든 생명을 다스린다. 사라를 통해, 그리고 아브라함을 통해, 나는 전능하신 하나님을 보았고 그분의 경고와 은혜를 함께 경험했다. 나는 그분 앞에 두려움과 경외로 서게 되었고, 이후로 나의 다스림은 이전과 같지 않았다. 하나님께서 사라의 수치를 덮으셨고 내 가문의 태를 열어 주셨듯이, 나 또한 그분 앞에서 새로운 눈을 열어 주시는 덮임을 받은 것이다.

주 예수님, 제 눈을 열어 참된 왕이 누구이신지 보게 하소서 주 예수님, 인간의 의보다 크신 하나님의 은혜를 깨닫게 하소서 주 예수님, 아브라함의 기도처럼 생명을 여는 중보의 자리에 참여하게 하소서 주 예수님, 사라를 덮으신 것처럼 제 가정과 삶도 은혜로 덮어 주소서 주 예수님, 두려움이 아닌 경외로 당신 앞에 서게 하소서

"생명의 선지자"

창20:7 "이제 그 사람의 아내를 돌려 보내라 그는 선지자라 그가 너를 위하여 기도하리니 네가 살려니와 네가 돌려 보내지 않으면 너와 네게 속한 자가 다 정녕 죽을 줄 알지니라"

창20장을 읽으면, 그랄 땅의 아비멜렉이 오히려 선지자처럼 보인다. 그가 아브라함을 꾸짖었고, 그의 말은 모두 옳았다. 그러나 하나님은 아브라함을 여전히 "선지자"로 세우셨고(창20:7), 회복된 아브라함은 자신의 수치에도 불구하고 자녀 없는 아비멜렉을 축복했다. 선지자의 본질은 꾸짖음만이 아니라 축복이다. 그리스도 안에서 약속받은 자들은 이방을 복되게 하기 위해 존재한다. 우리는 아브라함으로서 세상으로부터 비판도 감수해야 하며 반대하는 자들을 오히려 축복해야 한다.

아비멜렉은 오랫동안 자녀가 없었다. 그는 자녀를 얻고자 갈망했지만, 사라를 취하여 약속 안으로 들어갈 수는 없었다. 하나님께서 이미 약속하신 복은 이삭을 통해서만 이어져야 했기 때문이다. 그러나 하나님은 아브라함을 아비멜렉에게 보내셨고, 그를 꾸짖게도 하셨으며, 마지막에는 아브라함의 기도를 통해 아비멜렉의 집을 회복시키셨다. 성경은 말한다.

창20:17 "아브라함이 하나님께 기도하매 하나님이 아비멜렉과 그의 아내와 여종을 치료하사 출산하게 하셨으니"

아비멜렉이 얻은 생명의 복은 그 어떤 인간적 지혜가 아니라 아브라함을 통해 흐르는 하나님의 약속에서 왔다. 이것은 외적인 번영도 결국 하나님이 약속 안에서 흘려 보내시는 것이며, 믿음이 은혜를 만나 그리스도를 낳을 때, 이방인이 아브라함의 가문을 통해 복에 참여함을 보여 준다. 하나님은 이 과정을 통해 아브라함의 깊이 뿌리박힌 문제—변명과 두려움의 습관—을 고치고자 하셨다. 아브라함은 여러 지역에서 사라를 '누이'라 부르는 말이 통했던 경험 때문에, 그것을 오래도록 반복해 왔다(창20:13). 그러나 그랄에서는 더 이상 그것이 통하지 않았다. 하나님은 이 뿌리 깊은 불신의 습관을 바로 이 자리에서 치료하셨다. 불임의 가장 깊은 영적 의미는 '그리스도를 낳지 못하는 상태'이며, 하나님은 아브라함의 믿음의 태를 고치시는 동시에, 아비멜렉의 육적 태도 열어 주셨다.

우리도 아비멜렉처럼 아브라함의 약함 때문에 시험을 당하기도 하지만, 그 과정을 통해 알게 된다. 아브라함의 꾀가 아니라 하나님의 질서에 순종할 때, 환경의 문이 열린다는 사실을. 아비멜렉의 태가 열리는 것은 "그리스도를 위한 것들"이 열리는 것이고, 아브라함의 태가 열리는 것은 "그리스도 자체"가 태어나는 것이다. 아브라함은 결코 자랑할 이유가 없다. 그의 행위로는 의롭다 할 수 없고, 그는 우리와 마찬가지로 오직 믿음으로 얻는 의 안에 서야 했다. 넘어지기 쉬운 사람, 두려움에 흔들리는 사람, 그러나 은혜 없이는 한순간도 서 있을 수 없는 사람이다. 다른 사람의 죄를 즉시 위선이라 정죄할 수는 없지만, 교만하여 회개하지 않는 자는 "은혜가 많아질 것이라" 스스로 속이며 죄를 가볍게 여기기 쉬운 위험에 빠진다. 하나님은 바로 그 지점을 다루고자 하셨다.

아브라함은 자신도 약했으며, 자녀도 거의 없었고, 약속의 이삭은 아직 태어나지 않은 상태였다. 그는 스스로도 궁핍했고 응답받지 못한 자 같았다. 그런데 그런 아브라함이 간절히 기도하자 다른 사람의 태가 열렸다. 이것은 우리에게 큰 위로다. 우리가 풍성해야만 축복할 수 있는 것이 아니다. 믿음이 적용되는 자리마다 복은 흐른다. 아브라함의 마음은 이렇게 말하는 것과 같았다. "아비멜렉이여, 나도 아직 자녀가 없지만 약속을 받았고, 곧 얻게 될 것입니다. 내가 기도하겠습니다."

하나님은 우리를 실족케 하는 자가 아니라 복을 흘려 보내는 존재로 세우신다. 자녀가 없어도, 가진 것이 없어도, 환경이 부족해도 믿고 축복할 수 있다. 아브라함은 "이 땅에는 여호와 경외가 없으므로 나를 죽일 것이다"(창20:11)라 했지만, 실제 문제는 그 땅이나 사람에게 있지 않았다. 정작 언약의 믿음을 붙들지 못한 약한 자는 아브라함 자신이었다. 우리는 종종 "내 주위에 믿지 않는 사람이 너무 많아서 어렵다"고 탓하지만, 창20장은 진짜 문제는 환경이 아니라 믿음 약함임을 계시한다. 약속을 경홀히 여기고 은혜를 가볍게 여길 때, 우리는 사라를 잃는다. 그러므로 어떤 환경에서도 우리는 더 깊이 그리스도를 누리는 사람이 되어야 한다.

선지자의 영은 모든 복을 이미 다 체험하고 축복하는 것이 아니다. 정작 아브라함도 자녀가 없었지만 그 상태에서 아비멜렉의 자녀가 태어나기를 중보하였다. 우리도 이렇게 아직 갖지 못했다 하더라도 소망 안에서 타인을 축복해야하며 이것이 바로 선지자의 역할이다.

아브라함은 젊은 시절부터 사라에게 "가는 곳마다 나를 오라비라 하라"라고 말해 왔다. 혼전에는 실제로 조카였지만, 혼인 후에는 더 이상 자매가 아닌 신부이다. 사라를 자매로만 여겼던 오래된 습관은 은혜를 '반쪽'으로 붙든 것이었다. 그러나 하나님은 우리를 그리스도와 완전한 혼인 안에 두셨고, 은혜는 더 이상 '자매'가 아니라 '아내'이며 언약 안에서 완전한 연합이 되었다.

주 예수님, 약한 믿음도 끝까지 수습하시는 은혜를 찬양합니다. 사라와 아비멜렉을 지키신 것처럼 우리의 은혜와 환경도 지켜 주소서. 약속을 경홀히 여기지 말게 하시고, 믿음의 태가 열려 그리스도를 낳게 하소서. 가난해도 부족해도 축복하는 선지자의 자리에 서게 하옵소서.

창세기 21장의 그리스도

"생명의 탄생"

창21:1-2 "여호와께서 말씀하신 대로 사라를 돌보시고 말씀하신 대로 사라에게 행하셨고, 사라가 잉태하고 하나님의 말씀하신 기한에 미쳐 늙은 아브라함에게 아들을 낳으니"

이 장에서 가장 중요한 것은 단순히 "아브라함이 아들을 얻었다"는 사실이 아니라, 이미 이스마엘이 있음에도 불구하고 "사라에게서 아들이 태어났다"는 점이다. 그래서 본문은 굳이 "사라, 사라, 사라"를 반복한다. 사라는 은혜와 자유와 약속을 함께 담고 있기 때문이다. 사라는 먼저 은혜를 나타낸다. 경수가 끊어진 아흔 살 여인에게서 아들이 태어났다는 것은 전적으로 하나님의 기적이며 은혜이다. 사라의 늙고 약한 몸은, 오히려 그녀에게 넘친 은혜의 깊이를 보여 준다. 이는 우리 안의 그리스도가 혈과 육과 인간의 능력으로 난 것이 아니라, 전적인 은혜와 선물이라는 사실을 계시한다. 우리는 공로로 그리스도를 낳지 않았고, 오직 은혜로 영접했을 뿐인데, 그리스도께서 우리 안에 태어나시고 자라신다. 우리가 자신을 그리스도께 내어 드릴 때마다 그분은 우리 안에서 더 자라신다.

사라는 또한 자유한 여인이다. 하나님은 종여인 하갈이 아니라 자유한 여인 사라에게서 아들이 나리라고 약속하셨다. 이것은 우리 안의 그리스도와 그리스도의 영, 곧 거룩한 영이 우리를 율법과 죄와 악에서 자유케 하여, 그리스도를 낳게 하신다는 복음을 보여 준다. 우리의 영혼은 이제 더 이상 종의 영이 아니라, 참으로 자유한 영혼이 되었다. 그리스도의 탄생은 자유 안에서 일어난다.

사라는 무엇보다 약속을 받은 여인이다. 그녀가 아들을 얻은 것은 우연이나 인간의 계산이 아니라, 창세 전부터 준비된 하나님의 섭리와 계획의 성취이다. 그녀 마음에는 한때 불신이 있었고 웃음으로 반응한 적도 있었지만, 불신보다 더 깊이 그녀 어깨 위에 하나님의 약속이 얹혀 있었다. 우리도 마찬가지이다. 마음을 보면 믿음이 부족해 보이고, 감정은 자주 흔들리지만, 우리의 느낌보다 더 분명한 것은 하나님이 우리 위에 얹어 두신 약속이다. 그러므로 자신의 불신만 바라보지 말고, 우리 어깨 위에 놓이신 약속, 그리고 약속을 놓고 가신 하나님을 바라보자. 사라에게 약속을 통하여 이삭이 태어났듯, 우리에게도 창세 전의 섭리와 약속을 따라 주 예수님이 오셨다. 그분은 모든 축복을 담은 약속의 영으로 우리 안에 오셨고, 아브라함 가문의 축복이 이삭을 통해 이어지듯, 우리에게도 그리스도를 통해 약속의 축복이 충만히 계승된다.

창21장은 약속된 아들의 탄생 장면이다. 말씀하신 대로 돌보시고, 말씀하신 대로 행하시고, 말씀하신 대로 태어나게 하셨다. 그리스도는 하나님의 말씀이시며 영이요 생명이신데, 우리가 말씀을 영 안에서 누릴 때 생명이 태어난다. 그분이 말씀하시고, 그분이 행하시고, 그분이 이루신다. 우리 안에 그리스도가 탄생한 것도, 우리가 새 사람으로 다시 태어난 것도 전적으로 그분의 역사이다. 이삭이 축복의 아들로 태어났듯, 우리도 주 예수와 연합하여 축복의 자녀로 태어났다.

창21장은 또 하나의 중요한 신학적 전환을 보여 준다. 하늘에서 돕는 하나님이, 이제는 "아브라함의 아들"을 통해 일하신다. 이것은 참 아브라함의 아들이신 그리스도가 우리 안에 탄생해야 함을 알리는 것이다. 이제 우리는 하늘 어딘가 멀리 계신 하나님만 바라보는 신앙이 아니라, 우리 안에 태어나시고 우리 안에서 도우시는 하나님, 곧 주 예수님을 믿는 신앙으로 들어왔다. 하늘의 영이 우리 안에서 주 예수로 임하셨고, 거룩한 영은 주 예수님의 본질이시다. 아브라함(믿음)에게 이삭(생명)이 태어난 것은, 믿음 안에 생명이 도래한 사건이며, 우리 안에 새 생명이 태어났음을 예표한다. 하나님은 우리 안에 무궁한 은혜와 생명을 주시며 거하신다. 할렐루야!

이 사건은 또한 유대적 신앙에서 그리스도인 신앙으로의 전환을 상징한다. 우리는 이제 단지 하늘의 하나님을 믿는 자가 아니라, 우리 안에 태어나신 그리스도를 믿는 자이다. 영적 이삭, 곧 그리스도가 우리 안에 낳아지면, 그분의 영이 저절로 많은 열매를 낳는다. 그 열매가 바로 사랑과 기쁨과 평강과 오래 참음과 자비와 선함과 신실과 온유와 절제와 율법을 초월한 삶이다. 우리가 사랑이 부족한 것이 아니라, 우리 안에서 표현되시는 그리스도가 부족한 것이고, 인내가 없는 것이 아니라, 인내로 나타나신 그리스도의 누림이 부족한 것이다. "어떻게 낳는가?" 이미 믿음으로 그리스도는 우리 안에 낳아졌다. 이제 그분이 나타나도록 길을 열어 드리는 것이 신앙이다.

이삭이 태어나듯, 그리스도와 연합한 우리도 새 아들로 태어났다. 주 예수님이 사시고 우리도 그분 안에서 새로 산다. 아브라함 아래 이삭의 탄생은, 그리스도 아래 우리가 "주의 자녀"로 태어남을 가리킨다. 이삭이 받을 복은 우리 안의 그리스도가 받는 복이며, 그리스도와 연합한 우리가 함께 누릴 복이다. "주 예수 내 안에 사시네!" 이 고백이 바로 창21장의 영적 결론이다. 우리 안에 사시는 주 예수님은 참 이삭이요, 새 생명이시다. 할렐루야!

사라는 이렇게 고백한다. "하나님이 나를 웃게 하시니 듣는 자가 다 나와 함께 웃으리로다"(창21:6). 이삭의 이름은 '웃음, 기쁨'이라는 뜻이다. 이삭의 탄생으로 집 안에 기쁨이 가득 찼듯, 그리스도는 우리에게 새 생명이자 첫 번째 기쁨이 되신다. 근심이 있는가? 여기 복음이 있다. 주 예수님이 계신다. 이삭이 태어나서 기쁘고, 사라에게 기쁘고, 그 이름 때문에 기쁘고, 젖을 떼는 날에도 기쁘고, 하나님이 기쁘시고, 믿음이 기쁘고, 은혜도 기쁘고, 모두가 기쁘다. 이삭은 기쁨의 그리스도이면서 동시에, 그리스도를 믿어 새로 태어난 우리 자신을 예표한다. 우리 모두가 그리스도와 연합하여 새로 태어난 영적 이삭이다.

사라는 또 말한다. "사라가 자식들을 젖먹이겠다고 누가 아브라함에게 말하였으리요마는 아브라함의 노경에 내가 아들을 낳았도다"(창21:7). 인간의 이성으로는 설명할 수 없는 일이다. 누가 그리스도가 오실 것을 알 수 있었겠는가. 계시로, 약속으로, 하나님의 말씀으로만 알 수 있다. 이삭이 오래 약속된 씨이듯, 그리스도도 오래전부터 약속된 씨이다. 이삭이 정한 때에 태어나듯, 그리스도도 정한 때에 태어나셨다. 이삭이 기쁨인 것처럼, 그리스도라는 기쁨도 반드시 정한 때에 온다. 위로의 태양이신 그리스도가 오셨다. 사라가 한때 불신 중에 웃었지만, 하나님은 결국 그 약속을 이루셔서 그녀를 웃게 하셨다. 이것이 하나님의 역사이다. 우리가 하나님의 약속을 의심한다 해도, 창세 전부터 우리를 선택하신 하나님은 반드시 우리를 웃게 만드시고 믿게 만드신다. 누가 우리로 그리스도를 가지게 될 것이라고 상상이나 했겠는가?

이삭이 젖을 떼는 날, 아브라함은 큰 잔치를 베풀었다(창21:8). 이는 우리가 젖을 떼고 말씀의 단단한 양식을 먹을 때, 신앙 안에서 큰 잔치가 열린다는 뜻이기도 하다. 성도들이 젖을 떼고, 그리스도 안에서 성숙한 양식을 먹게 되면 참 기쁨이 있다. 아브라함의 두 아들, 이스마엘과 이삭은 모두 나름의 복을 받지만, 우리는 성령을 통해 난 아들, 곧 영의 이삭을 따라야 한다. 한때는 이스마엘과 같은 육의 성취에 마음을 두는 시기도 있지만, 결국 우리는 이스마엘을 내보내고 이삭에 집중해야 한다. 그리스도를 얻는 것이 신앙의 소망이다.

아브라함이 사람의 힘으로 하갈을 통해 낳은 아들도 있고, 사라를 통해 약속으로 낳은 아들도 있다. 왜 하나님은 굳이 사라를 통해 아들을 낳게 하셨는가? 차이는 분명하다. 하갈을 통해 난 아들은 육으로 난 아들이고, 사라를 통해 난 아들은 영으로 난 아들이다. 사라에게 경수가 끊어졌지만, 하나님을 믿는 믿음 안에서 성령으로 잉태되었다. 이삭의 탄생은 곧 생명이신 예수 그리스도가 우리 안에 생명으로, 실제로 낳아진 것을 예표한다. 이것은 우리의 노력이나 열심이 아니라, 하나님의 은혜로 거저 주어진 생명이다.

그러므로 창21장은, 우리가 예수 그리스도를 생명으로 누리며, 그분이 우리 안에서 유일한 소망이 되시는 길을 보여 준다. 이 생명이 우리 안에서 하나님의 의를 이루고, 다른 사람과의 화해를 이루고, 하나님의 영의 열매와 은사를 경험하게 한다. 바울이 갈라디아서에서 "여종과 그 아들을 내어 쫓으라"고 말한 것은, 율법적 자아와 자기 힘으로 이루려는 신앙을 내보내라는 뜻이다. 하나님의 뜻을 두고 내가 애써 지키는 신앙이 아니라, 하나님의 뜻이신 그리스도가 내 안에서 나를 이끄는 신앙으로 옮겨가야 한다. 주 예수 그리스도께서 우리 안에 태어나셨으니, 이제 우리는 우리 힘으로 계명을 지키려 애쓰는 율법의 신자가 아니라, 그리스도 자신이 우리 안에 이루시는 삶을 누리는 사람들이다. 그리스도를 더 얻어 갈수록, 그분의 아름다운 성품과 미덕이 자연스럽게 우리 안에서 나타나고, 율법 이상의 삶을 살게 된다. 이것이 바로 창21장이 우리에게 보여주는 "생명의 탄생"이다.

주 예수님, 말씀하신 대로 우리를 돌보시는 은혜에 감사합니다. 말씀하신 대로 우리 안에 생명을 잉태하게 하시고 자라게 하소서. 우리 안에서 젖을 떼게 하시고 단단한 음식으로 성장하게 하소서. 우리의 기쁨이 사람에게서 나지 않고 약속의 성취에서 나오게 하소서. 오늘도 말씀대로 이루시는 주님의 생명을 누리게 하옵소서.

“생명의 이스마엘”

창21:17은 여호와께서 이스마엘을 살피시는 놀라운 장면을 보여 준다. “하나님이 그 어린 아이의 소리를 들으셨으므로(Wai-ishma) 하나님의 사자가 하늘에서부터 하갈을 불러 이르시되 하갈아 무슨 일이냐 두려워하지 말라 하나님이 저기 있는 아이의 소리를 들으셨나니.” 이삭이 자라자 이스마엘은 그를 괴롭혔고, 여호와는 이스마엘을 집에서 내보내신다. 그러나 집에서 내보낸다고 버리신 것이 아니다. 하나님은 하갈과 이스마엘을 따로 축복하신다. 이 장면은 우리를 다시 그리스도께로 이끌어 준다. 바울이 갈4장에서 “이스마엘을 내쫓으라”고 말한 뜻은, 우리가 스스로 힘을 내어 수고하고, 노력하고, 행위를 많이 해서 무엇을 이루려는 육신적 신앙에는 분명한 한계가 있다는 사실을 가르쳐 준다.

창21:14 “아브라함이 아침에 일찍이 일어나 떡과 물 한 가죽부대를 가져다가 하갈의 어깨에 메워 주고 그 아이를 데리고 가게 하니 하갈이 나가서 브엘세바 광야에서 방황하더니.”

아브라함은 하갈과 이스마엘을 떠나보내며 가죽부대의 물을 주었다. 이것이 율법이다. 율법은 육체의 가죽부대에 담긴 물과 같아서 일시적으로 돕지만 결국 마른다. 이에 반해 그리스도인의 길은 생명의 시내를 만나는 길, 우물을 파고 발견하는 길이며, 새 가죽부대에 새 포도주를 담는 길이다.

창21:15 “가죽부대의 물이 떨어진지라 그 자식을 관목덤불 아래에 두고.”

하갈이 목마르게 된 것은 율법의 길이 결국 목마르게 되어 있고, 스스로 해결할 수 없는 한계가 있음을 보여 준다. 율법은 우리를 울게 하지만, 샘물을 만나야 살아난다. 율법은 생수를 만나지 못하면 아무 능력이 없다. 이어서 21:16은 하갈이 아이가 죽는 것을 차마 보지 못하고 소리 내어 우는 장면을 그린다. 하갈의 울음은 육신의 끝이며, 바로 그 지점에서 하나님이 들으신다. 관목덤불의 가시들은 육체의 가시들이고 결국 곤고해지는 우리 자신을 보며 절망하게 된다.

이스마엘이라는 이름은 "하나님이 들으신다"는 뜻이다. 하나님은 그 이름 그대로 행하셨다. 이스마엘이 약속의 자녀가 아님에도, 하나님의 마음은 그 울음에 움직이셨다. 하물며 약속의 자녀들이 우는 소리는 얼마나 더 들으시겠는가! 하나님은 먼저 네 가지 항목의 말씀을 이스마엘에게 주신다. 첫째, "무슨 일이냐"이다. 이미 알고 계신다는 뜻이다. 모든 상황을 다 알고 계시는 주 예수님을 찬송한다. 둘째, "두려워하지 말라"하신다. 즉 우리를 버리지 않으신다는 뜻이다. 셋째, "하나님이 그 울음에 주목하셨다". 우리 절망과 슬픔을 아신다. 그분의 긍휼의 눈 아래 우리 인생이 있다. 넷째, "생명의 우물을 마시리라" 하나님은 이스마엘이 생명을 얻도록 먼저 생수를 보여 주신다.

하갈이 눈물을 흘린 뒤에야 샘을 보게 된 것은 영적 원리이다. 이스라엘도 육신적 신앙에서 눈물이 흘러야 참 생수를 본다. 하나님은 이스마엘을 위해 광야에 샘물을 준비하셨으며, 우리에게도 우리 안의 '이스마엘'을 위해서는 광야의 샘물을, '이삭'을 위해서는 브엘세바 즉 맹세의 우물을 두셨다. 들에서나 집에서나 우리는 그리스도를 샘과 우물로 만난다. 우리가 약하면 주 예수님은 우리를 도우시고, 강하면 그분은 우리를 사용하신다. 이스마엘이 광야에서 활을 당겨 짐승을 잡는 능력자로 자라듯, 육신으로 태어난 우리도 생수를 만나면 능력자가 된다. 활 쏘는 자가 되리라는 축복을 해주셨다. 하갈의 아들이 잘 자라고 크게 성공하며 망하지 않을 것이라는 말씀이다. 다만 이것만 의지하고 살아서는 타인들에 활 쏘는 자가 되어 공격이 주요 증상인 신자가 될 수 있으니 생명이신 그리스도 즉 이삭의 신앙으로 언젠가 전환해야 한다.

결론은 단순하다. 환란 있는 자여, 그리스도께 와서 울어야 한다. 그래야 물이 보인다. 초보의 신앙 아래 종교 아래 있는 자들이여, 그리스도의 실제를 아직 맛보지 못한 이들이여, 그리스도께 오라. 모든 글자를 그리스도로 보라. 모든 상황을 그리스도로 보라. 율법의 사람들은 생명의 우물 바로 옆에 있어도 실은 우물을 보지 못한다. 그러나 그리스도 앞에서 울면 눈이 열리고 샘이 나타난다. 그리스도는 광야에도 샘이 되시고, 집에서도 우물이 되신다. 우리의 눈물이 그분의 생명수와 만나는 순간, 이스마엘도 살고, 하갈도 힘을 얻고, 약속의 길도 열린다. 이스마엘을 축복하시는 여호와는 얼마나 감사한 분인가! 우리가 생명의 신앙으로 나아갈 때 우리 이스마엘에 대해 염려하지 말자. 우리 일터와 가정과 생활을 축복하신다. 활쏘는 자로서 강력하게 하실 것이다.

주 예수님, 우리의 울음을 들으시는 은혜에 감사합니다 율법으로 목마른 우리에게 생명의 샘을 보여 주소서 브엘세바의 우물처럼 변치 않는 맹세의 은혜를 날마다 누리게 하소서 광야에서도, 집에서도, 언제나 당신만이 우리의 물이 되소서 오늘도 우리의 눈을 열어 생수를 보고 마시는 은혜를 주옵소서 오 주 예수여 아멘

"생명의 도시"

창21:31 "두 사람이 거기서 서로 맹세하였으므로 그곳을 브엘세바라 이름 하였더라"

창21장은 브엘세바의 장이다. 이삭이 이곳에서 태어나고 이스마엘이 브엘세바 광야에서 축복을 받고, 아비멜렉이 브엘세바 우물을 환원하며 화목케 된다. 브엘세바에서 우리는 이삭의 그리스도 탄생을 보며, 하갈로서 여호와의 사자를 만나 따뜻한 위로를 경험하고 브엘세바에서 우리들의 우물을 아브라함에게 주는 아비멜렉으로 살게 된다. 아브라함은 창20장 게데스와 술 사이 그랄에 거주했는데 이미 이곳은 브엘세바 인근이다. 또 이미 이곳에서 여러 우물을 팠었다. 창21장에서 그 우물을 회복한다. 우물을 파는 것은 고대 근동에서 근무지와 정착지로 삼았다는 말이다.

브엘세바는 가나안 남부의 기준 도시로서 그 위쪽 네게브는 농사가 가능하지만, 그 아래로는 메마른 광야와 바란이 이어지므로 브엘세바는 경계와 기준의 도시이며 믿음의 조상들이 다시 돌아오는 언약의 자리로 성경 곳곳에 반복하여 나타난다. 아브라함은 이곳에서 우물을 얻고, 이삭은 그 우물을 다시 얻으며, 야곱은 이곳에서 하나님을 만나 도망하고, 다시 돌아와 예배를 드렸다. 하나님은 결국 그들을 브엘세바로 돌아오게 하시는 분이시며, 브엘세바는 언약의 우물이며 회복의 자리이며 믿음의 기준을 의미한다. 이러한 배경 속에서 창21장에는 아비멜렉이 아브라함을 찾아와 "네가 무슨 일을 하든지 하나님이 너와 함께 계시도다"(창21:22)라고 말하며 자신과 후손들에게 선대해 달라고 부탁하는 장면이 나온다(창21:23). 이 장면은 단순한 외교가 아니라 영적 계시로, 아비멜렉은 이방인을, 아브라함은 믿음을 가리키므로 우리 타고난 사람인 아비멜렉이 우리 안에 주신 믿음 곧 아브라함에게 나아와 미래와 후손을 맡기는 장면이다. 브엘세바 우물은 오늘 우리에게 무엇인가? 브엘은 "우물"이고 세바는 "맹세"인데 이 "맹세의 우물"은 그리스도 자체이시다.

아브라함이 이곳에 오기 10년 전, 아비멜렉에게는 자녀가 없었다. 아브라함이 사라를 누이라 하였고 아비멜렉은 사라를 취하려 했으나 그날 밤 하나님이 개입하셔서 사라를 돌려주게 하셨다. 하나님이 이렇게 엄격히 개입하신 이유는 하나였으니 그리스도의 길은 반드시 아브라함과 사라를 통해 이어져야 했기 때문이다. 하나님은 약속의 씨를 위해 직접 간섭하시고 사라를 지키셨으며, 아브라함의 기도를 통해 아비멜렉의 집 태를 열어 주셨다(창20:17). 놀랍게도 이때 아브라함에게는 아직 자녀가 없었지만 하나님은 자녀 없는 아브라함의 기도를 사용하여 오히려 아비멜렉의 가정을 먼저 회복시키신 것이다. 이것이 믿음의 역설이며 믿음의 능력이다. 아비멜렉은 그 사건 이후 10년 동안 아브라함의 인생을 지켜보았고 자신이 받은 생명의 복이 아브라함이 믿는 하나님께로부터 온 것임을 깨달았다. 그리고 마침내 아브라함에게 약속의 아들 이삭이 태어났다는 소식을 들었을 때 그는 즉시 아브라함에게 찾아왔다. 이는 갑작스러운 방문이 아니라 약속이 성취되는 것을 보고 믿음에게 온 것이며, 표현은 서툴렀으나 그는 약속의 실체가 나타난 것을 보고 믿음 앞에 나아온 것이다.

이것은 오늘 우리에게 주시는 영적 길이다. 우리는 모두 아비멜렉과 같고 우리는 믿음에게 와야 한다. 우리 미래와 후손과 가정과 일터를 믿음에게 맡겨야 한다. 아비멜렉은 진리를 다 알지 못했고 아브라함의 후손에서 다윗이 나오고 그 후손에서 그리스도가 나오는 것을 전혀 알지 못했지만 그는 믿음 있는 자리로 나아왔고 믿음에게 자기와 후손을 맡겼다. 아비멜렉은 지혜로운 선택을 하였고 정말 잘한 일이다. 이것이 성경이 말하는 참된 믿음이다. 알지 못해도 맡기는 것, 계획을 몰라도 신뢰하는 것, 길을 보지 못해도 따라가는 것, 미래를 몰라도 하나님께 우리 인생을 의탁하는 것이다. 그래서 아비멜렉은 "너는 나와 내 아들과 내 손자에게 거짓되이 행하지 말라… 하나님을 가리켜 내게 맹세하라"(창21:23)고 말하며 자신의 후손 세대를 아브라함 후손에게 맡겼다. 영적으로 말해 이것은 우리가 믿음에게 우리 후손을 맡기는 장면이다. 지식에게 맡기지 않고 실력이나 환경에게 맡기지 않고 하나님이 주신 믿음에게 맡기는 것이다.

아브라함의 선대 맹세와 아비멜렉의 맹세는 결국 하나의 언약으로 수렴되니 아브라함의 후손이 아비멜렉의 후손을 선대한다는 약속은 참 아브라함의 후손이신 그리스도께서 이방인인 우리를 축복하신다는 언약을 미리 보여 준다. 하나님은 우리에게 믿음을 주실 때 맹세와 함께 주셨다. 믿음 안에는 이미 하나님의 맹세가 들어 있으며, "내가 너를 축복하리라, 내가 너와 네 자녀와 네 세대에 선대하리라"는 은혜의 언약이 들어 있다. 브엘세바는 이 맹세가 확인되는 자리로 아브라함은 브엘세바에서 우물을 얻고 영원하신 하나님 이름을 불렀다(창21:33). 그리스도가 우리 구주와 생명이 되시기로 맹세하셨다. 우리를 돌보시기로 피로 맹세하셨다. 시110:4에서 하나님은 우리를 위해 늘 축복하시는 멜기세덱을 세우시겠다고 맹세하셨다. "여호와는 맹세하시고 그 마음이 변하지 아니하시리라 이르시기를: 너는 멜기세덱의 서열을 따라 영원한 제사장이라 하셨도다". 그리고 이 맹세를 지키시고자 주 예수님을 보내셨다. 맹세된 구주는 오셔서 피로써 자신이 또 맹세하시고 우리 안에서 은혜와 생명의 맹세가 되셨다.

그러면 이 맹세의 그리스도는 어디서 만나는가? 바로 성경 안에서이다. 성경은 전체가 맹세의 책이며, 구약은 옛 맹세요 신약은 새 맹세이다. 하나님이 맹세하시고 우리가 아멘으로 응답한 것이 구약이고, 주 예수님이 맹세하시고 우리가 그분께 아멘으로 화답한 것이 신약이다. 그러므로 오늘 우리가 사는 현실에서 만나는 브엘세바는 바로 말씀의 책, 성경이다. 성경은 생명수이신 그리스도가 맹세로 우리에게 주어지는 우물이다.

"이는 곧 말씀 안의 물로 씻어 깨끗하게 하사 거룩하게 하시고"(엡5:26)

말씀 안에는 샘물과 우물과 강물의 물들이 있으며, 우리가 성경을 읽는 동안 그 물이 우리를 씻고 정결케 한다. 지금 이 순간에도 생명의 물은 말씀을 통해 우리의 허물과 때를 씻어 내린다. 성경 속에는 생명을 주시는 그리스도의 맹세, 구원을 확증하는 주 예수의 맹세, 은혜를 베푸시는 인자의 맹세가 담겨 있다. 그러므로 우리가 성경을 생수 같은 그리스도의 음성으로 받고 개인을 향한 은혜의 맹세로 받을 때, 성경은 곧 우리의 브엘세바가 된다. 성경을 마실 때마다 우리는 "영원히 너와 함께하겠다"(마28:20)고 약속하시는 주 예수님의 맹세를 만나게 된다. 우리의 맹세는 자주 흔들리지만, 거짓이 없으신 주 예수님의 맹세는 변함없다. 우리는 성경 속에서 날마다 그 맹세하신 그리스도를 만나고 누린다.

창21:25 "아비멜렉의 종들이 아브라함의 우물을 빼앗은 일에 관하여 아브라함이 아비멜렉을 책망하매"

아비멜렉의 종들이 아브라함의 우물을 빼앗은 사건(창21:25)은 단순한 우물 분쟁이 아니라 믿음과 이방적 속성, 생명의 우물과 인간적 소유욕 사이에서 벌어지는 깊은 영적 계시이다. 아브라함이 아비멜렉을 꾸짖었다는 것은 곧 믿음이 우리 안에 있는 이방적이고 세상적인 속성을 꾸짖는 것이다. 우물은 아브라함이 판 우물이며, 이 우물은 이삭과 그의 양 떼를 먹이는 생명의 원천으로, 그리스도와 그리스도의 후손에게 공급되는 생명의 우물을 상징한다. 그런데 아비멜렉의 종들이 이 우물을 빼앗아 개인적 용도로 사용하려 했다는 것은 은혜와 생명을 개인적 욕망과 육신의 필요에 쓰려는 타고난 인간의 욕심을 보여 준다. 아브라함이 아비멜렉을 꾸짖은 것은 우물을 훔치는 행위가 불법이기 때문이다. 우물은 아브라함의 것이고, 더 깊은 뜻에서는 그리스도의 생명 공급을 위한 은혜의 우물이기 때문이다.

구원 역시 이와 같다. 우리는 하나님께로부터 구원을 훔친 적이 없다. 주 예수님께서 합법적이고 완전한 대가를 지불하시고 죄의 심판을 받으셔서 정의를 세우시며 우리에게 생명의 우물을 선물로 주셨다. 그러므로 우리는 훔쳐 얻은 자가 아니라 합법적 구속을 통해 생명의 우물을 받은 자들이다. 믿음이 우리를 꾸짖는 이유도 이것과 같다. 우리는 자주 자기 힘과 노력으로 구언가를 "우물처럼" 만들어 스스로 마시려 하지만 하나님은 우리에게 인간적 노력으로 만든 우물을 원치 않으신다. 생명의 우물은 인간적 성취가 아니라 믿음으로 얻는 은혜이기 때문이다. 아브라함이 아비멜렉을 꾸짖은 사건은 믿음이 우리 안에서 "이 우물은 믿음의 후손의 것이며 그리스도의 생명 공급을 위한 것이니 훔치지 말라"고 말하는 것과 같다.

그러나 놀라운 점은 아비멜렉이 영원히 우물을 소유하지 못하는 것이 아니라는 사실이다. 역사가 흐르며 아비멜렉이라는 이름은 이스라엘 공동체 안에 편입되었다. 블레셋 왕이었던 아비멜렉의 이름은 이후 이스라엘 사람들의 이름으로 반복된다. 이삭이 블레셋 그랄 지역에 살며 아브라함의 후손과 아비멜렉의 후손은 한 지역에서 함께 거하고, 기드온의 아들도 아비멜렉이라는 이름을 가지고, 아비아달 제사장의 아들도 아비멜렉이라는 이름을 사용하며, 사사시대에도 같은 이름이 등장한다. 아비멜렉이라는 이름은 더 이상 이방의 이름이 아니라 이스라엘 백성 안에서 쓰임 받는 이름이 되었다. 이것은 아비멜렉이 "우리 자손을 선대하소서"라고 요청한 것이 단순한 부탁이 아니라 "우리 후손을 믿음의 가문 안으로 들여 달라"는 영적 요청이었음을 의미한다. 즉, 아비멜렉이 아브라함의 우물을 합법적으로 소유할 수 있는 길은 오직 하나, 그의 후손이 아브라함의 후손과 혼인을 통해 언약 안으로 들어오는 방법뿐이었다. 인간적 점유가 아니라 언약적 통합만이 합법적 소유가 되는 것이다.

엡4:12-13 "그 때에 너희는 그리스도 밖에 있었고 이스라엘 나라 밖의 사람이라 약속의 언약들에 대하여 외인이요 세상에서 소망이 없고 하나님도 없는 자이더니 이제는 전에 멀리 있던 너희가 그리스도 예수 안에서 그리스도의 피로 가까워졌느니라"

신약은 이 원리를 분명하게 밝힌다. 그리스도의 피로 구속함을 받고 가까워졌고, 롬7:4은 우리가 주 예수의 새로운 신부로 살아났다고 말한다. 이것은 모든 성도가 그리스도의 신부가 되었다는 뜻이며, 신부가 되었기에 그리스도가 소유한 모든 생명의 우물이 합법적으로 우리의 것이 되었다는 뜻이다. 아브라함이 소유했던 생명의 우물은 그리스도께로 이어지고, 그리스도께서는 그 우물을 사마리아 여인에게 주셨으며 "내가 주는 물을 마시는 자는 영원히 목마르지 아니하리라"고 선포하셨다. 그러므로 생명의 우물은 이제 우리의 가정과 우리의 일터와 우리가 섬기는 교회 위에 흐르는 실제가 되었다.

믿음이 우리에게 오고 우리가 아브라함이 된다는 것은 우리 안에 있던 아비멜렉적 요소—세상적 지향, 육신적 자랑, 인간적 욕심—이 믿음과 만나 생명 안으로 통합되는 것이다. 믿음은 우리에게 생명의 우물을 소유하게 하며 그 우물을 통해 그리스도의 생명수가 우리 안에서 흘러넘쳐 우리의 근심과 염려와 절망을 씻고, 우리 존재 전체를 적시며 하나님의 풍성함을 공급한다. 결국 아브라함의 우물도 그리스도의 우물도 신부된 우리에게 합법적으로 주어진 생명의 우물이며, 이 우물은 우리에게서 흘러넘쳐 가정과 일터와 교회와 다음 세대까지 하나님의 축복을 흘려보내는 은혜의 강이 된다. 이것이 아브라함이 아비멜렉을 꾸짖은 사건 속에 담긴 깊은 영적 의미이며, 하나님이 우리를 믿음 안으로 부르신 목적이다.

브엘세바의 우물은 언약의 생명수이다. 아브라함의 우물은 믿음을 주는 우물이고, 이삭의 우물은 고난 중에도 기쁨을 주는 우물이며, 야곱의 우물은 신부를 준비시키는 우물이다. 우리는 이 세 우물을 모두 그리스도 안에서 얻었으니, 말씀이 우물이요 그리스도의 영은 그 우물에서 솟아나는 물이며 우리는 말씀을 듣고 누리며 기도하고 찬송함으로 그 물을 실제로 마신다. 주 예수님은 우리의 우물이시고 우리의 맹세이시고 우리의 축복이시고 우리의 생명이시다. 우리는 브엘세바로 돌아오는 야곱처럼, 믿음의 우물을 다시 파는 이삭처럼, 하나님의 맹세를 붙드는 아브라함처럼 주 예수님께 다시 돌아온다. 우리는 이렇게 고백한다.

오 주 예수님, 나의 사랑이시며 내 빛이시여 나의 하나님이시여, 우리를 사랑하시니 감사합니다 믿음과 더 친하게 하시고, 모든 것을 믿음에 가져가게 하소서 그리스도 믿음이 우리를 사로잡으시고 주 예수님 당신께 더 가게 하소서 당신과 당신의 모든 것을 우리에게 선물하셨으니 날마다 주 예수를 누리게 하소서 양으로서 그리스도 인생을 배우게 하시고, 제물로서 그리스도를 늘 살게 하시고, 일곱 암양으로서 부활 생명이 활력 있게 하소서 하나님의 사랑이 자라나게 하시고, 성령의 긍휼이 넘치게 하소서 온전한 경륜을 이루신 하나님을 찬송하나이다 오 주 예수여, 주 예수여, 주 예수여

“생명의 세 선물”

창21:27 “아브라함이 1) 언약 전에 양, 소를 아비멜렉에게 주고 2) 언약식을 위해 별도로 제물을 쪼개 놓았고, 3) 또 언약 후 추가 선물로 암양 일곱을 아비멜렉에게 주었다.”

아브라함은 브엘세바 우물을 합법적으로 자신의 것으로 확정하기 위해 아비멜렉과 언약을 맺었고, 그 과정에서 세 종류의 선물을 주었다. 첫째는 언약 이전에 주어진 양과 소이며, 둘째는 언약을 세우기 위해 쪼개 놓은 제물, 셋째는 언약 이후 추가로 주어진 암양 일곱이다. 이 세 단계의 선물은 단순한 물질의 교환이 아니라, 하나님이 믿음을 통해 우리에게 주시는 삼중 은혜를 예표한다. 언약 이전의 양과 소는 살아 있는 선물로서 우리에게 음식과 기쁨이 되시는 그리스도를 가리킨다. 언약을 위한 쪼갠 제물은 속죄의 죽음, 십자가로 흘리신 피, 언약을 세우기 위한 희생의 대가를 보이는데, 이는 십자가에서 찢기신 그리스도 자신이다. 그리고 언약이 모두 세워진 후 주어진 암양 일곱은 부활하고 내주하는 온전한 그리스도, 즉 화목과 풍성함을 주시는 충만의 그리스도를 가리킨다.

아브라함이 한 일은 곧 장차 그리스도께서 하실 일을 미리 보여주는 표적이다. 아브라함은 먼저 살아 있는 양과 소를 주고, 언약을 위해 제물을 쪼갰으며, 언약이 확정되자 다시 암양 일곱을 선물했다. 그리스도도 동일하게 오셨다. 오신 그리스도는 우리가 먹고 누릴 양과 소와 같고, 죽으신 그리스도는 쪼갠 제물이며, 부활하신 그리스도는 완전수 일곱으로 상징되는 모든 충만이다. 그러므로 아브라함의 세 선물은 모두 한 분 그리스도이며, 이 삼중 선물은 믿음을 통해 우리 안에 이루어진 하나님의 생명 언약을 구성한다.

언약이 확립되자 브엘세바 우물은 법적으로 아브라함의 것이 되었고, 아비멜렉은 이 언약 아래서 보호와 화평을 얻었다. 이는 그리스도 탄생과 화목의 원리를 보여 준다. 창21장에서 이삭이 태어나고, 곧이어 아브라함과 아비멜렉의 화해가 등장하는 것은 "그리스도가 태어나면 화목이 따라온다"는 영적 법칙이다. 오늘 우리도 주 예수님이 우리 안에 태어나실 때, 하나님과 화평이 이루어지고, 사람과의 관계도 새로워진다. 아비멜렉이 아브라함과 화평케 되자 자연스럽게 아브라함의 하나님과도 화평을 누리게 되었듯, 그리스도로 인해 우리 또한 하나님의 친구 아브라함에게 속하게 된 것이다.

아비멜렉은 이스라엘 공동체 안으로 흡수된 이름이 되었고, 그 후손은 신앙 안에서 아브라함의 후손과 함께 살아가게 되었다. 이것은 이방인이 믿음과 언약을 통해 하나님의 백성 안으로 들어오는 신약의 큰 진리를 미리 보여주는 장면이다. 우리가 영적 아비멜렉이라면, 우리도 믿음에게 나아가야 한다. 즉, 우리 안에 주신 믿음에게 말하고, 믿음에게 맡기고, 믿음을 통하여 하나님의 은혜와 보호와 풍성을 기대해야 한다. 믿음은 하나님이 주신 살아 있는 실제이며, 우리 안에서 생명의 우물을 열어 그리스도의 풍성을 브어 주는 통로이다.

아브라함의 우물은 결국 그리스도의 생수를 상징한다. 하나님은 그리스도를 주시기 위해 먼저 양과 소를 주셨고, 십자가의 죽임을 통해 언약을 세우셨으며, 부활하신 그리스도를 일곱 양처럼 우리 안에 주셨다. 그러므로 우리는 영적인 일곱 양, 곧 부활의 충만한 그리스도를 늘 기르고 누려야 한다. 말씀 안에서, 기도 안에서, 교회의 교통 안에서 우리는 이 일곱 양을 자라게 한다. 그리스도의 충만이 자랄 때 생명의 우물은 가정과 공동체와 일터까지 흘러가고, 기쁨과 평강과 은혜가 번져 나간다.

우리가 아브라함으로서 믿음 안에 걸어갈 때, 인생에는 늘 아비멜렉과 같은 만남이 뒤따른다. 갈등도 있고, 오해도 있고, 실수도 있으나, 주 예수님이 계시기에 결국 화평이 찾아오고, 관계가 회복되고, 생명이 흘러온다. 창21장의 브엘세바 사건은 바로 이 진리를 보여 준다. 아브라함은 우물 문제로 아비멜렉과 갈등했으나 결국 언약을 세우고 화해를 이루었고, 이 과정에서 세 종류의 선물을 주었다. 이것이 바로 그리스도께서 우리에게 주시는 삼중 은혜의 표적이다.

이제 그리스도 예수 안에서 언약이 바뀌었다. 새로운 언약이신 그리스도가 새로운 제사장이 되셨기에 율법의 체계도 바뀌었다. 더 이상 계명을 내 힘으로 지키는 길이 신앙이 아니라, 은혜를 누려 생명을 얻는 생명의 길이 신앙이다. 아론 계열의 제사장직은 그리스도 안에서 완성되었고, 우리는 다시 옛 삶의 기초를 쌓을 필요가 없다. 십자가에서 끝낸 것을 끝난 것으로 믿고, 하늘의 대제사장이신 그리스도께서 날마다 새 양식을 공급하시는 은혜를 누리면 된다. 율법은 애씀과 힘씀이지만, 새 언약은 누림과 잔치이다.

아브라함은 브엘세바 우물을 되찾아 법적 소유권을 확정했다. 아브라함은 '믿음'을 가리키므로, 우물을 믿음이 소유해야 한다는 뜻이다. 브엘세바 우물은 이삭과 후손들이 마실 우물이며, 결국 참 이삭이신 그리스도께서 풍성히 누리실 우물이다. 우리 안에서도 마찬가지다. 우리는 이방인 같은 아비멜렉이지만, 믿음을 통해 그리스도 안에서 죽고, 참 이삭이신 그리스도로 사는 자가 되었다. 그러므로 우리는 생명의 우물인 말씀을 날마다 마신다. 그리스도의 피는 죄를 씻고 의와 생명을 주었고, 이 은혜의 맹세는 지금도 그대로 우리에게 지켜지고 있다.

아비멜렉이 아브라함에게 우물을 넘겨준 것은, 이방인이 언약의 우물을 임의로 가질 수 없음을 보여 준다. 우물은 반드시 믿음의 사람에게 속한다. 아비멜렉이 우물에 참여하려면 이스라엘 가문에 편입되거나, 아브라함이 합법적으로 대가를 지불해 주어야 한다. 실제로 역사 속에서 아비멜렉이라는 이름은 이스라엘 가운데 많이 등장하고, 그의 후손이 여호와 신앙에 참여함으로 그 우물을 함께 누렸다. 결국 언약의 우물은 믿음의 자리로 들어온 사람만이 합법적으로 누릴 수 있는 것이다. 이제 성경은 우리의 책이고, 그리스도는 우리의 구주이며, 생명수는 우리의 것이다. 브엘세바가 영원한 우물이라는 것은 생수가 한 번이 아니라 항상, 끊임없이, 영원히 흐른다는 뜻이고, 맹세의 우물이라는 것은 하나님이 반드시 주신다는 뜻이다.

그분의 보호, 인도, 생명, 풍성은 언약으로 확정된 우리의 소유이니 얼마나 감사한가. 브엘세바 언약은 쪼개진 제물 대신 십자가에서 찢기신 주 예수의 피로 완성되었다. 이제 우리는 생명의 우물을 가지고 있다. 구약에서는 우물을 찾아 헤매야 했으나, 신약에서는 그리스도께서 수가성 여인에게 직접 우물을 가져오셨다. 값없이, 힘씀 없이, 이미 흘러넘치는 생수로 주셨다.

브엘세바 언약은 단순한 우물 소유권의 문제가 아니라, 하나님이 믿음을 가진 자에게 그리스도의 삼중 선물을 주시고, 생명 언약을 실제로 적용하시는 영적 장면이다. 아브라함이 일곱 양을 아비멜렉에게 준 것처럼, 하나님은 우리에게 온전한 그리스도를 주셨다. 그리고 그리스도는 우리를 하나님과 화목하게 하시고, 우리 속에 생명의 우물을 두시며, 끊임없이 생명의 물을 공급하시는 영원한 선물이다. 이 언약 안에서 우리는 생명의 우물을 합법적으로 소유한 자이며, 그리스도의 풍성을 날마다 마시며 누리는 사람들이 되었다.

오 주 예수님, 아비멜렉 같은 내게 찾아와 주셔서 먼저 생명의 우물을 주셔서 감사합니다 아브라함이 우물을 소유하듯 우리가 믿음에게 늘 말하게 하시고 믿음에게 이 우물을 맡기게 하시며 이 우물을 마시게 하소서 말씀이 우물로 보이게 하시고 그 안에서 그리스도의 성령을 길러 마시게 하소서 하나님의 섭리를 신뢰하게 하시고 우리 안의 그리스도가 자라시되 우리 마음을 넓히시고 더 사랑하게 하소서 오 주 예수여, 주 예수여, 주 예수여

창세기 22장의 그리스도

"생명의 모리아"

"그 일 후에"(창22:1). 약속의 아들 이삭이 주어진 뒤 반드시 일어나야 하는 생명의 사건이 이어진다. 하나님은 아브라함을 시험하시려 하시며 부르신다. 시험하신다는 말은 넘어뜨리기 위한 유혹이 아니라 믿음의 대표자로 세우기 위한 훈련이다. 하나님은 아브라함이라는 한 사람 안에서 자신의 마음을 드러내고자 하셨고, 아브라함은 "내가 여기 있나이다"라고 응답한다. 이는 사무엘처럼 하나님 앞에 선 존재의 태도이다. 하나님은 아브라함에게 "네 아들, 네 사랑하는 독자 이삭을 데리고 모리아 땅으로 가서 번제로 드리라"(22:2)고 하신다. 아브라함과 이삭은 하나님의 구속을 보여주는 대표적 그림이다. 이삭은 단지 아브라함의 아들이 아니라 우리에게 주어진 사랑하는 독자 그리스도의 예표이며, 모리아는 십자가이며 또한 그 십자가가 우리 삶 속에 실제로 적용되는 자리이다. 복으로 주신 아들도 십자가를 통해 다시 하나님께 드려져야 한다는 원리가 여기서 드러난다. 이는 하나님이 우리에게서 빼앗으려 하는 것이 아니라 한 알의 밀알이 죽어 많은 열매를 맺게 하려는 원리이다.

아브라함은 아침에 일찍 일어나 나귀와 두 종, 그리고 이삭과 함께 모리아로 향한다(22:3). 종과 나귀도 함께 간다는 사실은 우리의 일상과 직업과 사역 모든 것이 십자가를 향해야 한다는 것을 알려 준다. 아브라함은 종들에게 "우리가 저기 가서 예배하고 돌아오리라"(22:5)고 말한다. 이미 부활을 믿고 있는 고백이다. 히11:19은 "하나님이 능히 이삭을 죽은 자 가운데서 살리실 줄로 생각하였다"고 해석한다. 십자가의 길은 죽음으로 끝나는 길이 아니라 부활의 믿음 안에서 드리는 길이다.

이삭은 번제에 쓸 나무를 자신의 등에 지고 산을 오른다. 이삭이 나무를 지고 가는 그 모습은 십자가를 지고 골고다로 올라가신 그리스도를 나타낸다. 이삭이 죽어야 할 자리에 숫양이 대신 죽는 것은 어린 양이신 그리스도의 대속적 죽음을 드러내고, 이삭이 살아나는 것은 그리스도의 부활 안에서 우리에게 주어지는 새 생명을 보여 준다. 이미 이삭은 번제단 위에서 양과 함께 드려짐으로 죽음을 통과한 자가 된다. 이는 우리가 십자가에서 옛사람이 끝나고 새 생명을 얻는 실제이다. 번제는 단지 죄 문제를 해결하는 제사가 아니라 하나님께 자신을 드리는 헌신의 제사이며, 이삭은 하나님께 완전히 선물로 드려진다. 우리는 그리스도의 십자가가 죄에서만 건지신 십자가에서 멈추지 말고, 우리 자신을 하나님께 선물로 드리는 십자가임을 보아야 한다(엡4:8).

이때 여호와의 사자가 하늘에서 두 번 부르신다(22:11). 첫 음성은 "그 아이에게 손대지 말라. 네 독자까지도 내게 아끼지 아니하였으니 이제야 네가 하나님을 경외하는 줄을 아노라"(22:12)이다. 하나님은 아브라함을 단지 시험하신 것이 아니라 아브라함의 행동을 통해 하나님의 마음을 우리에게 알리고자 하신 것이다. 그래서 바울은 "자기 아들을 아끼지 아니하시고 우리 모든 사람을 위하여 내주신 이"(롬8:32)를 선언한다. 아브라함은 눈을 들어 보니 숫양이 수풀에 걸려 있고, 그 양을 아들을 대신해 번제로 드린다(22:13). 그는 그 땅 이름을 "여호와 이레"라 하였고, 이는 "여호와께서 준비하셨다"이며 동시에 LXX의 의미처럼 "여호와께서 산에서 나타나셨다"는 뜻이다(22:14). 아브라함은 이삭 안에서 그리스도를 보고 기뻐한 사람이다. 요8:56에서 주님은 "아브라함은 나의 때 볼 것을 즐거워하다가 보고 기뻐하였다"고 하신다. 그는 보이는 이삭을 보고 기뻐한 것이 아니라, 보이지 않는 그리스도의 죽음과 부활을 보고 기뻐하였다.

모리아에서 하나님은 인간 제사를 끝내신다. 인간은 더러워 제물이 될 수 없으므로 반드시 하나님이 준비한 양, 곧 그리스도를 통해 제사가 드려져야 한다는 원칙을 세우신 것이다. 모리아는 십자가이며, 동시에 장차 성전이 세워지는 자리이다. 즉 십자가를 통과한 그 자리는 곧 성전 건축의 시작점이며, 그리스도의 몸이 세워지는 지점이다. 삼일길은 우리의 평생이 십자가와 부활을 향해 걷는 여정임을 알려 준다. 우리는 십자가 앞에서 옛 생명을 내려놓고 부활 안에서 새 생명을 돌려받는다. 이것이 칭의이며 동시에 건축이다. 이삭은 태어난 그리스도이고, 번제단에서 돌려받는 이삭은 부활한 그리스도이다. 하나님의 의는 추상적 개념이 아니라 부활하신 그리스도, 살아 있는 인격이 우리 안에 들어오신 것이다. 이삭을 하나님께 드리면 그분은 더 많은 이삭, 더 많은 그리스도, 더 많은 몸의 지체들을 돌려주신다. 롬12장이 말하는 "많은 사람이 한 몸이 되는 것"이 바로 이 놀라운 원리이다. 우리는 그리스도의 의를 소유했기에 부활 안에 살며 한 몸 안에서 교통하고, 그리스도의 공급을 누리며, 하나님이 얻어지고 세상을 다스리는 하나님의 목적이 이루어진다. 이삭은 결국 리브가를 얻고 가문을 세우는 주체가 되듯, 그리스도는 교회를 얻어 몸을 이루신다. 우리의 체험도 그렇다. 우리가 더 드리는 자리마다 더 많은 건축, 더 많은 지체, 더 많은 그리스도가 예비되어 있다. 모든 환경 속에서 그리스도를 기쁨으로 낳아지는 것으로 여기면 그리스도는 우리에게 기쁨이 되고, 그 기쁨으로 하나님께 제사를 드리게 된다. 주 예수 안에서 잃는 것은 잃는 것이 아니라 오히려 더 풍성히 얻어지는 길이다.

주 예수님, 모리아에서 드러난 십자가의 사랑을 우리 마음에 새겨 주소서 우리의 이삭을 드릴 때마다 부활하신 당신을 더 깊이 돌려받게 하시고, 당신의 몸의 건축을 위해 우리를 쓰시옵소서 우리가 잃는 것처럼 보이는 순간에도 여호와 이레의 은혜로 예비하시는 하나님을 보게 하시고, 모든 드림의 자리가 기쁨과 생명과 부활의 자리가 되게 하옵소서 우리 자신을 하나님께 선물로 드린 십자가의 원리를 날마다 누리게 하시고, 그리스도가 우리 안에서 더 풍성히 태어나게 하소서 아멘

“생명의 준비”

창22:16 “여호와께서 이르시기를, 내가 나를 가리켜 맹세하노니, 네가 이같이 행하여 네 아들 네 독자도 아끼지 아니하였은즉.”

여호와 이레 즉 ‘준비하시는 하나님’은 그 행사가 이어진다. 구원을 준비하시고 축복을 준비하시고 신부도 준비하신다. 여호와의 사자가 하늘에서 두 번째 아브라함을 부르신다(창22:15). 첫 번째 음성에서 하나님은 이삭을 해치지 말라 하시며 아브라함의 믿음을 인정하셨고, 두 번째 음성에서는 그보다 더 큰 계시인 “맹세”를 선포하신다. 이 표현은 22:12의 “네 아들 네 독자까지도 내게 아끼지 아니하였으니”라는 말씀과 반복되는데, 첫 번째는 하나님의 사랑이 그리스도의 죽음 안에 나타났음을 가리키며, 두 번째는 그 사랑이 맹세를 통해 우리에게 주어진다는 점을 보여 준다. 첫 번째는 경외를, 두 번째는 축복을 가져오는 음성이다. 하나님은 아브라함이 독자를 아끼지 않았다는 단 하나의 이유로, 하나님 자신을 걸고 맹세하시는 것이다.

이 맹세의 내용은 네 가지이다. 첫째, “내가 네게 큰 복을 주고”, 둘째 “네 씨가 크게 번성하여 하늘의 별과 같고 바닷가의 모래와 같게 하리니”, 셋째 “네 씨가 그 대적의 성문을 차지하리라”, 넷째 “네 씨로 말미암아 천하 만민이 복을 받으리라”(22:17-18). 히6:13-14은 이 말씀을 이렇게 해석한다. “하나님이 아브라함에게 약속하실 때 자기보다 더 큰 이가 없으므로 자기를 가리켜 맹세하여 이르시되, 반드시 너를 복주며 복주고 너를 번성케 하고 번성케 하리라.” 이전의 약속(창15장)은 언약이었고, 여기 22장은 그 언약 위에 맹세까지 더해진 자리이다. 하나님은 단지 말씀하시는 것이 아니라, 자신의 본질을 걸고 자기 자신에게 맹세하시는 분이다.

이삭을 바친 사건 이후에 맹세가 임한다. 십자가에는 반드시 맹세가 있다. 성찬에서 “이 잔은 너희를 위하여 흘리는 새 언약의 피”라고 하신 것도 맹세의 선언이다. 하나님이 맹세하시는 이유는 히6:17이 밝히듯, "그 뜻이 변하지 아니함을 충분히 나타내시기 위함"이다. 하나님은 약속을 기업으로 받을 자들에게 변치 않는 의지를 보여 주기 위해 맹세하셨다. 우리가 단순한 말씀으로만 들으면 흔들릴 수 있으나, 믿음은 맹세를 들음으로 견고해진다. 창22장에는 두 번의 약속이 있다. 첫 번째는 '독자를 바치라'는 명령으로 하나님의 뜻을 알려주신 것이고, 두 번째는 아브라함이 독자를 아끼지 않은 그 사건 자체를 축복의 이유로 삼아 네 겹의 맹세를 부어 주신 것이다. 하나님이 독생자를 내어주신 사랑이 우리에게 주어지는 모든 축복의 근거가 된다.

이 맹세는 그리스도의 부활로 이삭을 돌려받은 우리에게도 동일하게 주어진다. 하나님은 당신의 아들을 우리에게 주셨지만, 동시에 마리아로 자신의 아들을 하나님께 온전히 드렸다. 아브라함을 칭찬하신 것은 결국 인자 예수를 하나님께 바친 인간 전체를 칭찬하신 것이기도 하다. 이렇게 주고 받는 사랑의 깊이 속에서 복이 흘러나온다. 하늘의 별과 바다의 모래는 두 가지 차원을 보여 준다. 우리는 하늘의 별처럼 높여진 자들이며 동시에 바다 모래처럼 낮아진 겸비한 자들이다. 별은 승천의 영광을 나타내고 모래는 복음을 품고 흩어지는 재료들이다. 그리스도는 죽음과 부활로 대적의 문을 부수셨고, 우리는 그 문을 차지하는 자들이 되었다. 대적의 성문은 복음이 침투해 들어가는 모든 영역이며, 그리스도는 먼저 침공하셨고 이제 우리는 그 뒤를 따라 나아간다.

창21장에서 아브라함과 아비멜렉이 서로 맹세했던 것처럼, 창22장에서는 여호와께서 친히 맹세하신다. 아브라함은 종들과 함께 브엘세바로 돌아간다(22:19). 믿음은 홀로 걷는 것이 아니라 종들과 함께 걷는 것이다. 바울이 자신을 "그리스도의 종"이라 고백한 것처럼, 우리의 위치는 믿음 안에서 종이자 사도이며, 교통 속에 거하는 자리이다. 창22장 후반부는 놀라운 결말을 보여 준다. 하나님은 이삭이 번제단에 올려진 바로 그 시점에 맞추어 이삭의 신부를 준비하신다. 이삭을 드리는 동시에 리브가의 가문이 일어나고 있다. 이삭을 하나님께 드려버리면 아무것도 남지 않을 것 같지만, 그 순간 하나님은 오히려 더 큰 미래를 준비하고 계셨던 것이다. "이 일 후에" 나홀에게서 자손이 태어났다는 소식을 아브라함이 듣는다(22:20).

창22:21 "그의 맏아들은 우스(견고)요, 우스의 동생은 부스(낮음)와 아람(높음)의 아비 그므엘(하나님의 회중)과

창22:22 "게셋(증가)과 하소(봄)와 빌다스(불꽃)와 이들랍(애곡)과 브두엘(하나님 안에 거주)이라."

창22:23 "이 여덟 사람은 아브라함의 형제 나홀의 아내 밀가의 소생이며, 브두엘은 리브가를 낳았고"

하나님이 그리스도의 신부를 위해 예비하신 여덟 덕목이 숨어 있다. 8이 상징하는 것처럼 그리스도의 부활 생명 아래서 성장함이다. 나무처럼 뿌리 내리고(나홀의 아들들 계보 전체), 세상을 무시하고(옛사람과 세상 풍조를 가볍게 여기며), 위로 들어 올려진 성산에 서서(고양과 성산의 차원에서), 은혜 안에서 증가하고, 눈을 열어 보게 하시며(seeing), 성령의 불꽃으로 태우시고(flame of fire), 눈물과 애곡을 통과하게 하여(weeping), 마침내 하나님 안에 거주하는 자(dweller in God)로 세우시는 길이다.

창22:24 "또 나홀의 첩 르우마('올려진 자')라 하는 자도 데바('신뢰')와 가함('타오름')과 다하스('신속함')와 마아가('압박')를 낳았더라."

주 예수님은 우리를 높이 올리시고, 그분 안에서 담대한 신뢰를 주시며, 영 안에서 타오르는 열정을 더하시고, 순종의 발걸음을 신속하게 하시며, 고통을 통과해도 견디는 자로 빚어 가신다. 이렇게 온갖 계층과 성향, 배경의 사람들이 증가와 비전, 불꽃과 눈물, 높임과 신뢰와 열정과 고난을 통과하여 결국 "브두엘" 뜻처럼 하나님 안에 거주하는 사람으로 완성된다. 그 계보 가운데서 리

브가가 태어나듯, 모든 이름과 모든 과정은 결국 그리스도의 신부를 준비하기 위한 하나님의 깊은 예비하심을 가리킨다.

나홀의 가문은 욥과 엘리후와 리브가, 나아만 같은 후손을 보게 된다. 하나님은 출생이 미천하고 배경이 복잡해도 모두를 사용하신다. 나홀의 여덟 아들과 또 첩을 통한 네 아들은 총 열두 명인데, 이는 부활 안에서 모두 주 예수의 사도들이 되어야 함을 계시한다. 이삭을 번제단에 올리고, 이삭이 나무를 지고 올라가며, 양이 대신 죽고 이삭이 살아나는 장면은 모두 그리스도의 십자가와 부활의 큰 그림 안에 있다. 이삭이 죽을 자리에 양이 죽는 것은 그리스도가 어린 양으로 죽으심을 나타내고, 이삭이 살아나는 것은 우리가 부활 안에서 돌려받는 그리스도의 실제이다. 이삭은 죽음과 부활을 통과한 자로 하나님께 선물로 드려진 것이며, 우리는 그리스도의 십자가를 단지 죄 사함의 십자가로만 보지 말고, 우리 자신 또한 하나님께 드려진 선물이라는 더 높은 차원에서 보아야 한다. 하나님은 창22장에서 이삭을 드리는 순간 동시에 신부의 가문을 일으키신다. 준비하시는 하나님은 우리 구원을 위해 그리스도를 준비하셨고 또한 빛나는 신부를 준비하셨다. 여호와 이레 자체는 주 예수 그리스도와 우리이며 연합된 새 예루살렘이다. 할렐루야!

주 예수님, 맹세하신 하나님의 사랑을 우리 마음에 깊이 새겨 주소서 독자를 아끼지 않으신 하나님의 마음을 알게 하시고, 우리가 드리는 모든 헌신 속에서 더 풍성한 그리스도를 돌려받게 하소서 하늘의 별과 바다의 모래 같은 번성과 영광을 누리게 하시며, 대적의 성문까지 차지하는 승리를 우리 안에서 이루소서 우리가 당신께 드리는 모든 것이 결코 손해가 아니라 더 큰 예비하심의 통로임을 보게 하시고, 그리스도의 몸을 세우는 신부의 길로 우리를 이끄소서 당신의 맹세를 믿음으로 받아 오늘도 흔들림 없이 살게 하옵소서 아멘

창세기에서 만나는

그리스도 2

초판 1쇄 발행 2026년 1월 25일

지은이 김동주
펴낸이 이기봉
편집 좋은땅 편집팀
펴낸곳 도서출판 좋은땅
주소 서울특별시 마포구 양화로12길 26 지월드빌딩 (서교동 395-7)
전화 02)374-8616~7
팩스 02)374-8614
이메일 gworldbook@naver.com
홈페이지 www.g-world.co.kr

ISBN 979-11-388-5291-3 (03230)